한국어로 내려온
New Bible

새로운 성경

제106권 7부 | 총10부

하얀마음

하나님 말씀 중에서

1. 사랑의 하나님

- 세상을 창조하신 하나님은 모두를 사랑하신다. 인간만 특별히 더 사랑하지 않고, 우주 만물을 다 똑같이 사랑하신다. 그러니 하나님이 창조하신 천지 만물과 화친하고, 미물까지도 소중히 대하라.

- 하나님은 특정 종파나 민족만을 더 사랑하지 않으신다. 자기 자신만 구원받겠다는 욕심을 버리고, 자기 종파만 구원받는다는 편협한 교리에서 벗어나야 한다. 종파를 초월해서, 모두를 사랑하라.

- 원수까지 사랑하라 했으니, 이 세상에 사랑하지 못할 자가 누가 있겠는가? 종파가 다르다고 해서 부모 형제와 원수처럼 지내는 자는 인간의 근본을 모르는 자다. 가장 가까운 가족부터 사랑할 때 남도 진심으로 사랑할 수 있다.

- 한 사람을 원수같이 생각하던 마음에서 사랑하는 마음으로 돌리면, 자기 자신의 마음이 가장 기쁘고 행복하다. 하나님께서는 인간의 마음속에 무거움이 없이 기쁘고 행복한 삶을 살기를 바라신다.

- 이웃을 "내 몸처럼" 사랑하라 했으니, 마지막 한 장 남은 천국의 티켓도 이웃에게 양보하라. 자기 중심적인 신앙에서 벗어나서 남을 위해 살아야 한다.

- 독초도, 약초도, 이단도 사탄도 천사도 다 필요하기에 존재한다. 독초일지라도 극소량을 사용해서 생명을 살릴 수 있고, 약초라 하더라도 남용하면 생명을 잃을 수 있다.

- 세상 모든 것을 명약으로 활용하는 것은 인간의 지혜에 달렸다. 어떤 것이든 어떤 사람이든 적재적소에 꼭 필요한 명약으로 승화시키라.

- 사탄도 이단도 천사도 모두 하나님의 주관하에 존재한다. 진정한 하나님의 백성은 사탄과 마귀까지도 감화시켜서 천사로 거듭나게 한다.

2. 기도

- 하나님은 인간의 생각까지 모두를 다 알고 계신다. 우리의 소원도 이미 알고 계시기에, 소원의 기도를 할 필요가 없다. 우리가 받을 자격이 되면 내려 주신다.

- 죄를 짓고 아무리 회개를 해도 용서받지 못한다. 도둑질한 자는 용서해 달라고 기도하고, 도둑맞은 자는 도둑을 잡게 해 달라고 기도하면, 공의의 하나님은 누구의 편에 서시겠는가?

- 자기가 잘못한 것은 그 사람에게 직접 갚고 용서를 구하라. 그가 용서하면 하나님도 용서하신다. 땅에서 매면 하늘에서도 매이고, 땅에서 풀리면 하늘에서도 풀리는 이치다.

- "회당에서 기도하지 말고 골방에서 기도하라" 했다. 눈에 보이는 골방이 아니라, 골방과 같이 고요한 마음이다. 잡념을 버리고 하나님을 향해 마음을 집중하며, 사랑하고 용서하는 아름다운 생각만 나오도록 하라.

- "두드리면 열릴 것이다." 하는 것은 육의 소원을 위해 두드리라는 것이 아니라, 진리의 깨달음을 얻기 위해 두드리라는 것이다.

- 기도하는 방법: 생활 속에서 수시로 기도하는 삶을 살아야 한다.

- "저의 죄를 용서하여 주옵소서." 하는 회개의 기도를 하라.
- 범사에 "하나님! 감사합니다." 하라. 현재 가진 것에 감사하며, 과욕하지 말라. 자기 노력 이상의 것을 더 갖고자 기도하는 것은 도둑놈심보다. 공의의 하나님은 각자 노력한 만큼 주신다.
- "하나님 뜻대로 살아가겠나이다." 하며 마음의 각오를 다지라.

- 기도는 하나님의 말씀을 받아서 "행하는 것"이다. 하나님이 계심을 굳건히 믿고, 하늘을 향하여 한 점 부끄럼 없이 사는 삶 자체가 가장 위대한 기도이며, 삶이 곧 예배다.

3. 지도자

- 똑같이 사랑한다는 말을 해도, 순수하게 하는 말은 천사의 말이지만, 사기 쳐서 재산을 가로채려고 하는 말은 사탄의 말이다.

- 종교 지도자가 아무리 훌륭한 설교를 해도, 신도의 재물을 거둬서 더 큰 교회를 짓고 자기의 부귀영화를 바라며 설교하면 사탄의 가르침이 된다.

- "저희 교회는 만원사례요, 믿음은 다 같으니 이웃의 개척 교회에 가서 예배를 드리시오." 하며, 이웃 교회의 부흥을 먼저 생각하여 제 신도를 보내는 종교 지도자가 있다면 그를 따르라. 그가 하나님의 사랑을 실천하는 자다.

- "부자가 천국에 들어가는 것은 낙타가 바늘구멍을 통과하는 것보다 더 힘들다" 하였거늘, 지금의 교회에서는 부자가 되기만을 기도하고 소원하니, 이는 곧 천국을 포기하고 지옥 행 열차의 티켓을 사는 것과 같다.

- 예수는 빈손이었다. 종교 지도자가 예수보다 더 호화롭고 편안하게 살아간다면 잘못된 것이다. 부귀영화와 명예를 바라는 자는 절대로 갈 수 없는 좁고 협착한 길이 종교 지도자의 길이다.

- 종교 지도자는 유리로 비춰 봐 한 점의 부끄러움이 없이 살아야 한다. 의식주도 직접 일해서 해결하고, 예수의 가르침과 행함을 그대로 따라야 한다.

- 종말은 없다. 지금의 잘못 가는 종교 집단에게만 종말이 있다. 보이지 않는 하나님은 보이는 육의 종말은 관여하지 않으신다. 환경 파괴로 인간이 스스로 멸망을 자초하는 것이다. 종파끼리 싸우기 전에, 무너진 인성을 바로잡고 지구의 몸살을 해결하는 데 뜻을 모으는 게 급선무다.

4. 성전이란

- 이 세상 자체가 하나님께서 만드신 성전이다. 자연보다 더 아름다운 성전이 있는가? 보이는 건물이 성전이 아니라, 성스러운 마음가짐이 성전이다.

- 반석 위에 교회를 지으라 했다. 지상의 단단한 돌은 인간이 쪼갤 수 있으나, 마음속의 굳은 결의는 세상 무엇으로도 쪼갤 수 없다. 바르고 굳건한 믿음으로 성경의 가르침을 실천하는 것이 마음의 반석 위에 교회를 짓는 것이다.

- 손으로 지은 건물의 교회에 모여서 복음을 전하는 것이 아니라, 교회를 개인과 가정에 심어 주어야 한다. 무너지고 부서지는 건물을 짓지 말고, 마음속에 영원히 불변하는 참진리의 교회를 지으라.

5. 십계명

- 십계명은 인간이 죽어서 반드시 통과해야만 하는 열 개의 관문이다.

- 부모를 공경하지 아니한 자는 “네 부모를 공경하라.” 하는 제5계명의 관문이 열리지 않으니 구원받을 수 없다.
- 살인, 간음, 거짓, 우상 등의 나머지 계명도 마찬가지다.

- 십계명은 하나님의 친필이다. 모기소리만 한 하나님의 음성이라도 들어 보겠다고 여기저기 찾아 헤매지 말고, 십계명부터 암송하고 지키라.

- 십계명은 영혼을 구원하는 양식이며, 십계명을 지키는 것이 구원을 받는 길이다. 인간이기에 지키고자 노력하고 또 노력한다면 지킬 수 있다.

- 십계명을 지키고 천사처럼 아름답게 살아가는 그 마음 하나면 세상에 이루어지지 않는 것이 없다.

6. 보물

- 하나님은 재물이 아니라 우리의 마음을 받으신다. 사랑을 실천하며 천사처럼 변하는 마음이 하나님께 바치는 보물이다.

- 보이지 않는 하나님께 재물을 바치려 하지 말고, 너희를 길러 준 부모에게 용돈 드리고, 찾아뵙고, 효성을 다하라. 그것이 하나님께 효도하는 것이다.

- 하늘에는 선과 악의 창고가 있다. 자기 창고에 선이 많으면 천국으로 구원을 받고, 악이 많으면 심판받아 지옥으로 간다. 그것이 바로 “선한 일을 행한 자는 생명의 부활로, 악한 일을 행한 자는 심판의 부활로” 나오는 것이다.

- “선악과를 따먹지 말라”는 것은 양심을 지키라는 것이다. 선과 악을 구분할 수 있는 양심을 최초에 인간에게 주셨다. 선한 열매는 취하고, 악한 열매는 버리며, 양심에 비추어 부끄럼 없는 삶을 살아가라.

- 가장 작은 거짓말을 하지 않고, 가장 작은 죄를 짓지 않으며, 가장 작은 선행을 하고, 가장 작은 악행을 멀리하는 것이 율법의 일점 일획도 빠뜨리지 말고 다 지키는 삶을 사는 것이다.

7. 우상

- 박물관에 있는 불상은 하나의 예술품이다. 그 조각품에 대고 제 소원을 빌 때 우상숭배가 된다. 십자가라 하여도 그 앞에서 소원을 빈다면 우상숭배하는 것이며, 하나님께 소원을 빈다면 하나님을 우상으로 전락시키는 것이다.

- 지금 기복신앙에 젖어 있는 모든 사람이 우상 앞에 절을 하고 있다. 조각품을 우상이라며 파괴하지 말고, 네 마음속에 있는 욕심의 우상을 무너트리라.

- 생수를 약초가 먹으면 약을 만들고 독사가 먹으면 독을 만든다. 같은 성경을 봐도 선한 지도자는 신도를 천사로 만드는 데 활용한다. 그러나 욕심이 가득한 지도자는 재물을 거두어들여 제가 부귀영화를 누리는 데 악용한다. 그가 바로 성경을 우상숭배의 도구로 전락시키는 거짓 선지자다.

- 성경을 한 획도 빼거나 더하지 말라는 것은, 그 가르침을 빠트리지 말고 온전히 지키라는 것이다. 성경 속에서 자기에게 유리한 구절만 보는 것은, 자기에게 불리한 구절들을 빼 버리는 것이다. 믿음이 제일이요, 행함은 구원과는 관계없다는 것은 자신에게 유리한 쪽으로 성경을 악용하는 것이다.

- 진정한 종교 지도자는 종파에 관계없이 어떤 종파든 어떤 책이든 접하고 보고 깨우쳐 견문을 넓히도록 인도한다. 참진리를 모르고 자신이 없는 자가 남을 이단이라며 배척하고, 신도들의 눈과 귀를 가린다.

8. 예수

- 예수의 재림은 없다. 예수가 다시 온다 해도, 과연 누가 그를 예수라고 믿겠는가? 예수와 같은 삶의 행함이 곧 예수의 재림이다. 각자 모두가 "재림 예수"가 되는, 차원 높은 믿음으로 가야 한다.

- 예수는 "주여 주여 하지 말고, 아버지의 뜻대로 행하라"고 했다. 예수가 전한 하나님의 뜻이 곧 "길이요, 진리요, 생명"이며, 그 가르침이 예수의 보혈처럼 소중한 것이다. 예수를 믿는 것은, 예수의 가르침을 믿고 따르는 것이다.

- 예수는 낮은 자로서 만백성을 섬기고자 했다. 만나는 모든 사람을 다 하나님이라 생각하라. 돈을 벌수록 겸손하고, 높은 지위를 얻을수록 낮아지라.

- 예수는 종파를 만들지 않았다. 인간이 만든 종교와 인간의 교리를 따르지 말고, 예수를 통해 전한 하나님의 참진리를 연구하고 따르라.

- 예수가 2천 년 전에 만백성을 위해 죽었으니, 지금 이 땅에는 예수의 가르침대로 사는 천사만 존재해야 한다. 예수가 죽어 가면서 바란 것은 만백성이 천사가 되어 예수의 자리를 채워 주는 것이지, 지금과 같이 재물을 바치면서 중언부언 제 소원만을 비는 백성들을 바란 것이 아니다.

9. 구원

- 천사가 사는 천국에는 천사만 갈 수 있으니, 천사 같은 마음을 길러야 한다.

- "천국 열쇠를 네게 주리니 땅에서 무엇이든지 매면 하늘에서도 매일 것이라" 했다. 땅에서 천사같이 사는 자가 하늘에서도 천사가 되어 천국에 들어간다. 모든 사람에게 천사같다는 말을 듣는 삶을 살아야 한다.

- 천사의 곱고 아름다운 마음은 부모를 공경하고 어른을 어른으로 대접하는 데에서 출발한다. 효도하는 자는 형제와 화목하게 지내기에 가정이 화목해지고, 이웃과 화목해지고, 국가가 화목해지고, 온 인류가 화목해진다.

- 그러므로 지상의 아름다운 소왕국은 가정에서부터 이루어야 한다.

- 선택된 14만 명만 구원받는 것이 아니라, 천사처럼 변하고자 하는 14만 명을 기초로 온 인류가 천사처럼 거듭나는 영적인 개혁이 시작되는 것이다.

- 천 년에 걸쳐서 하늘에서 이루어진 것같이 이 세상을 낙원으로 만들어, 만백성이 지상의 천국에서 살다가 죽어서 그대로 하늘의 천국으로 들어가는, 영원한 지상 낙원을 건설하는 것이 하나님의 계획이다.

- **이것이 구약과 신약에 이어 "새로운 성경"으로 역사하시는 하나님의 창조의 완성이다.**

- 지금의 믿음으로 구원받을 수 있다면 그 길을 가라. 그러나 자신이 없다면 하나님께서 직접 내리신 160권의 "새로운 성경"을 읽고 구원의 길을 보라!

하나님 머리말씀

이 새로운 성경을 읽는 너희 모두는
이 율법에 따라 행하면 영원히 구원받을 것이니라.

너희 인간이 수년, 수십 년, 평생
성서를 공부하고 기도하는 것은
하늘나라 나의 곁으로 오고 싶은 소망일진대,

몇천 년 전의 너희 인성과 생각이
지금의 너희와는 판이하게 다르니,

꺾여 가고 병들어 가는 너희를 고칠 수 있는 길은,
오늘 내가 선지자에게 내리는 새로운 성경과 같이
너희가 변화되는 것뿐이니라.

나의 예수가 태어난 것처럼
내가 아들 선지자를 선택하여
나의 새로운 성경을 온 세계에 전하고자 하니,

묵은 것은 버리고 새로운 것은 취하여,
너희 모두는
'여호와 하나님! 저의 죄를 용서하여 주옵소서.'
하는 기도문으로 기도하고, 죄를 뉘우치라.

이 새로운 성경은
수천 년간 내려온 성서를 요약한 것이니,
너희는 이 책을 정독하여 쉽게 깨달음을 얻고,
이대로 실천하여 하늘에 오르라.

대역자 머리말

■ 하나님의 율법을 지키는 선지자로 선택을 받도다.

저는 남들처럼 그저 열심히 살아온 평범한 사람이었습니다. 그러나 50대 중반에 사업에 실패하여 많은 부채에 시달렸으며, 건강도 악화되어 눈이 잘 안 보이고, 걷기도 어렵고, 두통이 심해서 잠을 이룰 수 없는 고통의 나날을 보냈습니다. 그때 제가 선택할 수 있는 것은 육의 삶을 끝내는 길뿐이었습니다.

죽기 직전에 그동안에 죄를 지은 이들에게 용서를 빌고 인생을 끝내기로 작정하였습니다. 어려서부터 지은 죄를 빌고 빌다 보니 끝이 없었고, 죽음으로도 그 많은 죄를 용서받을 길이 없다는 생각에 하염없이 눈물이 흘렀습니다. 그 순간 '재래식 화장실의 구더기는 죄를 짓지 않는데, 나는 인간으로서 구더기만도 못한 삶을 살았구나.' 하는 생각이 들면서 괴로움에 몸부림칠 때, 갑자기 하나님의 음성이 들렸습니다.

"나는 여호와 하나님이니라. 너는 십계명을 암송하고 내가 내려 주는 메시지를 받아 책으로 만들어 만백성을 구하라." 하시며, 제 눈을 손으로 문지르게 하시고, 아픈 머리와 다리를 손으로 두드리게 하셨습니다. 그러고 나니 눈도 잘 보이고 걸을 수 있었으며 머리의 통증도 말끔히 낫게 되었습니다. 그때부터 십계명을 암송하고 나면 들려주시는 말씀을 기록하였고, 1999년 8월부터 2004년 7월까지 권당 288쪽, 총 160권을 받아서 "새로운 성경"이라는 책으로 펴내게 되었습니다.

그러한 저에게 죽기보다도 힘든 길이 시작되었습니다. 모든 교인들이 저에게 사탄이요, 이단이요, 악마요, 마지막 시대에 온 거짓 선지자라 하면서 공격하였고, 저를 짐승을 보듯이 대하는가 하면, 편협한 종교 지도자들의 선동으로 신도들이 이 책을 직접 읽어 보고 평가할 기회마저 막아 버렸습니다. 그래서 하나님의 말씀을 세상에 내는 데 많은 어려움을 겪으며, 피를 토하는 심정으로 책을 전하고 있습니다.

그러나 아무리 인간의 힘으로 막으려 해도, 하나님의 뜻이 세상에 전해지는 위대한 역사는 계속될 것입니다. 책으로 전해지는 "하나님의 말씀"은 세상 끝날까지 항상 우리와 함께하실 것입니다. 사람은 죽어도, 책에 기록된 말씀은 영원히 남으니까요.

■ 따뜻한 실천

하나님께서는 어려운 사람들에게 삶의 터전을 마련해 주고, 미래를 열어 주는 것을 기뻐하십니다. 어려운 이웃이 스스로 자립할 수 있도록 이끌어 주는 것이 진정으로 이웃을 돕는 것이라고 말씀하셨습니다. 그래서 일자리가 없는 제자들에게 작은 사업장을 만들어 주는 "달란트 사업"을 하고 있습니다. 식당, 반찬 가게 등을 차려 주고, 기존의 어려운 사업장이 자립할 수 있도록 돕고 있습니다(커피숍, 미용실, 의상실 등).

하나님께서는 교회에 나와서 모든 시간과 재물을 쏟기를 원하지 않으시고, 그 시간과 재물을 교육에 투자하여 스스로 미래를 열어 가기를 원하십니다. 그래서 제때 공부하지 못한 제자들에게 학업을 이어 가도록 하였습니다. 중화요리 주방장을 하며 초등학교 검정고시부터 공부하여 2012년에 방통대를 졸업한 36세 남성, 만학도들의 2년제 중학교에 입학해서 2007년에 명지대학을 졸업한 38세 여성, 중학교 검정고시를 시작으로 숭의여자대학을 졸업한 47세 여성 등이 있습니다. 그밖에도 많은 제자들에게 나이를 초월하여 배우고 깨우쳐서 사회 속의 당당한 일원이 되도록 인도하고 있습니다.

학자금 대출로 힘겨워하는 젊은이들을 위해 "따뜻한 바람 장학회"를 발족하여(2016년 12월) 대출받은 학자금 전액을 매월 갚아 주고 있습니다. 또한, 다문화 가정을 위해 "다문화 가족 랜드"를 조성하여, 각종 시설을 무료로 활용하도록 하고 있습니다.

이러한 따뜻한 실천이 아직은 미약합니다. 그러나 책의 수입이 늘고, 저와 뜻을 같이하는 분들이 늘어나면 계속 확대할 것입니다. 지도자로서 신도의 재물을 헌금으로 거둬들여 착복하는 것이 아니라, 하나님께서 기뻐하시는 일에 사용하도록 중매 역할만 하며 살아가고자 합니다. 이런 제가 과연 사탄이고 이단인가요? 하나님께서 기뻐하시는 일이라면, 저에게 사탄이라 하든 거짓 선지자라 하든 굽히지 않고 실천해 나갈 것입니다.

끝으로, 일상의 삶 속에서 "지금 내가 하는 행동이 과연 하나님께서 기뻐하실까, 슬퍼하실까?" 생각하고, 매사에 하나님께서 기뻐하시는 길을 택하기 바랍니다. 교회에 모여서 집단적으로 예배 드리는 것이 아니라, 개인이나 가정 단위로 새로운 성경을 읽어 스스로 깨우치고 그대로 행하면 충분합니다. 그것이 마음속에 성전을 짓고, 신령과 진정으로 예배 드리는 길입니다. 그러면 천국의 문에 들어서게 됩니다.

2017.2.1.

하나님 말씀 대역자 김용철

차 례

십 계 명

이 책은 십계명을 암송하고 나면 내려 주시는 "하나님의 음성"을 듣고 그대로 받아쓴 기록입니다. 하나님께서 십계명을 모세에게 내려 주셨지만, 그것은 만백성에게 내려 주신 것입니다. 마찬가지로 이 책의 모든 말씀도 저에게 내려 주셨지만, 만백성 각자에게 들려주시는 말씀입니다. 여러분도 이 책을 접할 때마다 십계명을 암송하고 나서 정독해 주시기 바랍니다.

제일은, 너는 나 외에는 다른 신들을 네게 있게 말지니라.

제이는, 너를 위하여 새긴 우상을 만들지 말고, 또 위로 하늘에 있는 것이나, 아래로 땅에 있는 것이나, 땅 아래 물 속에 있는 것의 아무 형상이든지 만들지 말며, 그것들에게 절하지 말며, 그것들을 섬기지 말라.

제삼은, 너는 너의 하나님 여호와의 이름을 망령되이 일컫지 말라.

제사는, 안식일을 기억하여 거룩히 지키라.

제오는, 네 부모를 공경하라.

제육은, 살인하지 말지니라.

제칠은, 간음하지 말지니라.

제팔은, 도적질하지 말지니라.

제구는, 네 이웃에 대하여 거짓 증거하지 말지니라.

제십은, 네 이웃의 집을 탐내지 말지니라.

나 여호와가 존재함을 믿는 그 자체가 구원의 길에 들어서는 기본이요, 근본이며, 나의 새로운 성경을 가슴에 안고 정독하는 자, 반석 위에 서서 하늘에 오르는 찬란한 빛을 보게 되는 영광을 얻게 됨이니라. 진정 나를 따르고 믿는 자는 감히 사탄이나 마귀도 근접하지 못하느니라.

〈하나님 말씀〉

2003년 9월

7,616 번째 하나님 말씀

2003년 9월 22일 12시 05분

1 사랑하는 나의 아들아!

2 "네, 아버님! 말씀하옵소서."

3 나를 사랑하며 나의 뜻에 따라 살아가는 백성이라 말하는 자, 그리고 믿음의 길을 간다 하며 수천 년 동안 역사한 그 백성 너희는 들어야 할 것이니라.

4 너희가 정녕 나를 사랑하며 나 여호와의 뜻에 살아가고자 한다면 너희 형제를 먼저 사랑하며 너희 부모와 너희 이웃을 사랑하는 것을 먼저 배워야 함을 알아야 할 것이니라.

5 그와 같이 네 주변이요, 네 이웃을 사랑하는 것을 깨우쳐야 함을 너희는 알아야 할 것이니라.

6 그를 행하지 아니하고 수천 년 동안 믿음의 어떠한 길을 간다 해도 정녕 참진리의 길을 볼 수 없는 것이 너희며 깨우침을 얻지 못하는 것이 너희임을 알아야 할 것이니라.

7 나로부터 선택된 백성이요, 나를 사랑하고 나의 뜻에 따라 모두 역사한다 하며 그 길을 가는 자들이라면, 네 이웃부터 먼저 사랑하는 그와 같은 삶의 길로 살아가야 함이니 그리 알라.

8 그러니 십계명이요, 율법을 지키기가 그렇게 어렵고 힘든 길이라 너희가 그리 말하고 있지 않은가?

9 십계명이요, 율법이 바로 무엇이던가?

10 자기를 생각하지 아니하며 이웃을 생각하며 이웃을 먼저 사랑하는 마음으로 살아가라는 것이 구약에 기록된 것이요, 나의 율법이요, 그리고 나의 십계명이니라.

11 그러니 너희가 그를 지키고 살아가기는 너무나 힘들고 어렵기에, 너희가 신약의 시대요, 신약을 일러 말하기를 어찌 가르치는가?

12 그 어렵고 힘든 길을 가야 하는 백성의 그 마음을 역이용함이니, 그리하여 어렵고 힘든 그 길을 가지 아니하고 편안한 길로 갈 수 있는 그와 같은 방법을 연구하고 연구한 것이 바로 변질되어 지금 가르치는 것이니라.

13 지금의 종교 집단은 정녕 뭐라 말하는가?

14 지옥에 가서 영원히 다시 태어나지 못하는 것이 나로부터 심판을 받은 백성이 겪는 길이며 그는 벗어날 수 없거늘, 그들의 마음을 역이용하기 위하여 너희가 뭐라 말하느냐?

15 죽은 자가 다시 태어나며 죽은 자, 또한 구원을 받을 것이며, 나의 아들 예수가 재림하여 믿음을 믿고 죽은 자는 무덤에서 다 다시 살아난다고 그리 가르치고 있음이니,

16 이것이 잘못되었음을 법전에 기록하는 이 뜻을 너희가 알아야 할 것이니라.

17 너희는 다시 못 태어난다는 것을 두렵고 무서워하는 그 백성에게, 죽은 자

가운데서 나의 아들 예수만 믿기만 하
면 다시 살아난 자요, 구원을 받을 것
이라 그리 가르침이니라.
18 너희가 나의 피조물 만백성들을 얼마
나 미혹하여 가르치며 사악한 행위를
한 줄 알고 있는가?
19 너희는 그와 같이 나의 피조물 만백성
들의 마음의 공포와 불안함을 말로써
덜어 주면서 그들을 이끌어 가면서 오
로지 너희가 제왕적인 그 대우요, 그
위치를 지키기 위한 인간의 사악한 방
법으로써 전락되어 있는 것이 오늘의
믿음이요, 지도자가 가는 길이라는 것
을 잊지 말라.
20 이 대목을 내가 너희에게 전함이니,
너의 제자들이요, 나의 법전을 읽고
깨우친 백성 너희는 이를 깊이 깨우
쳐야 할 것이니라.
21 절대 종교 집단에서 말하는 너희는
죽은 자 가운데서 다시 태어나며, 믿
다 간 자는 다시 구원을 받는다는 그
와 같이 미혹하는 말에 현혹되지 아니
하도록 그들을 잘 가르쳐야 할 것이
니 잊지 말라.

7,617 번째 하나님 말씀

2003년 9월 22일 12시 14분

1 사랑하는 나의 아들아!
2 "네, 아버님! 말씀하옵소서."
3 너의 제자들과 선택된 나의 백성, 그
리고 나의 법전을 읽고 깨우친 백성
너희는 알아야 할 것이니라.
4 너희가 세상사 지금의 가르침이요, 그
진리는 너희가 죽어서 나에게 와 심판
을 받을 때 지옥과 천국의 갈림길에서
분류된다는 생각으로써 이미 머리에
젖어 있으며, 그 이상도 그 이하도 없
다고 생각하느니라.
5 믿음의 길을 가며 육에서의 그 모든
행함은 심판을 받지 아니하며, 나의
아들 예수의 그 모두로써 이미 심판이
끝났다 말하는 자, 그리고 죽어 와 나
에게 심판을 받는다 생각하고 두려움
속에 사는 모든 백성에게,
6 이제 나의 법전을 읽고 나의 아들을
따르는 제자 너희는 그들에게 가르쳐
주어야 할 것이니라.
7 너희가 죽어서 지옥과 천국의 갈림길
에서 분류되는 것이라는 그 생각이 이
제 변해야 하며 바뀔 때가 되었음을
그들에게 전하라.
8 나의 160권의 법전이 세상에 내려오
는 것은 나의 성령이요, 나의 심판이
요, 내가 관장하며 주관한다 하였음이
니, 이는 곧 내가 160권의 법전을 세
상에 내려보내 이 세상에 와 너희를
주관하고 있기 때문임을 알아야 할
것이니라.
9 나 여호와가 160권의 법전이요, 성령
을 세상에 다 내려보냈을 때는 나 여
호와가 지상에서 너희를 직접 관장하
며 심판의 역사가 시작되며, 너희는
지상에서 천국과 지옥을 분류하는 심
판을 이미 받기 시작했다는 것을 알아
야 할 것이니라.
10 이는 곧 내가 직접 임하기 때문이니라.
11 모든 사랑으로 이 세상을 덮은 나 여
호와가 있으며 나의 영혼으로써 나의
능력으로써 이 세상을 다 덮고 있음을

너희는 알아야 할 것이니라.
12 그러니 바로 그것이 무엇이더냐?
13 160권의 법전이 세상에 내려오는 것
은 나 여호와가 이 세상에 내려와 너
희와 같이하고 있음이라는 것을 알아
야 할 것이니라.
14 그것을 너희가 모르니 나의 성령이 책
으로 세상에 나오는 그것이 얼마나 소
중하고 위대한 것인가를 모르고 있음
이니라.
15 나의 성령이 160권의 책으로써 세상
에 내려오는 것은 나 여호와가 세상에
내려온 것이며,
16 지금의 삶은 천국과 지옥의 삶의 연장
선에 있으며 죽을 자와 구원할 자, 심
판대에 설 자와 서지 못할 자, 구원을
받을 자와 못 받을 자를 이미 이 세상
에서 심판을 시작하고 있다 하는 것
을 알아야 할 것이니라.
17 이는 곧 나의 법전이 세상에 내려와
임하기 때문이니, 나의 모든 권능이
이 세상에 와 지금 존재하고 있다는
그 의미를 너희는 알아야 할 것이니
라.
18 그러니 그 160권이 얼마나 소중한 것
이며 160권을 만들고 역사하는 선택
된 너희 제자들이 얼마나 소중한가?
19 너희는 인간 세상의 누구의 지시를 따
르는 것이 아니요, 창조주 나 여호와
의 명이요, 나의 뜻을 따라 역사하는
선택된 자들이니, 그 소중함과 귀함을
알아야 할 것이니라.
20 이제 나의 법전 160권이 세상에 내려
오니, 이는 바로 내가 하늘에서 이룰
것을 이 지상에서 이미 시작하고 있다
는 것이요, 내가 심판받을 자와 심판
받지 아니할 자를 구분하는 역사가 연
장선상에 시작되었음을 알라 그리 전
하라.
21 이제는 하늘나라의 역사함이 지상에
서 실현되고 있으며, 너희 앞에 내가
와 있다는 것을 그들에게 전하라.
22 모든 나의 백성 너희 앞에 나 여호와
가 지금 세상에 내려와 너희를 하나
하나 관찰하며 다 보고 있다는 그 무
서운 사실을 알라.
23 그러니 바로 나의 법전만을 행하고 사
는 것은 나의 뜻에 순종하며 내 뜻을
거역하지 아니하는 자요, 그리하지 아
니하는 자는 정녕 나로부터 지금서부
터 심판하는 구원의 그 길의 대상이
되지 못한다는 것을 너희는 알아야
할 것이니라.
24 예수가 너희에게 일찍이 성경에 기록
하여 전하기를 뭐라 말하였느냐?
25 예수는 너희에게 그리 전하였느니라.
26 '여기 있는 사람 중에 죽기 전에 하늘
나라의 권능을 떨치며 오는 것을 너희
가 볼 수 있다' 하였음이니, 이 뜻이
무엇인 줄 알겠느냐?
27 천병을 보내어 군악을 울리며 하늘에
서 내려오는 그와 같은 역사를 함이
아니니라.
28 이는 곧 너희가 바로 천사와 같이 이
지상에서 삶을 살 때, 이 지상에서 나
여호와의 권능이요, 내가 떨치는 모든
역사를 볼 수 있다 한 것이니, 그것이
바로 무엇인 줄 알겠느냐?
29 나의 성령이요, 나의 법전 160권이 세
상에 내려와 이를 보고 그대로 지키고

행하는 자는 이 지상에서 천국의 삶을
연장함이니,
30 너희가 하늘의 뜻이요, 나 여호와의
권능을 내가 권능을 떨치는 것을 볼
수 있다는 것이 그 의미요, 그 가르침
임을 너희는 알아야 할 것이니라.
31 그리하여 나의 아들 예수가 전한 뜻이
여기 있음이니라.
32 여기 있는 사람 중에 죽기 전에 하나
님 나라의 권능을 떨치며 모든 것을
볼 수 있다 한 것, 그것이 바로 나 여
호와가 직접 임하는 것이니, 나의 뜻
대로 행하고 사는 자가 지상에서 이루
어지는 나 여호와의 권능을 볼 수 있
다는 것을 기록하여 전한 그 의미니,
33 그를 아는 종교 지도자요, 집단이 어
디 있겠는가?
34 그들은 비유의 뜻을 전혀 알지 못하며
기록된 그 의미를 알지 못하며, 기록
한 나의 아들 예수의 그 마음을 그들
은 모르고 있음이니라.
35 지금 160권의 법전이 세상에 내려와
그대로 사는 자는 하늘의 창조주, 너
희가 아버지라 부르는 나 여호와의 권
능을 보게 되고 깨닫게 됨이니,
36 지금 나의 아들을 따르는 제자들이요,
나의 법전을 읽고 깨우친 만백성 너희
의 마음이 변화의 자리를 잡는 그것이
나 여호와의 권능이요, 나 여호와의
위대함이요, 나 여호와를 믿는 자의
역사함이라는 것을 너희는 알아야 할
것이니라.
37 그를 예수가 지칭하여 말하였느니라.
38 그리 변하여져 가는 자는 나의 권능
을 알 것이며, 그리하여 너희가 하늘
에 와 구원을 받는다는 것을 알며,
39 이제 천사와 같이 마음이 다스려지면
이미 하늘나라가 지상에 내려와 있는
것을 너희가 알 것이니라.
40 너희 마음이 다스려지지 아니하면 하
늘의 모든 법도가 세상에 내려와 나
여호와가 직접 하늘에서 내려와 지상
에서 관장하고 다스리는 것을 모르며,
41 너희는 마음이 비워지지 않기 때문에
그를 모르는 것이며, 너희가 마음을
다스리지 못하기에 보지 못함이니라.
42 이제는 하늘나라의 그 모두가 지상에
내려와 있음을 알아야 할 것이며 그
를 믿고 그리 행하도록 하라.
43 나의 법전이 세상에 내려짐이니, 하늘
나라의 역사는 지상에서 이미 실현되
고 있으며 이루어지고 있다는 이 사실
을 너희는 알아야 할 것이니라.
44 160권의 법전이 세상에 역사할 때 모
든 하늘의 법도가 지상에 내려옴이니,
지상에서 구원할 자와 구원받지 못할
자를 분류하는 심판대의 연장선상에
이미 임하고 있다는 것을 너희는 깨
달아야 할 것이니 그리 알라.
45 그러니 이제 나의 법전을 읽고 깨우치
는 백성이요, 나의 아들을 따르는 제
자 너희는 이제 160권이 이 세상에 다
전해질 때,
46 너희는 죽어 심판대에 서서 지옥과 천
국이 분류되는 것이 아니요, 이 세상
에서 이미 지옥과 천국이 분리되어 감
이니,
47 천국에 이르는 자는 나의 법전대로 사
는 자요, 깨달음을 그대로 가는 백성
이니 거기에서 이미 심판이 시작됐다

는 뜻임을 너희는 알라.

7,618 번째 하나님 말씀

2003년 9월 22일 12시 20분

1 사랑하는 나의 아들아!
2 "네, 아버님! 말씀하옵소서."
3 너희가 참진리를 받아들이며 깨닫는
그 순간이 너희에겐 구원의 역사가
시작됨이니라.
4 나의 나라에 들어와 영원히 사는 세상
에 새로 태어남을 얻는 것이니, 너를
따르는 그 제자들이요, 나의 법전을
읽고 깨우친 그 백성보다 더 영광된
백성이 없음을 너희는 알아야 할 것
이니라.
5 다만, 가장 크고 가장 소중한 것을 가
진 백성이요, 나로부터 받은 백성이
겸허하며 겸손한 마음으로 살아가는
것, 가장 낮은 자세로 살아가는 것은
너희 마음에 달렸음이니라.
6 너희가 화가 나며 자신을 다스리지 못
하겠거든, 너희가 가장 낮은 자라는
것을 생각하며,
7 앞에 있는 자, 앞에 걸어가는 자, 너와
대화하는 자, 그 모두가 너보다 유능
하며 너보다 능력 있으며 훌륭한 사람
이요, 너희는 그보다 못하다는 그와
같은 낮은 자세로써 모두를 생각하고
대화를 할 때,
8 그 불 같은 마음을 다스릴 수 있을 것
이며, 그저 소리 지르고 싶은 그 마음
을 다스릴 수 있으며, 너희 자신이 낮
춰질 수 있는 그와 같은 길을 갈 수 있
을 것이니라.
9 그것이 바로 깨달음이요, 그 깨달음을
실행하는 순간이니, 그때 너희가 나에
게 구원의 길에 들어선다는 것을 잊지
말라, 사랑하는 선택된 나의 아들딸들
아!
10 그 모든 은혜와 축복과 구원의 길은
나의 율법과 십계명과 예수의 행함과
나의 법전을 정독하는 속에서 얻을 수
있으며, 상세히 기록되어 있음이니,
그를 읽고 깨우친들 무엇하는가?
11 너희가 가장 낮은 자세요, 그리고 가
장 어려운 자와 동반하는 그와 같은
마음을 갖지 아니하면 아니 됨이니라.
12 이제 사랑하는 나의 아들을 따르는 제
자 너희는 나의 법전을 정독하고 정독
할 때, 너희가 지키고 행해야 할 것을
하나하나 기록하여, 수험생이 공부하
듯이 읽고 또 읽어 그 골자를 암기하
며 가야 할 것이니,
13 그리하여 만백성을 가르치는 지도자
요, 선생으로서 손색없이 너희가 갈
수 있음을 알아야 할 것이니라.
14 너희는 이를 명심하여 행하도록 그리
해야 할 것이니라.
15 읽고 또 읽을 때마다 소중하게 가슴에
와 닿는 나 여호와의 뜻이요, 이웃과
남들에게 전하고 싶은 그 내용을 기록
하여 너희 자신의 노트를 만들며 너
희 자신의 복음서를 만들어야 할 것
이니 그리 알라.
16 그를 만들어 읽고 또 읽어 그것으로
만백성을 깨우칠 때, 너희는 한 점의
부끄럼이 없을 것이며,
17 또 너희가 그를 읽고 읽으면서 너희
가 거역하는 행위를 하는가, 그리고

나 여호와의 뜻에 순종치 아니하는 행
동을 하는가, 그를 거기에서 알고 깨
닫게 될 것이니,
18 그와 같이 너희 스스로 다스려가는
변화의 역사를 이루도록 그리하라.
19 그리하여 그를 수시로 읽고 정독하여
너희가 하나하나 고쳐 갈 때, 그 속에
서 하나를 고치면 내가 열을 고칠 수
있는 능력을 너희에게 부여할 것이니
라.
20 내가 너희를 사랑함을 잊어서는 아니
될 것이니 그리 알라.
21 모두 불안해하지 말며 두려워하지 말
라.
22 모든 역사는 내가 주관하며 나 여호와
가 모두를 다 관장함을 너희는 믿으
라.
23 이제 나 여호와가 160권을 세상에 내
려보냈을 때, 내가 너희와 항상 같이
함이니라.
24 그러니 이 의미를 깊이 너희가 새겨
들어야 할 것이니 잊지 말라.
25 항상 네 주변에 나 여호와가 같이 있
으며, 내가 너희와 같이 행하고 있다
고 그리 생각하라.
26 너희에게 보이지 않는 나 여호와요,
만질 수 없는 나 여호와라 하여 너희
곁에 없다는 생각을 하고 행해서는 아
니 될 것이니,
27 그러니 너희는 오늘부터 가장 낮은
자요, 항상 내 손을 잡고 같이 걷는 나
의 아들딸이라 그리 생각하기를 바라
노라.
28 내가 너희를 사랑함이니라.

7,619 번째 하나님 말씀

2003년 9월 22일 12시 28분

1 사랑하는 나의 아들아!
2 "네, 아버님! 말씀하옵소서."
3 참진리요, 나의 뜻이 과연 무엇이라
생각하며 그 뜻은 어디에 있다고 너희
는 생각하느냐?
4 참진리는 하나임을 너희는 알아야 할
것이니라.
5 모든 백성이 너희에게 '참진리는 무엇
이냐?' 그리 묻거든, 참진리는 '하나'
라 그리 가르치라.
6 악과 선이요, 너와 나 그리고 시기와
질투 사랑하는 마음이요, 미워하는 마
음이요, 그 모두가 다 녹여진 것이며,
그 모두를 초월하여 역사하는 것이
나 여호와의 뜻인 참진리라는 것을
너희는 알아야 할 것이니 그리 알라.
7 내가 너희를 사랑하기에 '하나'가 되
라 함이며, 너희가 하나로써 모두 역
사하여 나의 아들을 따르는 길이 너
희가 가야 할 길이라 하였음이니, 그
것이 무엇인 줄 알겠느냐?
8 너희가 참진리의 끈을 잡으라 하는
것이며 참진리의 길을 알라 함이니라.
9 참진리의 길은 오직 하나이니, 어떠한
형태로든 너희가 둘이 될 수 없는 것
이 나 여호와의 참진리임을 너희는
명심하고 또 명심해야 할 것이니라.
10 모든 체계는 다 하나이거늘, 어찌하여
너희는 그를 모르는가?
11 이 세상에 이루어진 모든 역사의 체계
요, 그 모두가 어떠한 형태이든 나의
참진리를 벗어나서 이루어질 수 없으

며 역사할 수 없음이니,
12 그 모두는 다 한 체계에서 이루어지
니, 그것이 참진리에서 이루어지기만
한다면 이 세상은 지상의 천국이 되었
을 것이며, 오늘과 같이 인간이 인간
을 두려워하는 험악한 그 세상이 되지
는 아니하였음을 너희는 알아야 할
것이니라.
13 '오른손이 하는 것을 왼손이 모르도록
하라'는 그 구분 또한 무엇이더냐?
14 오른손이 하든 왼손이 하든 그것은 다
관계가 없는 것이니, 곧 이는 하나의
진리에서 이루어지는 것은 오른손과
왼손이 구분되지 아니한다는 가르침
의 뜻도 거기에 있음을 너희는 알아
야 할 것이니라.
15 모두를 구분하는 것이 없음이 참진리
라는 것을 알라.
16 누가 무엇을 잘하고 못하며, 그리고
너희가 하나가 되어 이루지 못하는
것, 하나가 되지 못하는 것, 그 모두가
다 참진리의 길을 가지 못하는 것이
니,
17 나의 아들을 따르는 선택된 제자 너희
가 하나가 되지 못함은 진정한 참진
리의 길을 가지 못하고 있기 때문이
니, 그를 바라보는 나 여호와의 마음
이 어떠한 줄 너희는 알겠느냐?
18 언젠가는 너희가 하나가 되지 아니하
면 아니 될 것이니, 너희 스스로 모두
를 다 털어 버리고 모두를 다 벗어 버
리고 하나가 되지 아니하면 아니 될
것이니라.
19 그러니 나의 아들을 따르는 너희가
하나가 되지 못하는 그것은 참진리의
길을 가지 못하기에 너희 속에서 시
시비비할 수가 있으며, 너희가 시비를
논하는 그와 같은 형국이 됨이니라.
20 진정한 참진리의 길을 간다면 시시비
비가 필요 없으며 언쟁이 필요 없는
것이니라.
21 참진리의 길을 간다면 미워하고 싫어
하는 사람, 좋아하는 사람 같은 것이
구분됨이 없음이니라.
22 그 모두를 다 녹이는 것이 참진리의
길이요, 그것이 참진리의 길을 가는
백성이요, 정도임을 너희는 알아야 할
것이니라.
23 너희가 참진리의 길을 가고 있다면
모든 역사함에서 반대급부가 있을 수
없으며, 찬반의 의사가 서로 갈려 격
렬한 논쟁이 있을 수 없음이니라.
24 이 모두가 참진리의 삶을 살지 아니
하기 때문이라는 것을 너희는 알라.
25 이제 참진리의 넓은 가슴으로써 모두
를 녹여야 함을 너희는 알라.
26 작은 은혜를 베풀면서 칭찬을 받고자
하는 것, 작은 역사를 이루고 칭찬을
받으며 그 이름을 높이 날리고자 하는
것, 그리고 공명을 얻고자 하는 것, 그
모두가 참진리의 길을 모르고 있기
때문이요, 참진리의 길을 가지 못하기
때문이니라.
27 이제 너희는 알아야 할 것이니라.
28 '오른 눈이 잘못 보았을 때 그 눈을 빼
라'는 것, 그와 같은 것도 있을 수가
없음이니라.
29 그 모두가 무엇인 줄 알겠느냐?
30 참진리로써 보면 오른 눈이 잘 보고
잘못 보는 것도 없음이니, 너희가 참

진리의 깨달음이 없기 때문에 내가
깨달음을 얻으라 그리 가르친 성경의
비유의 뜻을 알아야 할 것이니라.
31 '오른팔이 잘못했을 때 그를 자르라'
함이니, 오른팔이 하는 것을 왼팔이
모를 리가 없지 않으냐?
32 그러니 그것이 무엇이더냐?
33 너희가 한 차원 높은 깨달음을 얻고
나의 뜻을 바라본다면, 오른팔이 하는
것도 왼팔이 하는 것도 그 모두가 참
진리라면 다 똑같은 하나라는 것을
알라.
34 오른팔이 돌팔매질하면 그 왼팔은 아
무런 관계도 없다 생각하나,
35 참진리라는 것을 깨닫고 보면 오른팔
이 던지는 돌팔매나 또한 왼팔이 던지
는 돌팔매나 그것이 구분이 없는 것이
니, 이것이 참진리의 길이요,
36 그것을 깨닫고 가는 백성이 나에게
오르는 길이요, 선택된 백성이 가는
길이니라.
37 그러니 너희 제자들이 하나가 되지 못
하며, 나의 법전을 읽고 깨우친 백성
이 하나가 되지 못하는 그 증거는 곧,
너희가 참진리의 길을 아직도 가지
못하고 있으며 참진리의 의미를 모름
이니,
38 참진리란 나의 뜻이요, 내가 역사하는
것이니, 이는 불변함이요, 변하지 않
는 것이니라.
39 이를 너희가 깨달았을 때만 하나가
될 수 있을 것이니, 너희 제자들이 가
슴에 손을 얹고 모두가 다시 반성하며
깨우치는 그와 같은 자세를 갖도록 그
리 전하라.
40 너희가 참진리요, 큰 사랑으로써 역사
한다면 아무것도 아님을 너희는 알아
야 할 것이니라.
41 오른 눈이 보는 악한 것을 왼 눈이 보
지 아니할 수 있겠는가?
42 그리할 때, 오른 눈을 빼라 한 그 의미
도 이제는 알았을 것이니라.
43 그 모두 다 참진리요, 사랑으로 보면
이것도 저것도 아니요, 아무것도 아니
요, 모두를 다 녹일 수 있는 것이라는
그 의미의 가르침으로 너희에게 전한
의미가 거기에 내포되어 있으며, 깊이
숨은 그 의미를 알라.
44 내가 너희를 사랑함이니라.

7,620 번째 하나님 말씀

2003년 9월 22일 12시 36분

1 사랑하는 나의 아들아!
2 "네, 아버님! 말씀하옵소서."
3 너를 따르는 그 제자들을 내가 사랑함
이요, 나의 법전을 읽고 깨우친 만백
성 너희를 사랑함이니, 내가 사랑하는
마음이 끝이 없음을 그들에게 전하라.
4 너희는 진정한 믿음의 길이요, 진정한
길이 무엇이더냐?
5 개인이나 집단이나 너희가 성령으로
역사하지 아니하면 참다운 인간의 삶
의 길을 가지 못하는 것이 너희라는
것을 그들에게 깨우쳐 주라.
6 진정한 믿음의 길이라는 것은 나 여호
와의 성령으로 임하여 너희가 나의
뜻대로 행하는 것이,
7 그것이 진정한 참삶이요, 인간의 삶이
요, 인간이 살아가는 길이라는 것을

그들에게 전해 주어야 함을 잊지 말라.
8 완전한 구원의 길이 성립될 수가 없는 것은 너희가 바로 나의 성령으로 임하지 않는 삶을 사는 속에서 그와 같이 이루어짐이니라.
9 지금 나의 아들을 따르는 그 제자들이요, 나의 법전을 읽고 깨우친 백성, 너희가 소중하고 귀하다는 것이 무엇인 줄 알겠느냐?
10 너희는 내가 바라보기도 소중한 나의 아들딸임이니라.
11 수천 년 동안 믿음을 온 종교 집단의 지도자, 신도, 그 백성들은 성령으로 임하지 아니하며 아무것도 역사할 수 없는 것이니라.
12 그들은 성령을 제 가슴에 받아들이는 것이 아니요, 밖으로 쫓아내는 그와 같은 길만을 역사하고 있었음이니라.
13 그들은 나의 성령으로써 모두 임하여 하늘의 뜻을 알 수 있는 나의 성령을 밖으로 쫓아내 버리고, 울고불고 기도하며 광란의 짓을 하며 애원하며 통곡하는 그와 같은 행위를 하나,
14 그들은 나의 성령을 다 쫓아내 놓고 그 인간의 욕심이요, 인간의 신에게 매달리고 울고불고 광란의 짓을 하고 있다는 것을 알아야 할 것이니라.
15 그러니 지금 나의 아들을 따르는 제자들이요, 법전을 읽고 깨우친 백성, 너희도 그와 같은 자들이었음이니라.
16 나의 성령을 모두 쫓아내며, 인간의 욕심이요, 인간의 도리요, 욕심의 공장이라는 다른 신을 가슴에 두고 오늘까지 살아왔던 너희가 그들을 다 뽑아내며,
17 성령을 쫓아내는 것이 아니요, 성령을 하나하나 받아들이니,
18 새 건축물을 역사하듯이 벽돌을 한 장 한 장 쌓는 그와 같은 오늘의 삶을 살아가니,
19 나의 뜻을 순종하는 자요, 지금 나의 성령을 가슴에 받아들이기 시작하는 그와 같은 변화가 이루어진 백성이니,
20 수천 년 동안 헤아릴 수 없이 수많은 그 백성이 죽어 가면서 너희와 같이 나의 성령을 쫓아내지 아니하고 받아들이는 백성이 없었음이니라.
21 그러니 너희를 내가 소중한 나의 아들딸이라 하며, 선택된 자요, 소중하다 함이니,
22 내가 많은 백성을 이 성전에 부르고 역사하고자 하나, 아직 다스려지지 아니한 너희마저 무너질 것이 두려워 내가 아직 그를 하지 아니함이니라.
23 인간이 사악하고 간악하기가 얼마나 무섭고 두려운 줄 알겠느냐?
24 사탄이요, 악마가 공격하며 사탄이 역사함이 무엇인 줄 알겠느냐?
25 인간은 사탄과 똑같은 능력이요, 지혜를 주었으며, 싸워서 이길 수 있는 똑같은 당당한 힘을 주었건만,
26 너희는 인내심이 없으며 물고 늘어지는 끈기가 없으며, 끝까지 선을 위해 싸우는 것이 없으며,
27 선을 가진 자는 양보하며 그저 물러나는 것이 미덕이라 하여 너희가 스스로 물러나니,
28 사탄의 자식은 절대로 물러나지 아니하며 용서하지 아니하며, 틈만 나면

물고 늘어지는 것이니,
29 나의 성전에서 울부짖는 한 여인의 사악한 그 사탄을 너희가 근거로 보지 않더냐?
30 그보다 더 사악한 것이 사탄이니라.
31 너희는 절대 그리할 수 없으며 그리 행할 수 없음이니, 너희는 바로 성령으로 임하는 자들이기 때문에 그러하니라.
32 그것이 사탄과 인간의 차이점이요, 근본이요, 본분이라는 것을 너희는 알아야 할 것이니라.
33 그러니 지금 성령을 마음속에 차곡차곡 받아들이기 시작하는 너희를 보는 내 마음이 얼마나 기쁘며 얼마나 소중한지 알겠느냐?
34 아직도 영글지 않은 너희에게 그와 같은 자들이요, 성령을 쫓아낸 자들이 여기 와서 양의 탈을 쓰고 너희와 더불어 행동할 때, 너희 스스로 무너질 수 있으며, 너희를 무너트리게 할 수 있는 것이 그들이기에,
35 내가 아무나 나의 성전에 받아들이지 아니하며 성전에 들어오지 아니하도록 지금 문을 닫아 놓은 그 의미 또한 알아야 할 것이니라.
36 그러니 나의 법전을 읽고 깨우쳐 그를 보고 눈물짓고 오는 자가 너희 형제요, 너희와 더불어 갈 수 있는 자요,
37 계산된 것이요, 무엇인가를 얻고자 하여 선지자요, 나의 아들이라 하여 어떠한 기적과 역사를 이루고자 하는 자들은 너희를 무너트릴 수 있는 자이니,
38 내가 지금 문을 열지도 못하고 닫지도 못하고 있음이니, 너희가 성령으로 그득히 임하여 그들에게 넘어지지 않는 그와 같은 형태가 되어야 할 것이니라.
39 너희 몸의 100중에서 60이라는 성령이 임하여 너희가 40이라는 악을 이길 수 있을 때 이 문을 열고자 하는 것이 나의 뜻이니라.
40 그러니 지금 열었을 때, 너희는 교체될 것이며 무너질 것이니라.
41 그러니 나 여호와의 뜻을 너희는 알아야 할 것이니라.
42 너희 자신에게 물어보라, 과연 너희가 넘어지지 아니하며 교체되지 아니할 수 있는 백성이라 하는가.
43 너희는 무너지고 교체될 수 있느니라.
44 나 여호와가 너희에게 진정한 교제를 이루고자 하나, 아직은 너희가 그 한계에 다다르지 못했으며 그 깨달음에 아직 이르지 못하였음이니라.
45 그러니 나 여호와가 너희와 교제할 수 있는 그 성령을 받아들여 거듭나는 그와 같은 삶에 최선을 다하라.
46 지금의 종파 그들은 모두 성령을 쫓아내는 행위를 하며 그들의 가슴에서 쫓아내기를 일삼는 자들이니, 그를 바라보지 말며,
47 너희는 그들과 차별화된 나의 성령을 받아들이는 백성이니, 차곡차곡 60퍼센트란 선을 넘도록 그리하라.
48 그리했을 때 내가 너희에게 편안하게 교제할 수 있는 나의 아들딸로서 깨달음이요, 나의 음성이요, 나의 뜻을 알 수 있는 그때가 될 것이니라.
49 그때까지 나 여호와가 기다림이니라.

50 지금 내가 나의 성전의 문을 열어 주며 모두를 역사했을 때, 너희가 그 점수에 이르기 전에 너희 스스로 넘어짐이니,
51 너희 자신을 오늘 밤에 조용히 한번 생각해 보고 너희 자신의 마음의 점수를 매겨 보도록 하라.
52 어떠한 유혹이나 어떠한 형태에도 너희가 넘어지지 아니할 것인가, 예수를 따르는 그 제자들처럼 과연 너희도 무너지는 자가 될 것인가, 아니 될 것인가, 너희 자신의 점수를 매겨 보면,
53 내가 오늘 문을 닫아 놓고 있음은 오로지 너희가 완벽하게 성장할 때를 기다린다는 것이니, 내가 너희를 얼마나 사랑하고 아끼고 소중히 생각하는가?
54 너희는 이 성전을 들어올 때 이 성전의 주인은 너희며, 너희는 나 여호와의 뜻을 따르는 완벽한 사람으로서 빠른 시간 안에 변하는 것이 나를 기쁘게 함이요, 너희를 선택한 은혜에 보답하는 길이라는 것을 항상 각오를 다시 하고 굳게 해야 함을 잊지 말라.
55 내가 너희를 얼마나 사랑하는지 알겠느냐?
56 성령을 받아들여 하나하나 영의 양식으로써 먹고, 버릴 것을 버리고 가는 너희를 내가 사랑함이니라.

7,621 번째 하나님 말씀

2003년 9월 23일 06시 46분

1 사랑하는 나의 아들아!
2 **"네, 아버님! 말씀하옵소서."**
3 너희가 인간 세상에 살아가면서 '돌다리도 두드려 보고 건너가라'는 그와 같은 말이 있느니라.
4 너희가 모든 인간 세상에 살아가며 모두를 점검하고 돌아보지 아니하고 살아간다면, 제아무리 믿고 굳건히 믿었던 것에도 실수가 있음을 너희에게 깨우쳐 가르침을 너희는 알아야 할 것이니라.
5 나의 법전을 만들어 세상의 만백성을 구하는 그와 같은 역사를 하는 너희는 모든 기초요, 기본의 질서를 다지며, 나의 법전을 다루며 나의 성령을 받아 기록하고 전하는 너희 자신을 먼저 다스리고 바로 가지 아니하면 아니 됨을 알아야 할 것이니라.
6 너희가 기초가 되지 아니하며 근본이 되지 아니한 상태에서 나의 법전을 만들어 역사할 때, 너희의 잘못된 부분이요, 잘못된 것을 너희도 모르는 사이에 만백성이 그를 깨닫고 너희를 보게 됨이니, 나의 아들 또한 그러하니라.
7 근본의 자세요, 인간의 기본 도리가 먼저 갖추어져야 함을 너는 잊어서는 아니 될 것이니라.
8 이는 바로 내가 돌다리도 두드려보고 건너라 했듯이, 너희는 완벽한 믿음이요, 완벽한 깨달음 속에서 살아가라.
9 너희가 인간의 기본이요, 근본의 자세가 되지 아니하였다면 그리고 그것이 다스려지지 아니하였다면, 너희가 다른 백성을 접할 때 너희 자신도 모르게 그와 같은 인간의 기본이 무너져 있는 행동이요, 그 자세를 스스로 하

게 되어 있음이니, 바로 그와 같은 형
국이 되어서는 아니 됨이니라.
10 너 자신도, 또한 너의 제자 그 누구도
인간의 기본이요, 도리요, 인간의 자
세가 먼저 되어야 함을 잊어서는 아
니 될 것이니라.
11 그러니 네가 앞으로 사람을 쓰며 네
제자를 육성하는 것도 그 모두를 심사
숙고하며, 두드려 보고 또 두드려서
모두를 다스려 써야 하는 것을 잊어
서는 아니 될 것이니라.
12 더욱이 네가 가까이 두며 네 주변에
두는 자는 인간의 도리요, 인간의 기
본이요, 인간의 자세가 되지 아니한
자를 함부로 네 주변에 둔다는 것은,
13 바로 너희가 성령을 읽어 깨달음이요,
나의 법전을 읽고 깨우쳤으며 나의 강
론을 듣고 깨우쳤다 해도, 인간의 기
본자세가 되지 아니한 자로 인하여 모
두 실패요, 잘못하면 모두 무너지는
그와 같은 역사가 있을 수 있음이니라.
14 네가 사람을 네 주변에 두고 쓰되 돌
다리도 두드려 보듯이 점검하고 또 점
검하는 그와 같은 형국으로 네 주변에
사람이 존재하도록 그리해야 할 것을
잊지 말라.
15 내가 너에게 이르노니, 모든 인간의
기본자세요, 인간의 기본의 틀이 먼저
되어야만 하는 것을 너는 알아야 할
것이니라.
16 이제 나의 법전이 머지않아 세상에 전
해질 것이며 그 역사가 이루어질 것이
니,
17 네 주변에 있는 네 제자부터 인간의
본성이요, 인간의 자질이 모두가 다
갖춰지지 아니한 자를 네가 가까이 두
어서는 이제는 아니 될 것이며, 가까
이해서도 아니 되는 것이요, 너 또한
인간의 기본이요, 인간의 자세요, 인
간의 도리를 너 자신이 먼저 행하도록
해야 할 것이니라.
18 그리하지 아니하면 빛이 나지 아니함
을 너는 알아야 할 것이니라.
19 너희가 하늘에 오르는 길이요, 나에게
올 수 있는 것이 무엇인 줄 알겠는가?
20 그 모두가 참진리요, 너희가 나의 뜻
에 역사하는 것이니 곧 나의 이 뜻은
무엇인 줄 알겠느냐?
21 인간의 도리요, 인간의 기본이 갖추어
진 자가 바로 나에게 오를 수 있는 자
임을 너는 알아야 할 것이니라.
22 인간의 도리요, 인간의 기본이 갖춰지
지 아니한 자는 정녕 나에게 오를 수
없으며 내 뜻을 역사할 수 없음을 너
희는 알아야 할 것이며 너 또한 이를
명심해야 할 것이니라.
23 이제는 역사하기 시작함이니라.
24 그러니 너는 가지각색의 사람들이요,
만 명이면 만 명의 생각이 다르며 만
명의 보는 눈이 다름이니라.
25 똑같은 과일을 하나 놓고 분석했을
때 보는 눈이 다 다름이니, 한 사람 앞
에서 너희 자신을 속일 수 있고 숨길
수 있으나,
26 수천수만의 그 헤아릴 수 없는 많은
백성이 분석하고 연구하며 너희를 바
라보는 그 눈을 아무리 위장한다 해도
그 위장으로써 그 모두를 포장할 수
없음이니라.
27 그러니 그 모두는 드러나게 되어 있으

며 그 모두는 다 알게 되어 있음이니,
28 너희가 인간의 기본자세요, 인간의 기
본의 도리가 되지 아니해서는 너희가
모든 백성의 빛이 될 수 없으며, 전사
로서 너희 자신이 나를 위하여 다스
려 나가며 싸울 수 없음을 가르쳐 주
어야 할 것이며, 너 또한 그를 명심하
지 아니하면 아니 될 것이니 그리 알
라.

7,622 번째 하나님 말씀

2003년 9월 23일 11시 29분

1 사랑하는 나의 아들아!
2 "네, 아버님! 말씀하옵소서."
3 너희가 인간 세상에 살아가면서 마음
을 열고 사는 것이 얼마나 소중하고
귀한 것이던가?
4 마음을 닫고 사는 자는 제 울타리요,
제 담장 안밖에는 알 수 없음이니라.
5 마음을 열고 사는 자는 그 담장 밖 세
상을 다 보고 사는 것이니, 마음을 연
자와 마음을 열지 못한 자의 차이임을
너희는 알아야 할 것이니라.
6 수천 년 동안 세월이 흘러오면서 내가
뭐라 말하였느냐?
7 교회요, 성막은 인간의 마음이요, 자
신에게 있는 것이요, 너희가 손으로
건축하는 것이 아니라 내가 그리 말하
지 아니하였던가?
8 그러니 너희가 지금 손으로 짓는 그
교회요, 성전에서 나의 피조물 만백성
들에게 복음을 전하며 그들에게 깨우
침의 그 역사를 이룬다 하며,
9 그리하여 나의 피조물 만백성들을 그
곳에 모이도록 하여 복음이요, 만백성
을 깨우치는 그와 같은 역사를 한다
하나,
10 너희는 일개 가정의 도둑을 막으려고
담장을 높이 쳐 놓으며 대문을 닫아
놓는 것처럼 너희가 그 콘크리트 벽
이요, 또 너희 손으로 지은 건축물인
바로 교회요, 성당이요, 회당이요, 성
전을 지음으로 인하여 나의 피조물 만
백성들이 너희에게 접근할 수 없으며,
11 나 여호와에게 접근하며 내 뜻을 알려
고 하는 자들을 막으며, 폐쇄적인 행
위를 하고 있다는 것을 알아야 할 것
이니라.
12 내가 나의 아들 예수를 통하여 교회는
마음에 있는 것이라 한 뜻을 너희는
알겠는가?
13 너희가 마음과 마음으로 통하여 지금
나의 피조물 만백성들에게 사랑으로
전하는 그 역사를 이루었다면 오늘과
같이 험악한 세상은 없음이니라.
14 너희가 복음을 전한다는 것, 그리고
나 여호와의 뜻을 전한다는 것, 만백
성을 깨우쳐 하늘로 인도한다 하여 교
회를 지은 그것이 나의 피조물 만백성
들이 나에게 근접함이요, 나에게 오고
자 하는 그 모두를 단절했으며 막은
자며 폐쇄된 행위를 하는 자들이니라.
15 너희가 그와 같은 성전이요, 교회라는
것을 짓지 아니하고 마음속에 교회를
짓도록 나의 피조물 만백성들을 깨우
쳐 그 교회가 완벽히 섰다면, 퍼져 나
가는 것은 이루 헤아릴 수 없을 것이
며,
16 그리고 나의 피조물 만백성들은 지금

과 같이 험악한 세상의 삶 속에서 공
포와 불안 속에 살아가는 그와 같은
세상은 되지 아니하였을 것이니라.
17 그러니 너희가 성당이요, 교회라는 그
곳에서 행사하고 울고불고하는 그것
이 나의 피조물 만백성들이 나에게 오
는 그 길을 막는 것이니라.
18 거기에서 죄의 온상의 짓을 다하며
온갖 추한 짓을 다하며 그곳이 구원
의 길이라 하니, 나의 백성이 그리 들
어가지 아니하며 그 두터운 문을 열고
들어갈 수 없음이니라.
19 너희가 그 성전을 지어 놓은 것, 그리
고 너희 손으로 지은 그 건축물로 하
여금 나의 피조물 만백성들이 깨우침
의 그 길을 막은 것이며,
20 너희는 거기에서 복음을 전하는 것이
아니요, 나의 뜻을 거역하여 복음을
막았으며, 나의 진리요, 나의 뜻을 전
하는 것을 모두 막은 행위를 하는 것
이 너희가 교회를 짓는 그 행위이니
라.
21 그 교회라는 것이 없으며 너희가 가
정적인 예배요, 초막 같은 곳에서 예
배를 보며 나의 뜻을 전하는 그와 같
은 방법으로써 지금까지 흘러왔다면,
22 50평생 바친 자들이 나가 그 제자를
저희 집에서 가정에서 또한 기초적인
작은 초막에서 설교하고 가르치며 그
와 같이 그 제자가 또 가르치는 역사
를 이루었더라면,
23 지금 온 세상은 하늘에서 이루어진 것
같이 지상의 낙원이 이루어졌을 것이
니라.
24 너희가 교회를 짓는 그 순간에 모두를
다 망쳐 놓았으며, 모두를 무너뜨린
것이 바로 지금의 교회이니라.
25 너희가 교회 안에서 설교하고 가르치
는 것이 나의 피조물 만백성들을 깨우
쳐 복음을 전하는 길이요, 하늘에 오
르는 길이라 그리 말하나,
26 그 철벽의 문을 닫음으로 인하여 그
옹벽을 쳐 놓고 그 아래 웅크리고 앉
아 있음으로 인하여 나의 피조물 많은
백성이 그 길을 보지 못했으며,
27 나에게 오고자 하는 자들을 오지 못하
게 하는 그 흉악한 짓을 하는 것이 너
희라는 것을 알아야 할 것이니라.
28 이제 나의 아들을 따르는 제자들이요,
그리고 나의 법전을 읽고 깨우친 너희
는 알라.
29 그와 같이 내가 성전을 짓지 말라 하
며 교회를 짓지 말라 한 그 뜻을 알겠
는가?
30 교회를 지어 그 성벽을 두텁게 하며
그 문을 닫으니, 과연 거기에 들어갈
수 있는 자가 얼마나 있으며 그 벽의
문을 열기가 얼마나 힘이 들던가?
31 그 문이 없이 그저 너희가 가정에서
그리고 초막에서 그대로 가르치는 이
와 같은 역사로 왔더라면 나의 사랑하
는 백성이 지금쯤 내 품에 올 자가 많
이 있었을 것이니라.
32 내가 구약 시대에서 신약의 시대를 열
면서 2천 년 동안 기다리는 동안에 하
나도 역사하지 못했다는 것이 무엇인
줄 알겠느냐?
33 손으로 지은 그 건물 안에 문을 걸어
잠그고 저희 것만이 그저 하늘에 오
르는 길이라 하여 특별히 대우받는 인

간이요, 특별한 인간이란 그 착각 속
에서 헤매는 자들이 나의 피조물 만
백성들이 나에게 오고자 하는 것, 나
에게 향하고자 하며 나에게 근접하고
자 하는 그 모두를 다 막아 버린 사악
한 짓을 하고 있음이니라.
34 너희가 복음을 전한다고 아무리 발버
둥치고 나의 재물을 갖다 도둑같이 써
가면서 그와 같은 행위를 해도,
35 그 교회라는 문을 열며 그 교회라는
벽을 헐어 나의 피조물 만백성들에게
진정한 진리요, 복음을 전하는 그것만
으로써도 너희가 그 역사할 수 있다
는 것을 알아야 할 것이니라.
36 참진리라는 것은 둘이 아니요, 하나이
기에, 하나만 깨우치면 거기에서 또
하나를 얻어 또 깨우치는 그와 같은
변화가 시작하며,
37 선한 생활을 하는 자는 선한 것을 하
며 죄짓는 자는 죄를 짓는 것만 연구
하듯이, 도둑이 도둑질하기 위해서 계
속 크고 큰 것을 노리고 연구하는 것
처럼,
38 선한 마음이요, 진리를 깨달으면 그
진리를 깨달아가기 시작함이니, 그때
부터 너희가 반석에 올라서 하늘에
오르는 찬란한 빛을 보는 영광을 얻게
됨이니라.
39 이제 너의 제자들은 알라 그리 전하라.
40 오늘의 모든 교회가 나의 성령을 전하
는 것을 막은 자들이요, 그 문을 닫게
한 자요, 등을 돌리게 한 자요, 내가
나의 백성으로부터 저주스러운 욕을
먹으며, 나 여호와가 존재하지 아니하
며 내가 어디 있으며, '하나님이 어디
계시며 하나님이 무슨 역사를 하냐?'
하는 그 넋두리요, 욕을 먹도록 한 것
이 그들이니라.
41 이제 그 문을 다 열어야 할 것이니라.
42 그리하여 나의 아들 너를 통하여 말하
기를 성전이라는 곳이 아니요, 배우고
나간 자들이 가족 단위로 이웃에서 그
저 깨우쳐 나의 책을 전함으로써 그
자리에서 깨우쳐 진리를 얻는 자는 하
늘에 오르는 길로 마음이 변함이니,
그게 바로 내가 이루는 역사이니, 이
게 바로 내가 너희에게 임함을 알라.
43 교회라는 곳이 나의 백성이 나에게
오고자 하는 길을 막았다는 것, 그리
고 그 문을 닫아 놓음으로 인해서 모
든 것이 이루어지지 아니하며 복음을
전하는 것이 아니요, 복음은 물이 흐
르듯이 위에서 아래로 스스로 전할 수
있는 것을,
44 모두 저희에게 와 재물을 바치며 기도
하고 경배하지 아니하면 아니 된다는
사악한 그들의 가르침 때문에 복음의
흐름을 막아 고여 썩게 한 자들이 그
들이니,
45 거기에서 썩은 내가 나는 것이며 공
동 묘지라 함이 여기 있음이니라.
46 몇천 년 동안 흘러오면서 썩고 또 썩
었으니, 고여서 썩은 것이라 함을 알
아야 할 것이니라, 사랑하는 나의 아
들딸들아!
47 그러니 나의 아들을 통하여 내가 내리
는 나의 법전이 나의 뜻이요, 성령이
아니던가?
48 너희는 오늘의 가르침을 깊이 깨우치
며 나 여호와가 직접 내림을 알아야

할 것이니라.
49 모든 교회가 복음을 전하는 것이 아니
요, 복음이 물 흐르듯이 그저 흘러가
는 것을 다 차단하고 막아 버려 썩게
한 자들이 오늘의 종교 집단이요, 지
도자들이니,
50 그들이 사탄의 자식으로서 나의 진리
가 내려가는 것을 막은 자들이라 나와
관계없으며 그들이 울부짖는 것도 나
와 관계없다 함이니,
51 너희는 이 뜻을 깊이 깨우치라, 사랑
하는 나의 아들딸들아!

7,623 번째 하나님 말씀

2003년 9월 23일 11시 35분

1 사랑하는 나의 아들아!
2 "네, 아버님! 말씀하옵소서."
3 너희가 교회와 성당과 회당을, 인간의
손으로 지은 그 건물을 내가 짓지 말
라 너희에게 명한 것을 알고 있지 않
은가?
4 너희가 그 교회요, 성당을 지은 것은
오로지 너희가 거기에 노예가 되는
그와 같은 형국에 의하여 너희가 노
예가 되려고 역사한 행위라는 것을
알게 될 날이 있을 것이니라.
5 나 여호와가 너희에게 지금의 교회처
럼 그 건물을 지으라 하였으며 궁궐처
럼 호화롭게 지으며 그 안에 장식함을
가난한 자들은 감히 평생 바라볼 수
도 없는 그와 같은 아름답고 호화로운
장식을 해 놓고 종교 지도자가 거기에
서 강론하며 설교하라 너희에게 명했
던가?
6 너희가 교단과 종파의 간판을 내세우
며 종파와 종파끼리 갈라지는 그와 같
은 형국으로써 나의 피조물 만백성을
구하는 길로 인도하라, 내가 너희에게
그를 명한 적이 있으며 내가 너희에게
그리하라 한 적이 있던가?
7 너희가 명당자리를 찾아서 교회라는
것을 짓기 위하여 많은 사람이 모여
들 수 있는 도시의 한중간에 설치하여
장사꾼이 장사하기 위하여 영업하는
사람이 영업 장소를 선택하듯이,
8 너희가 나의 교회를 짓는 것을 명당자
리요, 도시 한복판에 터를 잡아 방대
하고 성대한 교회를 지으라 내가 너희
에게 내린 적이 없으며 명한 적이 절
대 없음을 너희는 알아야 할 것이니
라.
9 지금처럼 조직적으로 방대한 기구를
만들라 한 적도 나는 없음이니라.
10 그리고 너희가 제왕처럼 거기에서 군
림하며 나의 피조물 만백성들이 그 문
턱을 넘는 순간 평생 노예처럼 종처
럼 부리고 마음대로 다스릴 수 있도록
내가 너희에게 내 백성을 그리 다스리
라 명한 적도 없음이니라.
11 오로지 사랑으로써 대하는 것이며, 사
랑은 배로 베푸는 것이라 그리 말하였
거늘, 너희는 과연 그와 같은 뜻을 얼
마나 실천하고 지키는가?
12 나는 지금처럼 조직적으로 이끌어 나
가는 사회의 기업의 형태를 만들라 한
적이 없음이니라.
13 나 여호와는 나의 뜻대로 따라 행하는
백성을 지금껏 찾고 있었으며 여태껏
그들을 찾기 위해 역사하고 있었음이

니라.
14 그러니 내가 너희와는 아무런 관계도
없으며 나의 뜻에 따라 행할 수 있는
백성을 찾고 있었으며 그들을 내가 소
원하고 기다렸음이니라.
15 그러니 그게 바로 나의 아들을 따르는
너희요, 나의 법전을 읽고 깨우친 너
희라는 것, 그리고 나 여호와가 찾고
찾은 것이 바로 너희라는 것을 잊어
서는 아니 될 것이니라.
16 너희가 지금 모든 백성이요, 그들이
지금 깨우쳐 나에게 오는 길을 내가
열어 주고 열고 있지만, 그들은 그를
보지 못하는 그와 같은 형국으로 지금
눈이 막혀 있음을 너희는 알아야 할
것이니라.
17 교회라는 건물은 너희 것이며 인간의
욕심에 의해서 설계된 것이지 나와는
아무런 관계없다고 내가 수없이 말하
였거늘,
18 아직도 너희는 그 교회라는 건물에
애착이 있으며 거기에 모두를 걸고 있
으며,
19 나 여호와의 성령을 깨우치며 배우는
것이 아니요, 교회의 건물에 모두를
바치는 그와 같은 웃지 못할 형국으
로 되어 있는 것이 너희이니라.
20 너희는 믿음보다도 교회 건물의 운영
에 대하여 더 성장하는 과정에 대해
서 더 웅장하게 지으려고 모든 애착
과 욕심을 버리지 못하고 거기에 연연
하고 있음이니라.
21 너희는 과연 들판에서 나의 아들이 가
르쳤던 성령의 가르침의 그 길을 선택
하는 것인가?
22 그렇지 아니하며 웅장한 교회를 지어
제왕적인 대우를 받으며 남들에게 과
시하기 위하여 그것을 위해서 모두 애
착을 두고 믿음의 길을 가는 것이 오
늘의 현실이며 형국이니라.
23 거기에 무슨 진리가 있으며 거기에 무
슨 아름다움이 있으며 거기에 무슨 깨
달음이 있다 하겠는가?
24 그 모두는 인간 너희 것이지 나 여호
와의 뜻이 아니라 내가 말하지 아니하
였느냐?
25 너희가 그 교회라는 것으로 인하여 그
벽이 두꺼워져 모든 백성이 나로부터
멀어졌으며 떠나게 한 사악한 자들이
라는 것을 명심하고 또 명심해야 할
것을 잊지 말라.

7,624 번째 하나님 말씀

2003년 9월 23일 11시 41분

1 사랑하는 나의 아들아!
2 내가 너희에게 전하였음이니라.
3 너희가 나의 뜻에 따라 믿음의 길을
지금 가는 자는 변화됨을 느낄 것이며
마음속에 변화됨의 그 뜨거움을 알 것
이니, 그것이 바로 너희가 변하기 시
작하는 것이 성령의 불로써 너희에게
임하는 그 영광된 백성이니라.
4 그러나 지금 구원을 받았다 몸부림치
는 자들이 과연 성령의 뜨거움을 아는
가?
5 그들은 지금 그 믿음이 잘못 가고 있
음이니라.
6 나의 뜻에 따라 변화되는 믿음이 아
니요, 그저 저희 집단의 과시요, 그리

고 큰 교회를 짓는 것이며 건물에 투
자하는 것, 그리고 얼마만큼 투자해
얼마만큼 거기에 쓰느냐, 그리고 얼마
만큼 가꾸느냐 거기에 대해 지금 모든
믿음을 바치고 있다 하였음이니,
7 그 재산에 대하여 너희가 노예가 되
어 가고 있음을 이제 너희 스스로 지
금 느끼고 있을 것이니라.
8 너희는 결코 그 건물에 대해 그 재산
에 대한 노예로서 벗어나지 못함을
알라.
9 그리하여 너희 스스로 내분이 나 스
스로 쓰러질 날이 머지않았음을 알아
야 할 것이니라.
10 그 재산의 운영을 위하여 너희 자신이
지금 다 타락되었으며 종교 집단이나
지도자나 그 신도들 할 것 없이 투자
된 그 금액이요, 재산의 노예가 되어
지금 쓰러지기 시작하였으며, 너희는
타락된 백성으로서 지금 너희 자신이
쓰러져 가는 것을 모르는 것이니라.
11 머지않아 너희 스스로 내분이 날 것
이며, 물고 뜯는 그와 같은 경쟁 속에
서 어떠한 형태로든 너희 자신의 추
한 모습을 들춰 보일 날이 머지않았음
을 알아야 할 것이니라.
12 나 여호와는 너희 종파요, 그리고 종
교 교리요, 그리고 너희가 말하는 수
천수만 가지의 그 종파의 이름 그 모
두가 다 너희 인간을 위하여 너희 이
익을 위하여 지금 제품을 만들어 이름
붙이듯이 너희가 붙여 놓은 것이라
하면 너희는 믿겠는가?
13 나 여호와는 너희에게 종파도 그리고
종파의 간판도 그리고 고정적인 장소
에서 나의 뜻을 행하는 그와 같은 가
르침을 가르치지 말라 하였느니라.
14 더욱이 내가 너희에게 십자가를 세우
지 말라 하였으며 십자가를 걸어 놓고
경배요, 기도하는 한 장소를 정하지
말라 하였거늘,
15 너희는 어찌하여 고정적인 장소에 탑
을 세우며 십자가를 걸어 놓고 심지어
몸에 지니고 달고 다니는 그와 같은
내가 원치 않은 일만 너희가 행하고
있는가?
16 그 모두가 나의 뜻을 거역한다는 것을
나의 법전에 근거하여 기록함이니, 이
를 읽고 깨우쳐야 할 것이니라.
17 지금의 너희 교회가 없었다면 정녕 어
떠한 형국이 이루어졌는지 알겠느냐?
18 2천 년 동안 세월이 오면서 지상의 낙
원이 여기 이루어졌을 것이니라.
19 너희가 성한 몸에서 중간마다 종기가
나듯이, 나의 아름다운 지상에 죄의
온상인 교회를 세워서 나의 지상을 썩
게 하였으니, 그와 같이 썩게 하는 행
위를 함으로 제대로 그 몸을 가누지
못하는 형국이 되었으니,
20 내가 불로써 그 몸에 난 종기를 지금
태울 것이며 그 상처를 치료하는 그
역사가 지금 이루어짐을 너희는 알아
야 할 것이니라.
21 너희가 아니었더라면 나의 뜻이 이 세
상을 덮었으며, 오늘과 같은 험악한
세상은 존재하지 아니하였을 것이니
라.
22 너희가 그 교회라는 것을 수없이 지
음으로 인하여 2천 년 동안 그 암흑의
세계에 내가 손을 떼었으며 내가 바라

보지 아니하였다 함이 거기에 있음을
너희는 알아야 할 것이니라.
23 지금과 같은 사악한 세상을 만든 것
은 너희 책임이니라.
24 그러니 너희가 그 모든 책임을 져야
함을 알아야 할 것이니라.
25 선한 나의 백성이 나를 더 믿고 찾을
수 있는 그 길마저 너희가 막았으며
그들마저도 지옥으로 이끌어 가는 그
와 같은 행위를 하고 있다는 것을 절
대 잊어서는 아니 될 것이니라.
26 이 지상이 나의 성전이요, 나의 교회
요, 내가 만든 것이라는 것을 너희는
잊지 말라.
27 나 여호와가 만든 아름다운 자연의
이 교회 앞에 너희 마음속에 성령의
교회를 세우면 되는 것이라, 내가 성
서에 기록하여 전했음이니,
28 그를 정면으로 부인하고 거부하는 그
와 같은 길을 가는 자들에게 현혹되
어, 거듭나는 인생을 버리지 말도록
하라, 사랑하는 나의 아들딸들아!
29 내가 너희를 사랑하기에 그리 강조하
며 내 마음을 열어 놓고 있음이니라.
30 너희를 기다리는 나 여호와의 마음을
너희가 알아야 할 것이니라.
31 모두를 다 용서해 주면서 너희가 깨
닫기만을 바라는 나 여호와임을 잊지
말라.

7,625 번째 하나님 말씀

2003년 9월 23일 11시 49분

1 사랑하는 나의 아들아!
2 "네, 아버님! 말씀하옵소서."
3 나의 성령이 전해지는 것, 나의 사랑
이 전달되는 것은 공기와 같다고 너
희에게 말하지 아니하였느냐?
4 그러니 나의 성령이요, 나의 참진리는
한 곳에 안주하는 것이 아니요, 그와
같은 방법으로써 나의 뜻을 전하는 것
이 아님을 너희는 알아야 할 것이니
라.
5 나의 백성의 가슴에서 가슴으로 전해
지면 그것이 바로 만백성을 위한 나의
뜻을 전하는 길이라는 것을 알라.
6 그리하여 내가 160권의 법전을 만들
어 한 권의 책을 읽고 깨우치는 것이
바로 너희가 내 뜻을 가슴에서 가슴
으로 전하는 그와 같은 역사를 이루는
것임을 알라.
7 내 가슴의 뜻을 너희가 직접 나의 사
랑하는 백성에게 심어 주는 그 위대한
역사를 하는 것이니,
8 이 세상에 어떤 종교 집단이요, 지도
자요, 그 누구도 너희를 따를 수가 없
음이니라.
9 소중하고 귀한 나의 진리요, 나의 뜻
이요, 나의 성령이 담긴 나의 법전을
너희가 내 가슴에 있는 것을 바로 나
의 백성의 가슴에 꽂아 줌이니, 그보
다도 더 귀한 역사함이 없음을 알라.
10 지금의 모든 종교가 문을 닫을 때, 그
들이 정녕 문을 다 닫으며 거미줄을
쳤을 때만 진정한 나의 성령이 전파될
것이며 나의 뜻이 이루어질 것이니라.
11 그때만이 하늘에서 이루어진 것같이
지상의 낙원이 이루어지는 것이요, 그
렇지 아니하면 결코 이루어질 수 없음
을 알라.

12 지금의 모든 종교 집단이요, 그 교회
가 문을 닫지 아니하고는 지상의 낙원
이 절대 이루어질 수 없다는 것을 너
희는 마음에 두어야 할 것이니 그리
알라.
13 지금 믿음이요, 참진리요, 성경 공부
를 하는 모든 과정이 믿음을 위함이
아니요, 성령을 위함이 아니요, 나의
뜻을 가르치는 것이 아니요,
14 너희는 그저 모이기만 하면 남들이
너희를 봐서 두려움을 느끼며 공포감
을 느끼도록 그리하여 감히 대적하지
못하도록 웅장하며 또 와서 그 웅장함
에 감탄하는 그와 같은 교회를 만들
기 위해 전념하고 있으며 모든 것을
다 바치는 것이 너희의 오늘의 실정
이니라.
15 이와 같이 너희가 건물에 대하여 모
든 것을 다 바치는 것은 무엇이더냐?
16 내가 나의 아들을 통하여 전했음이니,
다시 한 번 너희를 깨우치고자 함이
니라.
17 목회자들이 진정한 참진리를 모르기
때문이니라.
18 나 여호와의 뜻에 의해 성령과 참진
리의 길이 아닌 것으로 그 백성을 인
도함이요, 내 뜻에 역사하는 것이 아
님이니라.
19 그러니 인간 자체의 힘으로 나의 백성
을 이끌고 가고자 하니, 그들이 조직
화된 형태요, 그와 같은 웅장한 교회
로써 나의 피조물 만백성들에게 위압
적으로 군림하는 수밖에 없음이니라.
20 그러한 지도자 밑에 있는 나의 백성이
과연 구원의 길에 오를 수 있다고 생
각하는가?
21 너희는 이제 그 모두를 깨우쳐야 할
것이니라.
22 너희가 진정한 종교 지도자라면 그저
초막에서 가르치면 어떠하며 가정에
서 가르치면 어떠하며 그저 들녘에서
가르치면 어떠하던가?
23 그 모두가 참진리를 모르는 자들이요,
진리를 모르기에 외형적으로 나의 피
조물 만백성들에게 위압적으로 공포
감을 갖게 하여 군림하고자 하는 그와
같은 행위를 하는 것이 너희임을 알
아야 할 것이니라.
24 그러니 모든 종교 집단 지도자들이 과
연 어찌 가는가?
25 그들은 거래를 하느니라.
26 나의 성령을 가르치며 나의 뜻을 전한
다 하여 목회자를 시작하는 순간 그
지도자들은 무엇을 요구하는가?
27 더 큰 교회를 짓고자 하는 것, 더 웅장
한 교회를 짓고자 하는 것이 그들의
믿음의 목적이며 그들이 거기에 가진
전부이니라.
28 그리하여 더 높은 담장을 치며 더 두
꺼운 벽을 지어 외부와 단절시키는 그
와 같은 웅장한 교회를 짓는 것이 너
희 뜻이며 소망이니,
29 너희는 믿음이라는 것을 시작하면서
부터 그 마음을 버리지 못하는 것이
지금의 수천 년 동안 흘러온 종교 집
단 속에 있는 지도자 그들의 생각이니
라.
30 그러나 나의 아들을 따르는 그 제자들
은 그러하지 아니함이니라.
31 그들은 절대 그것을 따지지 아니함이

니, 여기에 하늘과 땅의 차이가 있음
을 너희는 알라.
32 그러니 시작하는 종교 지도자가 더 큰
교회를 짓고 더 큰 성당을 짓고 더 호
화롭게 짓고자 하니, 나의 백성에게
재물을 갈취하지 아니하면 아니 되며
그와 같이 역사하지 아니하면 갈 길
이 없는 것이 너희기에,
33 너희는 믿음이 아니요, 그저 인간의
기업이요, 장사하려는 방법으로써 우
리 부자의 이름을 팔고 성서를 내놓고
있다는 것을 절대 잊지 말라.

7,626 번째 하나님 말씀

2003년 9월 23일 11시 55분

1 사랑하는 나의 아들아!
2 "네, 아버님! 말씀하옵소서."
3 나의 아들을 따르는 제자들 너희가 진
정한 참진리요, 나 여호와의 믿음의
길을 간다는 것은 바로 고난의 시작이
요, 고난의 길이라 성서에 기록되었으
며 나의 법전에 너희에게 이미 깨우
쳐 주었음이니,
4 이를 보약으로 받아들이는 그와 같은
마음 자세를 갖고 생활해야 함을 잊
지 말라.
5 모두를 다 다스리고 차지하고 또 모두
를 양보하고, 어떠한 상황에서 남을
위해 뒷전으로 물러서고, 남들이 뭐라
말하든 너희는 바로 바보요, 모자란
자들이라는 그와 같은 삶을 살아가지
아니하면 아니 되기 때문이니라.
6 그리하여 나의 아들 예수가 너희에게
뭐라 전하였더냐?
7 나의 아들 예수가 너희에게 전하기를,
나를 따르라는 것은 자신의 마음을 다
스리고 자신이 악과 싸워서 이기고 자
신의 십자가를 지고 와야 한다고 가르
치지 아니하였던가?
8 이것이 참진리요, 나의 뜻을 따라가는
백성이 가야 할 길임을 너희는 알라.
9 자신의 십자가를 지고 가는 종교 지도
자가 과연 얼마나 있으며 그 집단들이
얼마나 있는가?
10 그리고 구원을 받았으며 가장 큰 은혜
를 입었다는 그 신도들은 과연 저 자
신의 십자가를 지고 가는 자들이 얼마
나 있겠느냐?
11 그러나 너희는 알아야 할 것이니라.
12 진정한 참진리요, 나 여호와의 뜻이
무엇인가를 너희는 이제 깨우쳐야 할
것이니, 바로 깨우침을 얻는 것이니라.
13 이제 너희는 알아야 할 것이며 알고
있을 것이니라.
14 나의 법전이 나 여호와가 성령을 다
태워 나의 아들에게 내려보내어 너희
를 구하고자 하는 마지막 그 기본이
요, 기초라는 것을 너희는 알고 있지
않은가?
15 법전은 나 여호와의 성령이기 때문이
니라.
16 그리하여 나의 성령이라는 나의 법전
이 증거하는 것이 무엇인지 알겠느냐?
17 나의 법전을 읽고 그를 정독하는 백성
은 지금까지 정신없이 살아왔던 그 삶
을 뒤돌아보게 하며, 너희의 삶에서
새로운 목표를 다시 세우지 아니하면
아니 되며,
18 인간의 삶의 가치관을 다 바꾸지 아니

하면 아니 되는 것이며, 너희가 정녕
변화되지 아니하면 지금까지 살아왔
던 것이 죽음의 길을 달려온 것이며
지금의 삶에서 변화되는 삶을 살지 않
고는 절대 살아갈 수 없는 것,
19 그러한 변화가 바로 창조주 나 여호와
요, 이 모두가 너희를 심판하는 나의
성령이며, 마지막 시대에 내가 주관하
는 증거함을 너희는 알아야 할 것이
니라.
20 너희가 나의 법전을 읽고 인간의 목표
를 다시 세우며, 지금까지 살아왔던
삶의 방향을 바꾸며, 그리고 지금까지
살아왔던 모든 가치관을 다 바꾸지 아
니하면 결코 살아갈 수 없으며 견딜
수 없는 그와 같은 마음의 변화요, 그
성령의 불꽃을 이루지 아니하는 자는
나의 법전을 정독한 자가 아니며, 나
로부터 선택된 백성이 아니라는 것을
너희는 알아야 할 것이니라.
21 진정한 참진리요, 진리의 가르침이 아
닌 것은 바로 여기에 있음이니라.
22 지금까지 너희가 수년, 수십 년 동안
살아왔으며 그리고 죽음 직전에 있는
자, 그 모두가 지금까지 살아왔던 그
삶의 어둠을 알게 되며, 그를 돌아다
볼 때 너 자신이 부끄러움을 아는 그
와 같은 삶에 대변화의 역사를 이루기
시작하는 마음의 변화가 없다면,
23 너희는 나의 법전을 제대로 읽은 것이
아니요, 그와 같은 변화가 없는 자는
나의 성령이 아니라 말해도 내가 말하
지 아니할 것이니라.
24 너희가 기초인 열여섯 권을 읽고 나면
너희 마음속에 지금까지 살아왔던 삶
에 대한 새로운 목표요, 삶의 가치관
을 다시 해야 할 것이며,
25 그리고 지금까지 살아왔던 그 모두를
다시 바꾸지 아니하면 결코 견딜 수
없는 그 고통이요, 불씨가 너희 가슴
속에 활활 타오를 것이니라.
26 그래도 타지 아니하거든 너희가 나의
법전 열여섯 권을 버리며 160권을 버
려도 내가 너희를 탓하지 아니할 것
이니라.
27 이게 나의 성령이요, 나 여호와가 직
접 명한 것이라는 것을 알 수 있는 것
은 지금 내가 말했던 그것이니라.
28 성령으로써 증거하는 것은 지금의 모
든 삶의 틀을 바꾸지 아니하며 그리고
양보하지 아니하며 바보가 되지 아니
하면 결코 살아갈 수 없는 그와 같은
성령의 불이 가슴에 타게 되어 있음이
니,
29 그것이 바로 나의 법전이요, 나의 뜻
이요, 이는 너희를 심판하는 창조주
내가 직접 너희에게 명한다는 것을 알
라.
30 감히 누가 너희 가슴을 태우며 성령
의 불을 붙이며 너희가 무섭도록 변
해 가는 그와 같은 삶을 살 수 있게 하
겠는가?
31 그 누구도 역사할 수 없음이니 오로
지 나의 성령이기에 그와 같은 변화를
이룰 수 있다는 것을 믿고 믿어야 할
것이니 그리 알라.

7,627 번째 하나님 말씀

2003년 9월 23일 12시

1 사랑하는 나의 아들아!
2 "네, 아버님! 말씀하옵소서."
3 내가 너를 사랑하며 너의 제자들을 사
랑하며 나의 법전을 읽고 깨우친 그
만백성을 사랑함이니, 너희는 알아야
할 것이니라.
4 수천 년 동안 그 많은 지도자요, 그 밑
에서 배운 성도들이요, 그 모두가 다
잘못되었다 내가 그리 말하지 아니하
였던가?
5 그러나 너희는 알고 있을 것이니라.
6 너희가 이와 같은 변화의 마음이 아니
면 너희는 나로부터 선택된 백성이
아니요, 너희가 변화된 자가 아님을
알아야 할 것이니라.
7 지금까지 너희가 왔던 그 모든 믿음
은 과연 어떠했던가?
8 그 길은 형식적이며 외형적이며 확실
한 목표가 없는 그와 같은 믿음의 세
계에서 왔음이니라.
9 그리하여 형식적인 것에 치우친 믿음
속에서 너희가 왔으며, 일부는 다스릴
수 있으나 너희 마음속에 있는 그 욕
심의 공장을 다스릴 수는 없을 것이니
라.
10 그리하여 믿음이라는 것을 쉽게 생각
하고 가던 그 믿음 속에서, 이제는 나
의 법전을 읽고 깨우치며 나의 아들의
강론을 들으며 믿음을 몇십 년 동안
했던 나의 아들을 따르는 제자 너희는
오늘에 두려움을 알며 무서움을 알게
되었을 것이며,
11 하늘의 뜻에 따라 사는 것이 얼마나
두렵고 무섭고 어려운 것인가를 너희
는 알았을 것이니라.
12 그리고 너희 자신의 십자가를 지는 것
보다도 하늘의 뜻에 따라 사는 것이
더 힘들고 어렵다는 것, 그리고 너희
자신의 하나의 악습을 버리는 것이 십
자가를 짊어지고 가는 고통보다도 더
어렵고 힘든 것을 너희는 깨달았을
것이니,
13 이게 바로 나로부터 선택된 백성이
변화되는 역사이니라.
14 세상의 모든 사물을 바라보고 느끼는
것이 모두 바뀌게 되어 있으며, 자신
과는 아무런 관계도 없던 그 모두가
다 얼마나 소중한 것이며 얼마나 너
희 자신에게 귀한 것인가를 생각하게
되며, 그들을 보게 되며, 사물을 다시
보는 그와 같은 삶으로 변하게 되며,
15 이 세상의 자연에 존재하는 모든 것은
나 여호와가 만든 것이며, 나 여호와
가 창조하여 너희에게 내린 것을 아
니, 그가 소중하며 귀하다는 것을 너
희는 알고 있을 것이니라.
16 그리고 가장 중요한 것은 무엇인 줄
알겠느냐?
17 나의 뜻에 따라 깨우치는 그 제자요,
그 백성 너희는 가장 깊이 깨우치고
가슴 아파하는 것이 무엇이던가?
18 자신의 깨끗한 순결이 얼마나 소중한
것인가를 너희는 알기 때문에, 스스로
저 자신이 얼마나 귀하고 소중한지를
알고 있음이니라.
19 그리고 너희가 얼마나 깨끗하고 아름
답게 살아, 나 여호와가 말하는 참진

리의 그 순결을 지키는 것, 그걸 위하
여 얼마만큼 노력하며 얼마만큼 몸부
림을 치고 있는가?
20 그와 같은 삶으로 변하는 것이 성령의
불꽃이 임한 백성이며 나의 뜻을 역사
하는 백성이 변한 증표이며 증거임을
알아야 할 것이니라.
21 이제 사랑하는 나의 아들을 따르는 너
희는 알아야 할 것이니라.
22 너희 마음속에 내가 성령의 불꽃을 지
펴 주었음이니라.
23 그리도 갈구하고 원하던 성령의 기름
을 내가 너희에게 부어 주었음이니,
24 이 세상에서 닥치는 모든 것은 나로부
터 받은 그 은혜를 생각한다면 너희
스스로 해결해야 할 것이며, 너희가
모두를 다 해결해야 하는 것이 의무
라는 것을 알라.
25 오로지 너희는 모든 역사를 해야 할
그 의무만 남아 있음이니라.
26 내가 성령을 부어 주어 너희가 불꽃
이 타고 있음이니, 너희 자신이 변하
고, 너희 십자가를 지는 것보다도 너
희가 하늘의 뜻이요, 나 여호와의 뜻
이요, 계명이요, 나의 법전에 사는 것
이 얼마나 힘들고 어려운 것인가?
27 그리고 이 세상의 사물들이 다 너희와
관계없이 더러는 더럽고 추하게 보이
던 그 모든 것까지도 소중하고 귀하
게 보이는 마음 자세로 변하는 이것
이 바로 성령의 기름을 부은 것이니라.
28 그러니 너희는 이제 성령으로써 순결
을 지키며, 순결한 마음으로써 나에게
오고자 하는 것이 얼마나 귀하고 소중
한 것인지 너희 스스로 알고 있음이니,
29 그 모든 역사는 너희 손으로 해야 할
것이며 너희는 의무를 다하는 그와 같
은 삶에서 모두를 구하도록 그리하라,
사랑하는 나의 아들딸들아!

7,628 번째 하나님 말씀

2003년 9월 23일 12시 03분

1 사랑하는 나의 아들아!
2 "네, 아버님! 말씀하옵소서."
3 사랑하는 선택된 나의 아들딸이요, 너
를 따르는 그 소중한 백성 그들이 이
제 2단계의 성령의 기름 부음을 얻은
자들은 과연 어떠한 변화의 역사가 이
루는지 알겠는가?
4 지금까지 살아왔던 모든 삶의 행함이
모두 죄가 된다는 것을 알지 못하고
사는 것이 너무나 많고 많음이니라.
5 그러나 2단계의 깨우침에 돌입한 그
들은 죄가 된다는 것을 알며 무엇이
죄가 되며 무엇이 죄가 아니며, 무엇
이 나 여호와가 원하는 것이요, 원하
지 않는 일이라는 것, 진리가 무엇이
고 진리가 아닌 것이 무엇인지 깨닫게
되는 그와 같이 변화가 됨이니,
6 지금까지 죄가 죄인 줄 모르고 살았던
그들에게 죄에 대한 새로운 인식이요,
깨달음을 얻게 되며 그 마음의 변화를
역사하는 것이 한 단계 더 높이 변한
나의 백성이요, 성령의 불꽃이 활활
타는 증거임을 알아야 할 것이니라.
7 나 여호와로부터 받은 그 생명이 얼마
나 소중한지 알며, 나로부터 받은 그
생명의 책임감과 나로부터 받은 생명
에 대해 역사하고자 하는 마음 자세

가 변화되는 그것이 또한 너희의 오
늘의 마음일 것이니라.
8 그리고 스스로 너희 자신이 특권 의
식을 가진 자요, 위대한 자가 아니요,
나로부터 선택된 것이 위대함이 아니
요, 그리고 위대하다 생각하는 것이
잘못된 것이며,
9 너희가 나로부터 부름을 받은 것이
너희가 특별히 쓰인다는 특권 의식에
젖어 있는 그와 같은 마음을 다 버리
고 있으며,
10 가장 낮은 자세로 살아가고자 하는
것, 그리고 낮은 자세로 사는 그 길을
찾아가고자 하는 것, 그와 같이 변하
는 너희야말로 다음의 2단계의 성령
이요, 성령의 불이 붙기 시작한 너희
라는 것,
11 그것이 바로 나의 법전의 위대함이요,
그리고 나로부터 선택된 백성이 가는
길이니,
12 그 마음으로 가는 백성 너희는 정녕
지옥으로 가려 해도 갈 곳이 없으며
내가 보내려 해도 보낼 곳이 없음이니
라.
13 보낼 곳이 없으며 흠집이 없을 것이니
라.
14 그것이 바로 너희가 나에게 은혜를
받음을 잊지 말라, 사랑하는 나의 아
들딸들아!

7,629 번째 하나님 말씀

2003년 9월 23일 12시 10분

1 사랑하는 나의 아들아!
2 "네, 아버님! 말씀하옵소서."
3 너희는 다른 신을 두지 않으며 성경을
믿는다 말함이니라.
4 그러나 너희는 나 여호와의 존재함을
정녕 얼마나 믿는가?
5 너희의 깊은 마음속에는 나를 믿지 못
하며 성령으로 모두 역사한다는 것을
너희는 알지 못함이니라.
6 그리고 어렵고 힘든 구원의 길이요,
누구도 올 수 없는 그 길은 성령으로
써 역사했을 때만 그를 극복할 수 있
다는 것을 너희는 믿지 아니하며, 그
를 믿고 따르려 하지 아니하는 것이
오늘의 너희가 가는 길이니라.
7 그러하니 성서에 기록된 좁고 협착한
길을 원하지 아니하며, 넓고 편안한
길을 가고자 하는 것이 너희이니라.
8 너희는 성령의 힘이 임하기를 바라며
원하고 있음이니라.
9 그리고 나 여호와로부터 성령의 불꽃
이요, 성령의 기름 부음을 바라고 원
하면서,
10 어찌하여 성령이 너희에게 임하도록
노력하는 것은 없으며 너희 스스로 찾
으려 하지 않는가?
11 오로지 나 여호와가 존재함을 너희가
믿지 아니하기 때문에 나에게 성령의
기름을 부으며 성령의 임함을 원하고
요구하나, 그를 내가 부어 줄 수 있는
만반의 준비를 하는 데는 게을리하며
그 준비를 하지 않는 것이 너희이니,
12 그것이 바로 너희가 나 여호와를 믿
지 못하며 진정한 믿음이 없는 자들이
니라.
13 너희가 바라고 기도하기는 쉬우나 성
령을 부을 수 있도록 너 자신을 벗겨

내고 씻어 내는 것, 잘못된 지난날을
모두 다 벗어던지는 그와 같은 길은
어렵고 힘들고 인간으로서 견디기 어
려운 그 길이기에 너희는 그와 같은
길을 가지 아니하며,
14 그저 말로써만 성령이 임하며 기름 부
음을 얻고자 하는 것이니,
15 그것이 바로 나 여호와의 존재함을 믿
지 못하며 내가 성령으로써 너희에게
역사한다는 것을 믿지 못하는 백성이
니라.
16 나 여호와가 존재함을 믿으면 내가 원
하는 길이 어렵고 힘든 그 길이라 해
도 너희는 말로써 성령이 임하기를
바라는 것이 아니요, 어렵고 힘든 그
길을 내가 성령을 부을 수 있도록 그
릇을 닦는 그 고통을 즐거움으로 가야
할 것이거늘,
17 그리 가지 아니하는 것은 너희가 나
를 믿지 아니하며 나의 존재함까지도
의식하지 않는 자들이며, 지금의 믿음
의 길을 가는 백성이 그러하니라.
18 너희는 아니라 하나 내가 보는 너희
마음이 그러하니라.
19 너희가 나의 성령 속에서 살아가면서
도 나의 성령이 너희와 같이 있음을
모르듯이 너희는 어떠한 것으로써 믿
음의 길을 가는가?
20 모든 종교 집단 지도자들은 내가 같이
하는 그 성령을 받아 성령의 불꽃을
태워 거듭나는 나의 아들을 따르는 그
제자들의 마음이 변하는 것, 마음속의
교회를 닦고 빛내는 그 고통을 그들은
모르느니라.
21 그러면서 그들은 어떠한 체험이나 육
적인 기적으로써 역사해야만 모든 것
을 믿으려 하는 것이 지금의 종교 집
단 그들의 심성이며 그들의 계산된 믿
음이니라.
22 그러한 역사함이 없을 때 너희는 실망
과 환멸과 그리고 좌절과 포기로 등을
돌리고 돌아서는 것이 지금의 믿음의
길을 가는 백성이요, 너희의 그 믿음
의 한계이니, 장사꾼의 근성을 너희가
버리지 못한 자라 함이 여기 있음이니
라.
23 너희는 기적의 역사와 은혜의 역사가
무엇인가 그 자체도 구분을 못 하는
자들이니라.
24 육으로 보이고 육으로 행해지는 그 기
적이 아님을 알라.
25 내가 너희에게 뭐라 말하였느냐?
26 너희 마음속에 교회가 있으며 성전이
있다 하지 않았더냐?
27 네 마음이 변화된다면 그리고 네 마음
이 변화되는 그 역사를 이룬다면 네
마음속에 있는 그 교회는 나의 성전이
요, 나의 교회이니,
28 너희가 육으로 보는 그 기적의 체험에
연연하는 백성은 바로 어떠한 백성인
지 알겠느냐?
29 잠깐 켜졌다 꺼지는 불빛만도 못한 그
와 같은 믿음의 길을 가는 자들이니,
그들은 그것으로써 제 스스로 모두를
다 버릴 것임이니라.
30 육의 체험을 받았고 얻었다는 그 백성
이 지금 한때 울고불고 통곡하며 몸
부림치는 그 많은 나의 백성이 끝까
지 그 믿음의 길을 가지 못하며 저희
가 등을 돌리고 떠나는 것이 무엇인

줄 알겠느냐?
31 육의 생활의 방식으로써 저희가 다시
돌아가며 모두를 팽개치며 무거운 멍
에를 벗어던지는 그것이 바로 그들이
기적에 의한 믿음이요, 성령에 의한
영적인 그 믿음이요, 단단한 기초의
근본의 믿음을 모르기 때문이니라.
32 성령의 구원에 대한 믿음이 아니요,
기적에 대한 믿음의 눈으로 보는 역사
적인 믿음을 원하는 것이기 때문이니,
이것이 바로 너희가 잘못되었음이니
라.
33 지금 나의 아들을 따르는 그 백성은
성령의 교회를 지금 닦고 씻어 내는
그것을 너희가 모름이니, 그들이 깨끗
이 닦고 씻었을 때, 그 마음의 교회의
빛은 온천하에 비칠 것이니, 그게 머
지않았음이니,
34 너희는 오늘의 마음속에 있는 그 교회
를 닦고 닦아 광채를 내는 데 게을리
해서는 아니 될 것이니라.
35 내가 너희를 사랑함이니라.

7,630 번째 하나님 말씀

2003년 9월 23일 12시 14분

1 사랑하는 나의 아들아!
2 "네, 아버님! 말씀하옵소서."
3 내가 너에게 일찍이 깨우쳐 전했느니
라.
4 지금의 모든 종파의 지도자는 나의
아들을 무너트리기 위해 온갖 방법과
모든 방법을 다 강구할 것이니라.
5 나의 아들이 기도를 가르치기를 '하나
님, 저의 죄를 용서하여 주옵소서' 그
내용의 기도를 갖고 너희는 시시비비
를 하며 물고 늘어질 것이며 그것으로
써 나의 아들을 무너트리며 세상에 존
재치 못하게 한다 그리하였음이니라.
6 그러나 그것으로써 나의 아들을 무너
트리지 못하며 그를 쓰러트리지 못할
때, 그들은 또한 이와 같은 방법으로
써 나의 아들을 공격하며 나의 법전이
사탄이요, 이단이라 그리할 것이니,
그 제자들은 미리 대비해야 함을 잊지
말라.
7 너희가 인간 세상에서 인간이 가르치
는 교육 과정을 수료하고 인간으로부
터 받은 임명장이라는 것을 가지고 그
수료증을 가지고 자격증이라는 것을
내세우며 그와 같은 자격증이 없는 자
이니,
8 이는 진정한 지도자가 아니요, 하늘의
뜻이 아니요, 사탄이요, 이단이라 시
시비비하며 그를 또 죽게 하고자 하는
것이 그들의 2단계의 방법일 것이니
라.
9 그러나 너희는 이 또한 창조주 나 여
호와가 나의 아들에게 직접 임명했으
며 그 임무를 주었다는 것을 알아야
할 것이니라.
10 세상의 누구보다도 창조주 나 여호와
가 그에게 임명장을 내렸으며 내가 그
에게 모두를 다 명한 것이니, 그 임명
장보다도 더 소중하고 귀한 임명장이
있는가 그들에게 물어보라.
11 그러나 그들은 그를 가지고 시시비비
할 것이며 절대 용납하려 하지 아니할
것이 그들이니라.
12 또한, 그를 '맞소,'옳습니다.' 하며 손

뼉을 치고 따르는 자가 있을 것이니,
그들이 노도와 같이 밀려올 때 그 대
비를 해야 함을 잊지 말라.
13 그러면서 그들은 또한 무엇을 말할 줄
알겠느냐?
14 그것을 가지고 나의 아들이요, 나의
아들을 따르는 제자들을 무너트리지
못할 때, 너희의 지난날의 과거의 삶
을 가지고 또 시시비비할 것이니라.
15 나의 아들 예수가 과연 그 과거의 삶
이며 성령으로 다시 태어나기 전까지
그걸 시시비비하며 물고 늘어진 과정
이 있던가?
16 그러나 그들은 그를 가지고 물고 늘어
질 것이니라.
17 나의 아들뿐만 아니라 나의 아들을
따르는 제자 너희까지도 과거의 그
삶을 하나하나 그들이 들추며 너희를
무너트리고자 할 것이니라.
18 그러나 너희는 두려워하지 말라.
19 나의 아들이 다시 태어났으며 나의 아
들이 다시 태어나 160권의 법전을 세
상에 만들어 전함이니,
20 그 160권을 세상에 전하고 나서도 나
의 아들에게 시시비비할 것이 있다면,
또 나의 아들을 따르는 그 제자들을
가지고 너희가 시시비비할 것이 있다
면, 너희는 그때 가서 그 과거의 삶을
가지고 시시비비해도 될 것이니라.
21 그러나 그와 같은 시간이 오기 전에
너희를 밀어붙일 것이니, 그러니 그들
에게 전하라.
22 너희가 정녕 나의 아들이요, 나의 아
들을 따르는 제자들과 시시비비할 자
격이 있는가 저 자신부터 돌아다보도
록 그리 전하라.
23 그리하여 저 자신이 과연 나의 아들이
요, 나의 아들의 제자들에게 돌을 던
질 수 있는가?
24 너희에게 돌을 던지고 침을 뱉을 수
있는가 물어보라.
25 그와 같은 자가 있거든 돌을 던지며
침을 뱉으라 그리 전하면 될 것이니
라, 사랑하는 나의 아들딸들아!

7,631 번째 하나님 말씀

2003년 9월 23일 12시 18분

1 사랑하는 나의 아들아!
2 "네, 아버님! 말씀하옵소서."
3 나의 아들 너와 그리고 너를 따르는
그 제자들은 다 똑같이 나의 아들딸이
니, 그들의 소중함은 이루 말할 수 없
음이니라.
4 그러니 그들이 존재함으로써 이 세상
에 악의 자식이요, 악의 무리가 저희
스스로 설 자리가 없으며 그 악의 제
왕은 저희가 무너질 날이 머지않았다
는 것을 알고 있음이니라.
5 그리하여 그들은 온갖 방법으로써 너
희를 공격하며 무너트리고자 할 것이
니라.
6 그러니 나 여호와의 참진리요, 하늘의
뜻이요, 나 여호와가 존재함을 알지
못하고 살아왔던 그 과거를 갖고 너희
에게 시시비비할 것이니, 그들의 그
시시비비에 너희가 대처함이 소중함
을 알아야 할 것이니라.
7 그들은 물불을 가리지 아니하며 너희
에게 공격할 자료를 찾아 나의 아들

과 나의 아들을 따르는 제자들을 도륙
내기 위해 모든 방법을 다 동원할 것
이니라.
8 그러나 너희는 알아야 할 것이니라.
9 나의 아들을 따르는 제자들이요, 그
모두가 나 여호와가 존재함을 알지 못
하고 살았던 그 삶이요, 그 행동함을
가지고 그 대가를 치르고자 하는 그
와 같은 사악한 자들을 내가 용서치
아니할 것이니라.
10 다만, 그들이 그와 같은 방법으로써
공격할 때, 너희가 한 점의 부끄럼이
없는 오늘의 삶을 살아가는 그 모습이
정답임을 너희는 알아야 할 것이니라.
11 나의 아들이 나 여호와가 존재함을 모
르며 내 뜻을 모르며 그리고 나의 아
들을 따르는 제자들이 또한 내 뜻을
모르며 나 여호와가 존재함을 모르며
천국이요, 지옥을 모르며 내가 역사하
고자 하는 것을 모르고 살아왔던 그
삶은 바로 너희가 나비가 되기 전의
애벌레와 같은 삶이니라.
12 애벌레가 나비가 되어 날지 아니함이
니, 그 애벌레는 나비가 알을 낳았으
며 제가 어찌 살도록 했으며 어찌 임
하도록 했는가 그 애벌레는 그를 알지
못하며 아무것도 모르느니라.
13 나비가 그를 살도록 했으며 그가 존재
하도록 하였으며 그가 태어날 곳을 만
든 것은 나비의 뜻이지 애벌레의 뜻은
아니지 않던가?
14 그러니 지금 나 여호와가 존재하며 나
여호와가 있으며 나 여호와가 모두를
주관한다는 것을 깨닫지 못하는 나의
아들이요, 나의 아들을 따르는 제자
너희가 지금까지 나를 몰랐을 때는 그
애벌레의 세상에 산 것과 같으니,
15 너희는 두려워하지 말며 부끄러워하
며 주저하지 말라.
16 애벌레에서 너희는 나비가 되어 세상
을 날고 모두를 봄이니, 애벌레의 그
한계는 너희가 나를 몰랐던 삶과 같음
이니, 너희는 부끄러워하지 말며 두려
워하지 말라.
17 다만, 두 번 다시 그와 같은 역사를 하
지 아니하면 될 것이니라.
18 제가 태어날 곳과 제가 살아갈 것, 제
가 나비가 되는 그 과정을 어찌 그가
알겠는가?
19 그는 모름이니라.
20 지금의 나의 아들의 제자들이 나를 모
르고 있던 그 시대의 삶이 그 애벌레
의 삶과 같다는 것을 너의 제자들에게
깨우쳐 주며,
21 그러나 너희가 이제 나비가 되어 날
기 시작할 때 너희는 애벌레의 그 형
태요, 그 틀에서 벗어나지 못하며 그
와 같은 삶으로 살아서는 아니 된다는
것을 오늘의 교훈으로 삼도록 그리하
라, 사랑하는 나의 아들딸들아!

7,632 번째 하나님 말씀

2003년 9월 23일 12시 23분

1 사랑하는 나의 아들아!
2 "네, 아버님! 말씀하옵소서."
3 나의 뜻을 따라 변하고자 몸부림치는
너를 따르는 그 사랑하는 제자들, 그
들은 이제 하늘의 사랑과 지상의 사랑
의 그 모두를 너희는 알며 그를 행해

야 한다는 것을 잊지 말라.
4 육의 사랑을 실천함은 물론이요, 하늘
의 사랑에 따라 살아가는 것, 나로부
터 선택된 나의 아들딸 너희는 이제
는 세속의 사랑을 벗어나야 하며, 그
리하여 나 여호와의 사랑을 너희가
실천하고 행해야 함을 알아야 할 것
이니라.
5 세속의 간단한 사랑은 무엇이더냐?
6 나이 어린 자가 잘못되었을 때 나이
많은 자에게 용서를 빌며 사과를 하
며, 또한 부모와 자식 간에 그 반목이
있을 때 또한 자식이 부모의 마음을
아프게 하지 아니하며 용서를 빌며 그
를 기쁘게 하는 것이 인간 세상에서
이루어지는 사랑이요, 그 법도가 아니
더냐?
7 그러나 너희가 하늘의 사랑이요, 나
여호와의 사랑은 그것이 아님을 알아
야 할 것이니라.
8 너희가 나로부터 성령을 받아 그대로
살아가는 나의 선택된 백성 너희는
모든 잘못된 자를 사랑으로 먼저 용서
하는 마음을 갖고 기다려 주는 그와
같은 마음 자세가 되어야 함을 알아
야 할 것이니라.
9 너희가 나의 뜻을 거역하고 등을 돌린
다 하여도 나 여호와는 너희를 우선
용서하며 너희를 받아들이고자 마음
을 비우는 것이 나 여호와의 사랑이
니라.
10 너희가 나로부터 빌려서 나간 세상의
모든 것을 잘못 관리하고 잘못 쓴다
해도, 내가 사랑하는 마음으로써 너희
가 깨우쳐 돌아올 그 기회만 있다면
그와 같은 역사가 있기를 바라는 것이
나 여호와니라.
11 너희가 나의 뜻이요, 나의 진리요, 내
가 원하는 것, 내가 세상에 처음 너희
에게 내려보냈던 그 순박하고 아름다
운 마음을 가지고 지금 존재하지 못한
다 해도 내가 모두를 덮어 두며 지금
기다리고 있음이니라.
12 그는 바로 무엇이더냐?
13 너희가 바로 변하는 그때를 바라며,
그리 받아들이는 자는 내가 그대로 거
둬들일 것이며 받아들이지 못하며 행
하지 못하는 자는 내가 너희 손을 놓
게 됨을 알아야 할 것이니라.
14 다만, 너희를 내가 용서하며 내 뜻대
로 이루고자 하는 것은, 너희가 성령
으로써 거듭나며 변화되는 그와 같은
삶을 바라는 것이 나 여호와임을 알아
야 할 것이니라.
15 너희가 성령으로써 거듭나는 진실한
참진리의 길을 찾아갈 수 있도록 내
가 그 변화의 역사를 이루도록 하여
기다리고 있음을 알아야 할 것이니라.
16 나 여호와를 믿지도 못하고 알려고 하
지 않는 그 백성 그들이 내 사랑이요,
내가 실천함을 어찌 알겠는가?
17 이러한 그 세상 속에서 나로부터 선택
된 백성 너희야말로 내 뜻을 알아 행
하고 실천함을 먼저 배워야 할 것이
니라.
18 그리고 너희는 돌아와 너희에게 잘못
한 자, 너희에게 죄를 지은 자, 너희에
게 용서를 빌어야 할 자, 그와 같은 백
성이 너희에게 와 용서를 빌며 사과
를 하기 전에,

19 그들이 오기 전에 너희가 그 모두를
다 용서하는 마음으로써 마음을 풀고
그들을 기다리는 그와 같은 마음 자세
로 살아가는 것이 나 여호와의 사랑이
요, 나 여호와의 뜻임을 너희는 알아
야 할 것이니라.
20 나의 아들을 따르는 그 제자들이요,
그 모두는 남들이 잘못해 너희에게
꼭 용서를 빌어야 할 자가 오지 아니
한다 해도, 사과하러 그가 오기 전에
너희가 마음을 다 비우며 용서하는 마
음으로써 너 자신을 비우고 기다려주
는 것,
21 그것이 나의 사랑이요, 나의 뜻이요,
내가 역사하는 것을 실천하는 것임을
잊지 말라, 사랑하는 나의 아들딸들아!
22 그러한 마음으로 가야 하는 것이 너
희이니, 인간으로서 그 길을 넘기가
힘들고 어려우니라.
23 그러니 힘들고 어려운 그 길을 가지
아니하면 나에게 오를 수 없음이니 그
리 알라.

7,633 번째 하나님 말씀

2003년 9월 23일 12시 25분

1 사랑하는 나의 아들아!
2 "네, 아버님! 말씀하옵소서."
3 인간 세상에 살아가면서 너희는 인간
을 평가해서도 아니 되며 인간이 몇
단계의 역사를 잘한다 하여 오로지
장점이요, 단점만을 가지고 그리 평가
하지 말라.
4 그가 몇 가지의 단계를 잘 역사한다
해도 그가 가진 본연의 마음은 천 가
지 만 가지요, 너희가 진리의 그 뜻을
헤아릴 수가 없음이니,
5 몇 가지 잘하고 잘못하는 것으로써 사
람을 평가하며 네 형제를 평가하는 그
와 같은 자세를 가져서는 아니 되는
것이니라.
6 너의 제자들은 나의 백성을 평가하지
말라 하였거늘 더러는 너희가 그와
같은 마음으로 평가한다면 너희는 결
국 모두 실패할 것이며 모두를 잃게
됨을 알아야 할 것이니라.
7 몇 가지 잘하는 자가 있으면 또 몇 가
지를 잘못하는 자가 있으니, 열 가지
를 잘하는 자가 백 가지를 잘못하는
수가 있으며 또한 열 가지를 잘못하는
사람이 백 가지를 잘하는 이와 같은
삶의 형태이니,
8 너희는 어떠한 형태든 인간을 함부로
평가하고 그것으로써 너희가 채점을
매기고 점수를 매겨서는 아니 됨이니
그리 알라.
9 그리하여 너희가 이제 나의 피조물
만백성 그들을 구원하며 나의 법전을
가지고 이 세상을 하얗게 덮으며 지도
자로서 섰을 때, 이를 잘 구분하는 현
명함이 있을 때 너희는 나의 뜻을 역
사할 수 있을 것이니라.
10 하나 둘을 잘하는 것으로써 그 사람을
평가하며 하나 둘을 잘못하는 것으로
평가해서 사람을 쓰고 버리는 그와 같
은 어리석은 행위를 해서는 아니 될
것이니,
11 너희는 사람을 보는 그 안목의 깨달음
을 얻도록 그리하며, 그리고 기다릴
줄 알며 용서할 줄 알며 다스려 쓸 줄

아는 그와 같은 마음을 갖고 가도록
그리하라, 사랑하는 나의 아들딸들아!

7,634 번째 하나님 말씀

2003년 9월 24일 06시 44분

1 사랑하는 나의 아들아!
2 "네, 아버님! 말씀하옵소서."
3 너희가 집을 지으며 건축을 할 때 전
문가가 아니며 실력이 없는 자요, 제
대로 배우지 못한 자가 그 집을 짓는
다면, 그리하여 그 건축물이 바로 서
지 못하며 기울어지는 그와 같은 형국
으로써 건축물을 세운다면,
4 모든 장비요, 모든 인력이요, 모든 경
제적인 것을 동원하여 지은 그 높고도
높은 건물이 너희가 말하는 대로 실
력 없는 자요, 제대로 되지 않은 자가
세워 그것이 비뚤어졌다면 과연 어찌
하겠는가?
5 그를 바로잡을 수 있겠는가?
6 그를 바로잡을 수 없을 것이니라.
7 그러니 내가 너에게 일찍이 말하지 아
니하였더냐?
8 실에 추를 매달아 그것이 반듯이 내려
와 있는 그와 같은 형국으로 모두가
다 그리 서지 아니하면 아니 된다 하
지 아니하였던가?
9 그러니 잘못되고 깨달음이 없는 자,
제대로 배우지 못한 자, 그리고 참진
리요, 나 여호와의 뜻을 모르는 자가
나의 피조물 만백성들을 가르치고 깨
우치는 것은 제대로 배우지 아니한 자
가 건축물을 세워 그것이 삐딱하고 비
스듬히 쓰러져 가는 그와 같은 형국으
로 만드는 것이니라.
10 그러니 기초를 잘못 잡아 놓으면 올라
가면 올라갈수록 더 비뚤어짐이니 그
게 바로 선 건물이라 하겠느냐?
11 그러니 내가 나의 피조물 만백성들을
실에 추를 달아 반듯이 건축물을 짓듯
이 나의 피조물 만백성들을 그와 같이
바로잡아야 하나,
12 이 세상에 나의 뜻이요, 참진리를 알
며 그리고 나의 뜻에 따라 가르치는
종교 집단과 지도자들이 없음이니라.
13 그저 남에게 돈이나 받아 가며 그저
재물이나 받으며 수고비나 받으려고
남의 것이 소중한지 모르고 대충 일
하는 자와 같은 자들만 이 세상을 지
배하고 있으며 이 세상에 존재하고 있
음이니,
14 그러니 이 세상의 건축물이라는 것들
이 다 비뚤어져 있다면 과연 어떠하겠
는가?
15 수십억 나의 피조물 만백성 지금 믿음
을 간다는 그 백성이 잘못 가고 잘못
가르치는 자들 때문에 모두가 다 삐뚤
어져 있으며,
16 비뚤어진 것이 너희 눈으로 보이지
않을 정도로 비뚤어진 것이 아니요,
육안으로 봐도 완전히 비뚤어져 있는
그와 같은 형국이니, 이를 어찌 바로
잡을 수 있겠는가?
17 그래서 내가 너에게 말함이니라.
18 실에 추를 달아 반듯이 내린 것만큼
네가 바로 서야 하며 모든 백성이 그
리 서야 하며, 너의 제자들 또한 그리
서야 하며, 그와 같이 바로 서지 아니
하면 존재할 수 없으며 견딜 수가 없

음이니라.
19 내가 너에게 간곡히 말하느니라.
20 이제 너희라도 바로잡아야 하며, 그리
고 또 너의 제자들 또한 바로 서지 아
니하면 영원히 존재할 수가 없다는 것
을 알아야 할 것이니라.
21 믿음이라는 것은 참진리요, 진정한 나
의 뜻에 따라 너희가 바르고 곧게 가
는 그 길만 구원을 받을 수 있으며, 나
에게 오르는 길이라는 것을 절대 잊
어서는 아니 됨이니 그리 알라.
22 사랑하는 나의 아들아!
23 지금서부터라도 너는 실에 추를 달아
반듯이 세운 그 실이 곧고 바른 것만
을 보고 네 마음이요, 네 행동이요, 그
모두를 그리 보고 가야 함을 잊지 말
라.
24 내가 너를 사랑하며 내가 모든 백성을
사랑함이니,
25 지금 지옥 불로 떨어져 죽어 가면서도
그것이 지옥 불인 줄도 모르고 가는
그들을 구원하고 살리는 것은 너밖에
없으며 너의 제자들밖에 없으며 나의
법전밖에 없음을 알라.
26 그리하기 위해서는 반듯이 서야만 됨
이니라.
27 곧게 서지 아니하면 아니 됨이니라.
28 내가 다시 한 번 너에게 명함이니 실
에 추를 달아서 곧게 내린 반듯이 선
그와 같은 곧은 자세로써 너 자신이
서도록 그리하며 네 제자도 그리 서
도록 하라, 사랑하는 나의 아들아!
29 그것만이 만백성을 구하는 길임을 알
아야 할 것이니라.

7,635 번째 하나님 말씀

2003년 9월 24일 08시 37분

1 사랑하는 나의 아들아!
2 "네, 아버님! 말씀하옵소서."
3 믿음의 길이요, 나에게 오르는 그 길
은 가장 행복함이요, 가장 즐거운 마
음으로써 오는 것이 나에게 오는 길이
라 그리 말하였음이니라.
4 너희가 어렵고 힘든 오늘과 같은 믿음
의 그 길로써 평생을 믿고 울부짖으며
그와 같은 것으로써 얻고 잃음이 아니
라는 것을 알아야 할 것이니라.
5 너희 마음속에 있는 너 자신을 다스
리는 그것으로써 모두를 다 역사함이
니 그것은 네 마음에 달렸기 때문이
니라.
6 그 마음 하나 바로 다스리는 그것이
구원이요, 구원을 받지 못하는 그 역
사의 길이 있다 내가 너희에게 그리
말하지 아니하였던가?
7 그러니 지금 내가 160권의 법전을 세
상에 내놓음이니 그것이 무엇인 줄
알겠는가?
8 너희가 그리 구원을 받기 원하며 갈구
하는 하늘에 오르는 그 영광을 얻는
것은 나의 법전 한 권을 가슴에 안고
그를 3회 이상 정독하여 깨우침을 얻
을 때, 그 속에 모든 진리가 있으며 모
든 길에 눈이 뜨인다 하였거늘,
9 어찌하여 너희는 평생을 재물을 바치
며 울고불고 하늘에 오른다고 그리
말하면서, 내가 나의 아들을 통해서
단 한 권의 법전을 정독해서 읽고 또
읽었을 때 너희가 모든 것을 얻을 수

있으며 모두를 볼 수 있다는 그 가르
침은 어찌하여 그리 소홀히 받아들이
는가?
10 그러니 한 권의 나의 법전을 읽음으로
인하여 너희가 구원의 길이 무엇이며
하늘에 오르는 길이 무엇이며 나의 역
사요, 원하는 것이 무엇인가를 안다
하면, 그것이 곧 깨달음이요, 하늘에
오르는 빛을 보는 반석 위에 섬이라
내가 그리 말하였거늘,
11 어찌하여 너희가 그 한 권의 법전을
읽는 것에 그리 인색하며 마음의 문을
열지 못하는가?
12 세상에 존재하는 모든 것은 다 너희
를 위하여 존재하며 너희에게 필요하
기 때문에 존재하는 것이니라.
13 너희 말에 '필요악'이라는 것이 있지
않더냐?
14 사람을 물면 죽는 독성을 가진 것, 그
리고 사람이 먹었을 때 그 생명을 잃
는 이파리를 가진 것, 줄기를 가진 것,
또 뿌리를 가진 그 식물들이 왜 존재
하는가?
15 그들이 다 필요하기 때문에 존재함이
니라.
16 이것을 모르는 것이 너희이니, 얼마나
어리석고 불쌍한 백성이더냐?
17 너희가 식물의 독소요, 동물의 독소를
이용하고 미물을 이용하여 병을 치료
하고 고치는 재료로 쓰면서,
18 나의 법전이 너희의 생명을 구원할
수 있는 가장 진귀하고 소중하고 귀한
약이라 내가 그리 말하거늘, 이를 쓰
려 하지 아니하며 보지 않으려 하며
듣지 않으려 하니,
19 그 중병에 필요한 독소의 약이 빠져서
는 구원할 수 없는 것처럼, 너희가 나
의 법전을 읽고 깨우치지 아니하고는
정녕 구원을 받을 수 없음이니라.
20 그러니 너희가 나의 법전 한 권을 읽
는 데 인색하지 말며, 그를 정독하는
데 인색해서는 아니 된다는 것을 너의
제자들에게 전하라.
21 그리하여 너의 제자들은 만백성에게
'단 한 권의 법전을 읽고 당신이 여기
서 깨달음이 없으며 얻음이 없거든 등
을 돌려도 될 것이나, 단 나의 법전을
3회 이상 다 한 권이라도 읽어 보라'
그리 깨우치고 전하라.
22 그들이 3회 이상 읽었을 때도 얻음이
없으며 깨우침이 없다면 나의 법전이
잘못된 것이거늘, 그들은 어찌하여 한
권의 나의 법전을 읽는 데도 그리 인
색하며 그리 야속하도록 나의 법전의
뚜껑을 열지 않는가?
23 어리석은 백성이 너희이니라.
24 이제 내가 160권의 법전을 세상에 내
려보낸 그 의미를 알겠는가?
25 너희가 160권 중에 단 한 권이라도
읽으면 구원의 길이요, 하늘에 오르는
반석 위에 서서 하늘에 오르는 찬란한
빛을 보는 영광을 얻는다 하였거늘,
26 너희가 평생 노동력과 재물과 시간을
다 바치면서도 어찌하여 나의 법전 한
권을 읽는 데 시간을 투자하는 것을
그리 두려워하며 그를 행하지 못하는
가?
27 이 모두는 종교 집단 지도자들이 다른
것을 봐서는 안 되며 다른 종파를 봐
서는 안 되며 다른 사람의 강론이요,

설교를 들어서는 구원을 받을 수 없다
고 그리 가르치고 그리 이끌어 왔기
때문에, 그 원흉이 바로 종교 집단이
요, 지도자요,
28 그리고 그곳에서 맹신하는 신도 그들
이 있는 한 정녕 너희가 바른길을 볼
수 없으며, 나의 법전을 읽고 깨우침
을 얻는 간단하고 편안하고 쉬운 그
길을 모름이니 어찌하면 좋겠는가?
29 그들에게 나의 뜻을 전하라, 가장 편
안하고 쉬운 길로 하늘에 오르는 길이
요, 반석 위에 서서 하늘에 오르는 빛
을 볼 기회는 나의 법전을 읽는 그 길
밖에 없다는 것을.

7,636 번째 하나님 말씀

2003년 9월 24일 11시 43분

1 사랑하는 나의 아들아!
2 "네, 아버님! 말씀하옵소서."
3 너의 제자들에게 전하여야 할 것이니
라.
4 나의 십계명은 무엇이라 말하였느냐?
5 내가 직접 써 내린 것이니, 곧 나라 그
리 말하였음이니라.
6 이 세상의 수십억 수많은 그 백성 중
에서 내가 직접 나의 아들을 통하여
나의 십계명을 낭송하며 너희를 가르
침이니, 이와 같은 은혜와 축복을 받
은 자가 과연 어디 있는가 한번 물어
보도록 그리하라.
7 내가 나의 아들을 통하여 십계명을 암
송하며 내가 그에게 성령을 내림이니,
이는 곧 내가 너희에게 들려주며 너
희를 깨우치고자 하여 내가 매일 같
이 십계명을 내 음성을 통하여 너희에
게 직접 들려주는 것이거늘, 너희가
그 위대하고 소중함을 모르며,
8 그 십계명 한 구절 한 구절을 나의 아
들이 암송하고 암송할 때, 너희는 그
구절에 따라서 하나하나를 어찌 살아
가고 있으며, 그 한 구절구절의 그 내
용이 얼마나 소중하고 위대한 것인가
를 어찌하여 그를 느끼고 그 두려움과
무서움을 모르는가?
9 나 여호와가 존재함을 믿으며 내가 너
희에게 와 내가 내린 십계명이요, 나
의 법전대로 살다 너희가 심판을 받
아 그 대가를 치른다는 그 하나의 믿
음을 너희가 어찌 갖느냐에 따라서
너희는 모든 생각함이 달라지며 깨달
음이 달라질 것이니라.
10 너희가 나의 법전을 한 번 읽고 또 두
번 읽으며 깨달음이 높아질 때마다 그
읽는 횟수에 따라서 너희가 얻는 게
다르며 느끼는 게 다르며 생각하는 것
이 다르듯이,
11 나의 참진리는 그와 같이 무한대한
변화의 역사를 이루는 것이니라.
12 그러나 너희는 그 소중하고 귀한 것을
모름이니, 나의 아들이 십계명을 암송
할 때마다 너희 귀에 들리는 것이 그
저 젊은이가 책을 읽는 그와 같은 음
성으로서 그를 들어서는 아니 될 것이
니라.
13 내가 너희에게 일찍이 뭐라 말하였느
냐?
14 오늘의 160권의 법전을 역사하는 나
의 아들이 얼마나 어렵고 힘든 길을
가는가?

15 그에게 너희가 백지 한 장도 더 들려
주는 그와 같은 역사를 하지 말라 그
리 말하지 아니하였던가?
16 그리고 그를 따르는 제자들 또한 그
마음을 비워야 한다 함이 무엇인 줄
알겠는가?
17 너희는 들어야 할 것이니라.
18 수천 년 동안 믿음의 길이요, 그리고
종파요, 모든 종교 집단들이 만백성을
구하여 하늘로 인도한다는 그들이 과
연 나에게 오르는 그 길을 바로 닦아
놨으며 만들어 놨으며 그 길을 넓혀
놨다면 지금은 지상의 천국이 되어서
너희가 그저 육에서 살다 하늘에 그대
로 영혼이 올라오는 그와 같은 역사를
이룰 수 있는 것이니라.
19 그러나 너희는 여기서 알아야 할 것
이니라.
20 지금 수천 년 동안 흘러오는 그 세월
속에 모든 종교 집단이요, 지도자들이
하늘에 오르는 그 길을 만드는 자 없
으며 그 길을 트는 자가 없으며 그 길
을 낸 자가 없음이니라.
21 그러니 지금 나의 아들이 만백성 너희
를 구하기 위해 나의 법전을 만들어
하늘에 오르는 길을 닦는 것이라는
것을 어찌 모르는가?
22 나의 아들은 바위와 계곡이요, 그 산
이요, 들이요, 그 모두를 다 여태까지
하늘에 이르는 길이 되어 있지 않은
것을 그 길을 만들고 역사하는 것이
나의 아들이니라.
23 물질이요, 재물이요, 모든 장비요, 그
리고 그를 도울 수 있는 제자들이요,
백성이요, 그 모두를 혼자 역사하여
하늘에 오르는 새로운 길을 닦고 역사
하는 것이니라.
24 그러니 그 길을 너희가 영원히 닦아
놨을 때 나의 피조물 만백성들은 편안
하게 그 길을 따라서 하늘에 오를 것
이며,
25 이것이 곧 천 년 후에 이 세상에 하늘
의 낙원과 똑같이 이루어짐이니,
26 너희가 죄가 없는 세상에서 살다 나에
게 편안하게 올 수 있는 그와 같은 그
길을 역사함이니,
27 누구도 몇천 년 동안 하늘에 오르는
그 길을 닦지 아니하며 역사한 자가
없느니라.
28 그리하여 그 길을 만드는 나의 아들의
그 고통이요, 그를 따르는 제자 너희
의 그 고통스럽고 힘듦은 그러한 이
치를 알아야 할 것이니라.
29 나의 아들을 따라 그 길을 닦는 너희
는 생각해 보라.
30 길이 없는 험악하고 험악한 길을 끝이
보이지 않는 하늘을 향하여 그 길을
닦는 너희가 얼마나 어렵고 힘들고
고통스러우며, 상상할 수 없는 그 길
을 가는가?
31 그러나 누군가는 하늘에 오르는 그 길
을 닦아 놔야 하며 수풀을 헤치며 갈
대밭을 헤치며 강에 다리를 놓으며 그
리고 산에 암반을 치우며 터널을 뚫으
며,
32 온갖 수단과 방법을 가리지 아니하고
손발이 갈기갈기 찢어질 때까지 하늘
에 오르는 그 길을 닦아 놔야만 나머
지 백성이 그 길을 따라갈 수 있음이
니 이를 어찌하겠느냐?

33 모든 백성이 그 길을 보지 못하며 길
이 없음이니, 그들은 여기는 갈 곳이
없으며 길이 없다 하여 주저앉아 지
금 개골개골 그저 말로써 부르짖으며
말로써 역사하면 그 바다요, 강이요,
그리고 그 산을 넘을 것이라 하는 그
와 같은 짓을 지금 하는 백성이니 그
리하여 내가 유치원생이라 하였음이
니라.
34 이제 나의 아들을 따르는 너희요, 그
리고 나의 법전을 읽고 깨우친 너희가
역사하는 건 무엇이더냐?
35 길이 없는 하늘에 오르는 길을 지금
만들고 있기 때문에 고통스럽고 힘들
고 어려운 것은 당연하니라.
36 그것을 너희는 잊어서는 아니 될 것
이니라.
37 다시 한 번 내가 너희에게 전함이니,
여태껏 수천 년 동안 흘러오는 세월
속에 종교 집단이요, 만백성들이 하늘
에 오르는 그 길을 만들지 못하였음이
니라.
38 그저 사람 하나 올 수 있는 소로라도
만들었다면 그 길은 점점 넓어지고 넓
어져 평탄한 길로서 너희가 나에게
오를 수 있거늘 아무도 그를 만든 자
없으니, 지금 나의 아들과 너희가 그
길을 만들고 있음이니라.
39 그리하여 너희가 그 소로를 냈을 때
많은 백성이 평탄한 길로 확장할 것
이며, 넓은 길로 만백성을 구하는 그
와 같은 역사를 이룸이니라.
40 그리하여 너희가 오늘에 고달프고 힘
들고 어려운 그 길을 감이니라.
41 세상에서 하늘에 오르는 길을 여태껏
누구도 만든 자가 없다면 그는 무엇이
더냐?
42 나의 진리요, 나의 뜻에 따라 하늘에
오르는 그 길을 역사한 백성이 하나
도 없다 함이니, 이것이 지금의 현실
이며,
43 이를 바로잡기 위해 나의 아들을 내
려보내 160권의 법전을 보냈으며, 이
를 만들고 직접 듣는 너희, 그리고 십
계명을 나의 음성으로 매일 같이 듣는
너희는 그와 같은 새로운 길을 만드는
것이기 때문에 지치고 힘들며 발과
손이 다 터지는 그와 같은 형극의 고
난을 겪으며 그 길을 만들어야 함이니
라.
44 수천 년 동안 그 수십억 헤아릴 수 없
는 그 많은 백성이 아무도 보지 못했
으며 아무도 시작하지 못하였으며 아
무도 용기 없어 대들지 못한 그 오솔
길을 만드는 것이 너희이니라.
45 그리하여 내가 너희를 사랑하며, 너희
가 그 길을 닦고 또 닦고 하늘에 닿을
때, 그 길은 확장될 것이며, 너희가 고
생한 그 후에 만백성은 편안한 길로
평탄한 길로 하늘에 오를 것이니,
46 그게 바로 지상의 낙원이 이루어져 너
희가 지상의 낙원에 살다 나에게 오르
는 그와 같은 천 년의 역사가 이루어
짐이니,
47 천 년 동안 길을 닦고자 하는 것이 너
희요, 너희 후손들이니라.
48 너희가 시작하여 너희 후손들이 용기
를 가지고 그 일을 역사할 수 있도록
그 준비를 완벽하게 하고 시작하는 것
이 너희이니, 내가 너희를 사랑함이

니, 나 여호와의 뜻을 알겠느냐?
49 수천 년 동안 많은 종교 집단이요, 지
도자요, 헤아릴 수 없이 많은 백성이
왔다가 죽어 가면서 그 길을 만든 자
가 없음이니,
50 오늘 나의 아들이 그 길을 뚫고자 앞
장서 가니 그가 고통스럽고 힘든 것보
다 너희는 열배 백배 더 고통과 시련
의 길을 간다 해도 그가 앞에서 나감
이니, 가시에 찔리며 돌에 밟히고 치
이며 그보다 더 힘들고 어려운 것은
너희가 아닐 것이니라.
51 그가 길을 낸 다음에 너희가 따라가
니 아무리 힘들고 어렵다 해도 나의
아들의 그 길만큼은 어렵고 힘든 길이
아닐 것이니,
52 너희 각자가 최선을 다함에 게을리해
서는 아니 될 것이니라.
53 내가 너희를 사랑함이니라.

7,637 번째 하나님 말씀

2003년 9월 24일 11시 46분

1 사랑하는 나의 아들아!
2 "네, 아버님! 말씀하옵소서."
3 모든 피조물 만백성이요, 종교 지도자
요, 그들에게 내가 수없이 성령의 능
력을 주었으며 영적인 능력을 주어 바
로 서기를 바라는 그와 같은 역사를
시도한 것이 한둘이 아니며 한두 번이
아니하였음이라 내가 말하지 아니하
였더냐?
4 나의 법전이 세상에 내려오기 전에 내
가 많은 백성으로부터 모세가 그 백성
을 구원하듯이 그와 같은 역사를 할
수 있는 백성을 세상에 수없이 내려
보냈음이니라.
5 그러나 그 모두는 다 나의 뜻대로 행
하지 아니하며, 나의 명대로 행하지
아니하고, 제 의지요, 제 뜻대로 행하
였기 때문에,
6 아무것도 이루어진 것이 없으며 아무
것도 역사한 것이 없는 오늘이 되었
음을 너는 알아야 할 것이며, 너의 제
자들 또한 그를 깨우쳐야 할 것이니라.
7 나의 명대로 행하지 아니하는 자는 하
늘의 무서움을 모르기 때문이니라.
8 그러니 그들이 얼마나 어리석은 백성
이던가?
9 지금 나 여호와의 뜻대로 행하며 내
의지에 따라서 너희가 행하며 내가
존재하고 역사하는 것을 아는 백성은,
그것이 두렵고 무서워 하늘을 쳐다보
기도 고개를 들지 못할 만큼 두렵고
무서움을 갖고 있을 것이니, 바로 그
들이 나의 아들을 따르는 자들이니라.
10 과연 너희가 울고불고 소리 지르며
나에게 축복을 달라, 은혜를 달라, 구
원을 해 달라고 소리 지를 수 있는가?
11 하늘의 일을 아는 자요, 나 여호와가
존재함을 아는 자는 무섭고 두려워 지
금의 모든 종파가 가는 그와 같은 형
국처럼 울고불고 소리 지르며 광란의
짓을 할 수 없는 것이니라.
12 아무것도 모르기 때문에 소리 지르고
악을 쓰고 있으며, 종교 집단이요, 지
도자들이 악기라는 것을 통하여 사랑
하는 나의 백성의 마음을 자극하며
그들을 흥분의 도가니로 몰고 가는 그
와 같은 사악한 행위를 하고 있음이니

라.
13 그러면서 은혜를 받았다 하며 축복을 받았다 하는 백성 너희는 알아야 할 것이니라.
14 나의 명대로 행하지 아니하는 자의 가르침이요, 내 명에 따라서 행하지 아니하는 것은 절대 아무것도 이루어질 수 없다는 것을 알라.
15 나의 아들 또한 그가 육으로 행했을 때 그 모두는 역사하지 아니할 것이며 하나도 존속할 수가 없다는 것을 너희는 알아야 할 것이니라.
16 내가 너희를 사랑함이니라.

7,638 번째 하나님 말씀

2003년 9월 24일 11시 55분

1 사랑하는 나의 아들아.
2 "네, 아버님! 말씀하옵소서."
3 너희는 모세의 그 삶을 한번 돌이켜 보며, 모세가 역사했던 것을 지금 연구하고 돌이켜 볼 때가 되었음을 알라.
4 모세는 어찌 태어났는가?
5 가난하게 태어나 그가 어디로 갔는가?
6 그는 왕자로서 군림하며 40년이라는 세월동안 거기서 가장 수준 높은 교육을 받았음이니라.
7 그러나 그가 80이 되어서 어찌하였는가?
8 그는 스스로 가난한 목축업자의 가족이 되었음이니 그가 80이 되어 목축업자의 가족이 되었을 때는 과연 그것은 무엇을 의미하느냐?
9 너희는 여기서 하나를 깨우치고 가야 할 것이니라.
10 모세가 왕자로서 왕궁의 생활에서 40년이라는 고급 교육을 받은 그가 80이 되었을 때 그는 어떠한 형국이었더냐?
11 목축업자의 가족이 되었음이니 그가 그때까지 무엇이냐?
12 모두를 다 포기하였음이요, 자기를 다 버렸음이니라.
13 그리하여 내가 너희에게 말하느니라.
14 너를 생각하면 아니 되는 것이요, 너희 자신을 버리지 아니하면 모든 것을 역사할 수 없으며 너희 자신을 포기하지 아니하고 너희가 죽은 자라 생각하지 아니할 때는 나의 성령이 임할 수 없음이니,
15 모세는 미리 선택된 나의 백성이라도 그가 80이 되어 목축업자의 한 가족이 되어 가장 가난하고 어려운 그 생활을 할 때, 그 자신은 모두를 다 버렸으며 모두를 다 포기한 그와 같은 삶이 아니더냐?
16 지난날의 그 화려했던 삶이요, 지난날에 역사했던 그 모두를 버렸음이니 그가 비웠음이니라.
17 그 나이가 80이 되어 그는 가장 낮은 자세로서 모두를 포기한 그와 같은 삶을 살았기에, 내가 그를 통하여 나 여호와가 성령을 그에게 부어 주었음을 너희는 알아야 할 것이니라.
18 바로 그러하니라.
19 그가 나로부터 선택된 백성이요, 그가 모두를 다 포기하며 모두를 저버리며 자기를 의식하지 아니하고 자기를 생각하지 아니하고 자기를 먼저 생각하지 아니하는 그와 같이 절망적으로 그

모두를 비우고 인생을 포기한 삶을 산
것이 80년이라는 그 세월이 흘렀음이
니라.
20 80이 되어 그가 모두를 다 포기했던
그와 같은 삶을 돌아다보라.
21 그리하여 그는 나의 음성을 들으며 나
성령의 부음을 받았다는 것을.
22 그러니 너희에게 그 모두를 다 비우
라 하며 지우라 하며 포기하라 하며
죽은 자라 함이 여기에 있음이니라.
23 모세가 80의 그 나이에 왕자로서 목
축업자의 한 가족으로 전락되어 살았
을 때 그는 그동안 모든 것을 다 지워
버렸으며 모두를 포기하였으며,
24 나 여호와를 수없이 원망하는 그와 같
은 삶에서 제가 나를 울고불고 원망하
다 지치고 지쳐 그 모두를 다 포기하
며 인생의 마지막 숨을 거두는 그날만
을 기다리는 가련한 모습으로서 모세
가 역사했을 때, 그는 모두를 다 버렸
음이니라.
25 왕관도 버렸으며 왕자의 자리도 버렸
으며 그 호화로운 모든 삶을 다 지워
버리고 포기하며 그 생활에서 영원히
그는 지워졌음이니, 그리하여 내가 그
지워진 자요, '나'를 버린 자에게 성령
을 역사했음이니라.
26 너희도 바로 나로부터 그와 같은 성령
을 받으려면 모세가 80이 되어 모두
를 다 저버렸듯이 너희는 지금 이 나
이에서 모두를 다 버리는 현명함을 얻
지 아니하고 쥐고 챙기려는 그와 같은
마음을 가지고는 아무것도 역사할 수
없는 것이니, 너희는 그리 알아야 할
것이니라.
27 너희가 오늘날 얼마나 호화로운 자요,
얼마나 행복한 자인가?
28 '나'를 포기하지 않은 자는 육의 행복
이요, 육의 향락에 젖어 있음이니, 모
두를 놓을 수 없으며 던질 수 없는 너
희를 바라보는 나 여호와의 마음이 아
프니라.
29 나는 160권의 법전으로써 너희를 깨
우치며 전하며, 내가 직접 너희에게
임하지 아니함이니 그리 알라.
30 사랑하는 나의 아들아!
31 "네, 아버님! 말씀하옵소서."
32 모세가 모든 것을 버렸듯이, 너도 버
리며 너의 제자들도 지금 이 순간에
모두를 다 버리고 포기하여야 함을
잊지 말라.
33 너희가 머리털 만한 욕심이요, 아직도
너희 자신을 버리지 못하고 있기에
시시비비를 하며 얼굴을 붉히는 그와
같은 역사가 이루어짐이니라.
34 믿음의 길은 자신의 의지대로 해서는
아니 되는 것이니라.
35 그러니 너희 뜻대로 하는 모든 것을
포기하지 아니하며 버리지 아니하였
을 때, 너희 의지대로 하고자 하는 욕
망이 남아 있으며 의지대로 할 수 있
는 힘이 살아 있기에 다 포기하라 함
이니라, 사랑하는 나의 아들딸들아!
36 과연 너희는 어느 날 어느 시점에 그
모두를 포기하여, 모세가 모두를 다
놓아 그 마음에 내가 성령을 부어 역
사했듯이, 너희도 나로부터 선택된 백
성이니 몇 살 몇 년에 모세처럼 모든
것을 포기하느냐는 너희에게 달렸음
을 명심하고 또 명심하여야 할 것을

잊지 말라.
37 의지대로 해서는 아니 되기 때문에 너
희가 모두를 다 버리기를 기다림이니
라.
38 너희가 '나'를 버리지 못하고 육의 힘
이 넘쳐흐를 때, 너희 자신의 의지대
로 행하게 됨이니, 그것이 바로 무너
짐이요, 사탄의 자식이요,
39 모든 종교 집단이요, 수많은 백성이
그 한계를 넘지 못하여 다 무너져 오
늘의 그 결과가 되었음을 너희는 알
아야 할 것이니라.
40 너희는 자의적으로 모두를 행하고 나
의 아들과 딸로서 거듭나는 그와 같은
의사를 모르고 있음이니라.
41 너희가 정녕 거듭나고자 한다면 모두
를 다 버려야 할 것이며 모두를 포기
해야 할 것이니라.
42 오늘의 모든 종교 집단 지도자들은 저
희 자신을 버리지 못한 자들이 나의
아들 예수의 이름을 팔아먹고 있으며
나 여호와의 이름을 팔아먹고 있으며,
43 그리하여 우리 부자의 이름을 가지고
장사하는 그들이 무엇인 줄 알겠느냐?
44 종교 지도자로서 너희가 보는 하늘에
오르는 인도자요, 선택된 백성이 아니
라,
45 저희는 인간의 의지대로 행하기 때문
에 나의 성령으로 행하지 아니하고 저
희 의지대로 행하는 것이 종교 집단이
요, 지도자이기 때문에, 다 도둑놈으
로 변질되어 있다는 것을 너희는 알
아야 할 것이니라.
46 모든 종교 집단 지도자요, 그리고 구
원을 받았다는 백성은 너희의 의지를
버리지 못했으며 너를 버리지 못하여
스스로 행하는 그와 같은 삶을 버리지
못하고 나의 성령으로 행하는 삶을 살
지 아니하고 너희 계획대로 하기 때문
에 모두가 다 도둑놈으로 변화된 것이
오늘의 종교 집단이요, 지도자요, 그
리고 도둑놈이 들끓는 교회요, 성전이
요, 성막이라는 것을 잊지 말라.
47 종교 지도자들이 다 도둑놈으로 변화
되어 있음이니라.
48 그러니 나의 법전 또한 너희가 볼 수
없으며 나의 성령을 모두 태워 내려보
내는 이 뜻을 알 수 없으며 너희가 죽
고 사는 그 역사에서 삶의 길을 선택
하는 이를 보지 못하는 것이니라.
49 그리하여 백성은 영적으로 쓰고자 내
가 선택하였지 너희를 육적으로 쓰고
자 선택한 백성이 아니라는 것을 알
라.
50 모든 종교 집단이요, 지도자 너희는
육적으로 나에게 쓰임이 아니요, 영적
으로 쓰인다는 걸 알아야 할 것이니라.
51 육의 생각 때문에 육으로 변화되어 버
리기 때문에, 내가 너희를 거두지 못
하며 내가 너희를 버림이니라.
52 나는 모든 나의 아들딸이요, 나의 백
성을 육적으로 쓰고자 함이 아니요,
영적으로 너희를 쓰고자 하며 영적으
로 역사하고자 함이니, 이를 너희가
잊어서는 아니 될 것이니,
53 나의 성령이요, 나의 법전이요, 십계
명이요, 율법대로 너희가 살아가는 그
삶을 벗어나서는 아니 될 것이니라.
54 그리하여 너희는 영적으로 육성된 그
와 같은 삶을 살지 아니하면 아니 됨

을 알라.
55 너와 너의 제자들을 내가 선택한 것은
모두 육적으로 나 여호와가 사용하고
자 함이 아니요,
56 영적으로 너희를 영원히 사용하고자
함이니, 너희 마음이 천사와 같이 변
하여야 할 것이며,
57 스스로 네 의지대로 모두를 행하는 것
이 아니요, 모두를 다 비워 버리고 다
털어 버렸을 때 너희 의지대로 하지
아니하며 나의 성령으로 임할 수 있도
록 그 은혜와 영광을 얻게 될 것이니
라.
58 이를 명심하여 가슴에 간직하도록 그
리하라.

7,639 번째 하나님 말씀

2003년 9월 24일 12시 01분

1 사랑하는 나의 아들아!
2 "네, 아버님! 말씀하옵소서."
3 모든 구약의 시대요, 신약의 시대요,
그 시대가 어찌하여 너희가 불의 시
대로 그리 만들었는가?
4 나의 사랑하는 백성 너희가 하나가
되어 하나의 뜻으로써 모두를 역사하
지 않고, 어찌하여 불의 시대를 만들
어 갈기갈기 찢어지고 헤어지는 그와
같은 형국으로 오늘의 이 형태를 만들
었는가?
5 그것은 믿음의 길을 간다는 그 백성의
사악한 그 욕심 때문이었음이니라.
6 그러니 수천 년 동안 믿음의 길을 오
는 그 백성이 지금 어떠한 형태로 이
루었는가?
7 불의 시대를 이루었음이니라.
8 그저 불이 뜨거워 서로 갈라지고 찢어
지는 그와 같은 형국으로 이루어졌음
이니, 그것이 오늘의 종교 집단이요,
지도자들 너희가 한 역사이니라.
9 그러니 이제 나의 아들을 따르는 백성
이요, 나의 법전을 읽고 깨우친 만백
성 너희는 이제 내가 그 불의 시대를
종식을 내리고자 함이니,
10 너희는 나의 법전을 가지고 어떠한 시
대를 열어야 하는지 알겠는가?
11 물의 시대를 열어야 함을 너희는 명
심하여야 할 것이니라.
12 이제 불의 시대를 만든 그 사악한 종
교 집단 지도자들이 찢어지고 갈라지
는 그와 같은 역사를 만든 오늘의 이
시점을, 너희가 하늘에서 이루어진 것
같이 이 지상에 낙원을 이룰 수 있는
것은 너희가 물의 시대를 열어야 할
것이니라.
13 물방울은 둘이 모여 하나가 되며 셋이
모여 하나가 되며 열 개, 백 개 천 개
만 개가 모여서 하나가 되듯이,
14 나의 성령이요, 나의 법전을 깨우친
백성이 둘이 하나가 되며 열이 하나
가 되어 물방울같이 성령이 하나가 되
는 그 시대를 엮어 가야 함을 절대 잊
어서는 아니 될 것이니라.
15 백 개, 천 개가 모여서 하나로 이루어
지는 그 물방울처럼 물의 시대를 이
루어야 함을 절대 잊어서는 아니 될
것이니라.
16 지금의 모든 믿음의 길을 가는 백성이
육적으로 하나가 되고자 하여 모두를
이루고 있으며, 그리하여 집단을 형성

하며 조직을 형성하며, 그리고 저희가 교회라는 걸 지어서 그리 형성하며 그들을 끌어가고자 함이니,
17 이것은 영적인 믿음이 아니요, 육적인 세속의 인간의 사업을 역사하는 것이니라.
18 그리하여 불의 사업이요, 불의 역사를 이루는 것이며 지금도 그와 같은 행위를 하는 것이니, 갈라지고 찢어지는 그와 같은 형국이 되어 있음이니라.
19 이제 사랑하는 나의 아들딸 너희요, 나의 법전을 읽으며 나의 아들을 따르는 제자 너희는 물방울이 모이고 모여서 계속 모일수록 하나가 되듯이,
20 너희는 그와 같이 하나가 되려는 물방울의 그 물줄기들처럼 그와 같은 역사를 해야 하는 것이 너희의 대명이요, 너희가 가야 할 길이라는 것을 절대 잊지 말라.
21 하나가 되는 것은 물방울이 모여서 하나가 되듯이 그리 가야 할 것이며, 지금처럼 모든 종교 집단이 불로써 지지고 볶고 갈라놓고 찢어 놓는 그와 같은 형국을 이제는 종식할 때가 되었음을 알라.
22 사랑하는 나의 아들아!
23 그리고 너를 따르는 제자들을 내가 모두 기다림이니, 너희는 물방울의 물줄기처럼 하나가 되도록 그리하라.
24 내가 너희를 사랑함을 잊지 말라.

7,640 번째 하나님 말씀

2003년 9월 24일 12시 04분

1 사랑하는 나의 아들아!
2 "네, 아버님! 말씀하옵소서."
3 이 동양의 작은 나라의 언어요, 풍습이요, 문화를 가지고 세계 공통어를 만든다 함이니, 너희는 그를 보고 비웃을 것이며 정신 나간 자요, 역사할 수 없다고 말할 것이니라.
4 또한, 지금 다락방에 앉아서 나의 성령을 160권의 법전으로 만들어 세상에 내보내는 것이 심판의 기준이요, 나 여호와의 뜻이라 하여, 이를 보급하는 자를 미친 자요, 정신 나간 자라 그리 말할 것이니라.
5 그리하여 이를 찢어 버리고 태우려는 자들이 이 세상을 지금 덮고 있음이니, 너희는 알아야 할 것이니라.
6 아담과 이브가 이 세상에 태어나 그들이 언어를 각자 썼던가?
7 그들은 하나의 언어로써 그 모두를 역사했음이니라.
8 노아의 방주의 그 역사 이후에 그 후손들은 과연 어떠했는가?
9 그 당시 그들은 하나의 언어를 쓰며 하나의 공통어로 썼음이니라.
10 모두가 갈라지고 헤어지는 그와 같은 세속에서 너희가 그와 같이 찢어지고 갈라진 오늘의 형국이 되었음이니라.
11 그러니 나 여호와가 직접 역사하는 새로운 시대에 내가 하나로 역사하는 것은 바로 무엇이더냐?
12 하나의 물줄기를 이루듯이, 그 모든 역사를 내가 하나로 만들어 너희에게 공통어로써 이 세상을 지배하도록 하며 존재하도록 하는 것이 나 여호와의 뜻임을 알아야 할 것이며,
13 너희는 하나로 되지 아니하며 언어를

하나로 통일하지 아니하면 나의 피조
물 만백성들이 새로운 시대를 열어 너
희가 물방울이 모이듯이 큰 물줄기를
이루어 역사하는 그와 같은 형국이
이루어질 수 없기에,
14 내가 공통어부터 먼저 만들고 역사한
다는 걸 알아야 할 것이니라.
15 최초의 모든 나의 언어요, 나의 뜻은
하나였음을 알라.
16 그것이 갈라지고 찢어지는 그와 같은
형국에서 오늘의 이와 같은 형국이 이
루어졌음이니, 나 여호와가 이를 하나
로 만들고자 하는 것은 당연한 이치임
을 알라.
17 이는 합당한 뜻이니라.
18 그리하여 동양의 작은 나라의 그 언어
로써 통일함이니 이는 내가 선택한 나
라요, 내가 이를 가지고 역사하고자
하는 것이니라.
19 그러니 동양의 작은 나라의 모든 백성
너희는 너희의 모든 문화를 가지고
만백성들의 공통어로 만들며 이를 역
사하며, 이 시대에 나의 아들이 동양
의 작은 나라에 존재하며 너희 언어
와 문화로써 책을 만들어 만백성에게
전하는 그 은혜에 감사하는 마음을 어
찌 갖지 못하며,
20 감히 나 여호와에게 도전하며 이를 찢
어 버리고 태워 버리며 능멸하는 행위
를 하고자 하는 것인가?
21 이제 그들이 바로 서지 아니하면 아니
될 것이니, 그들에게 깨우침을 전하라.

7,641 번째 하나님 말씀

2003년 9월 24일 12시 10분

1 사랑하는 나의 아들아!
2 "네, 아버님! 말씀하옵소서."
3 오늘의 종교 집단 지도자들이 과연 어
찌 되었느냐?
4 그들은 나의 재물을 나의 피조물 만백
성들에게 거둬들이며 갈취하느니라.
5 그러면서 뭐라 말하느냐?
6 저희는 만백성을 구원하기 위하여 보
급하려면 그것이 필요하며 중요하다
함이니라.
7 그렇다면 나의 피조물 만백성들로부
터 거둬들인 그 재산을 가지고 나의
피조물 만백성을 구하는 데 거기에 모
두를 투자하고 써야 할 것이거늘,
8 과연 나의 피조물 만백성으로부터 그
와 같은 명분을 내세워 거둬들인 자금
이요, 그 금화와 은화를 과연 어디에
어떻게 쓰는지 너희는 들여다보고 있
는가?
9 너희가 그를 봤을 때 스스로 그들에게
침을 뱉고 돌아서는 그와 같은 형국이
이루어질 것이니라.
10 저희가 건축물이나 기타 등등의 목적
으로 쓰는 것이 아닌가?
11 그리고 그들은 거기에 더 많은 비중을
쓰고 있다는 것을 너희는 알아야 할
것이니라.
12 나의 재물을 나의 아들딸들을 구원하
는 데 쓰고자 한다며 거둬들인 것이
지금의 종교 집단들이니라.
13 그러나 그들은 나의 백성을 구원한다
며 거둬들인 그 재물로 그들을 구원하

는 것이 아니요, 저희 임의대로 지금 더 큰 교회요, 그리고 더 호화로운 그와 같은 생활이요, 그리고 남에게 과시하기 위해서 선전하기 위해 선동하기 위해 거기에 얼마나 많은 재물을 투자하고 쓰는가?

14 너희는 그를 들여다봐야 할 것이니라.

15 지금의 모든 종교 집단이요, 지도자요, 그리고 지도자란 이름을 붙이고 세상에 나온 자들의 가장 큰 소원이요, 소망함이 무엇이더냐?

16 저희가 성령으로 임하여 성령으로 영적인 나의 참진리를 가르쳐 단 한 사람이라도 의인을 만드는 그 길을 가고자 하는 것이 아니요,

17 그저 저희가 지도자로 서는 그 순간에 또 서기 전에 그들의 가슴속에 불타는 것은, 이 세상에서 가장 큰 교회를 갖고 싶어 하며 그를 역사하는 것이 그들의 가장 큰 소원이라면 과연 너희는 믿겠는가?

18 그러니 정녕 그것이 목회자요, 나 여호와의 뜻을 역사할 수 있는 종교 지도자라 말할 수 있겠느냐?

19 그들은 저희가 참진리를 모르며 나의 뜻을 모르기 때문에, 저희는 크나큰 교회요, 호화로운 교회요, 아름다운 교회를 갖는 것이 저 자신의 위대함이요, 저 자신의 가치를 상징하는 것이라 착각하고 있기 때문이니라.

20 그리하여 많은 신도가 모여 많은 재물을 바치며 이 세상에서 가장 큰 교회를 가졌을 때 제 가치를 가장 높게 평가받을 수 있으며, 제가 존경받을 수 있는 백성이라 그리 믿음으로써 그리 가는 자들이니,

21 그것이 진정한 종교 지도자요, 만백성을 구하는 길을 가는 것이라 생각하는가?

22 저 자신이 인정받을 자격이 없으며 제가 가진 능력이 없으며 성령의 깨달음이 없음이니,

23 오로지 건축물의 화려하고 웅장한 것으로써 나의 피조물 만백성들에게 제 가치를 나타내며 제가 존경받는 자가 되고자 하며, 제가 나로부터 선택을 받은 자라는 것을 보여 주기 위하여 그들은 그저 지도자의 길에 들어서는 그 순간부터 그들 머릿속에는 세상에서 가장 큰 교회를 소유하는 것이 꿈이요, 소망이니,

24 나의 뜻에 따라 나의 백성을 가르치며 믿음의 길을 인도하는 것은 그들 머릿속에서 지워진 지가 오래라면 너희는 알겠는가?

25 장삿속으로써 모두를 운영하며 역사하고 있는 그와 같은 곳이니, 내가 그들을 더 이상 두고 보지 아니한다 함이 여기 있음을 너희는 알아야 할 것이니라.

7,642 번째 하나님 말씀

2003년 9월 24일 12시 14분

1 사랑하는 나의 아들아!

2 "네, 아버님! 말씀하옵소서."

3 수천 년 동안 믿음의 길을 온 지도자요, 그 집단들이 나의 백성을 구함이 아니요, 지옥으로 보냈으며, 지금도 지옥으로 계속 끌고 가고 있음이니,

4 나 여호와가 더 이상 그들을 보고 있
을 수가 없어 내가 법전을 세상에 내
려보냄이니라.
5 지금의 종교 지도자 그들의 형태가 어
떠한 줄 알겠느냐?
6 너희가 차마 바라볼 수 없는 그와 같
은 형국이니라.
7 인간 이하의 한계를 넘은 자들이 지금
종교 집단의 지도자라 하여 나의 피조
물 만백성들을 우롱하고 있음이니, 이
는 분명함을 너희는 알아야 할 것이
니라.
8 보통 백성이 살아가는 인간이 행하고
처신해야 할 그 한계를 넘은 자들이
지금 나의 피조물 만백성들을 구원한
다 함이니, 내가 너에게 뭐라 하였느
냐?
9 죄 있는 자는 남의 기도를 할 수 없으
며 남을 위하여 경배의 기도를 할 수
없다 하지 않았더냐?
10 그러니 인간 이하의 한계를 넘은 자들
만 지금의 종교 집단이요, 지도자들이
니, 그들이 남을 위해 기도하는 것이
무엇이며 저희가 이끌어 가는 것이
무엇이며 나의 성령이라 가르치는 것
이 나의 성령이라 말하느냐?
11 이는 다 썩은 것이니라.
12 교인들을 저희가 어찌 취급하는지 알
겠느냐?
13 신도라는 나의 신성하고 소중한 백성
이요, 그 형제를 가장 낮은 자로서 받
들라 하는 그와 같은 가르침은 뒷전으
로 하며,
14 그들을 재물의 숫자로써 비교하며 재
물의 능력으로써 보며 재물을 바치는
것으로써 사람을 평가하며, 나의 백성
을 종으로써 평생 거느리고자 하며,
만만한 저당물로써 나의 사랑하는 백
성을 생각하며, 그리 물건으로 취급하
는 것이 오늘의 종교 집단이요, 지도
자이니, 그것이 인간이란 말이더냐?
15 나의 사랑하는 백성이 저희가 마음대
로 쓸 수 있는 만만한 저당물로 저희
가 생각하고 있음이니라.
16 필요할 때 전당포에 맡겨 그저 금화와
은화를 갖다 쓰는 것보다도 더 쉽게
생각하며 더 만만하게 생각하는 것이
나의 백성이요, 신도들을 이끌어 가는
종교 지도자들이 하는 짓이니, 그들이
얼마나 사악한 자들인지 너희는 알겠
느냐?
17 그것뿐이더냐?
18 지금의 종교 집단과 지도자들은 이것
부터 자신이 반성하며 깨우치지 아니
하면 지옥 불의 가장 고통스러운 벌을
받는다는 것을 그들에게 심어 주라.
19 그들의 소원이 무엇이더냐?
20 나의 피조물 만백성들을 그저 만만한
담보물로써 생각하며 저당물로 생각
하고 돈으로 재물로 취급하는 그들이
가슴에 가진 것은 무엇이더냐?
21 가장 큰 교회요, 웅장한 교회요, 성당
의 화려한 장소에서 제가 서서 설교하
고 강론하는 것을 소원으로 생각하며,
자다가도 그것만을 생각하면 꿈에서
깨어나는 그와 같은 사악한 자들이 되
어 있음을 너희는 알아야 할 것이니
라.
22 가장 큰 교회요, 가장 아름다운 그러
한 곳에서 설 수 있는 그것을 위해서

는 수단과 방법을 가리지 아니하고 어
떠한 짓이라도 할 수 있는 자들이 그
들이니라.
23 그러니 과연 이를 보는 나 여호와의
가슴이 얼마나 찢어지며 아프겠는가?
24 나의 사랑하는 아들 예수까지도 세상
에 보내어 역사하고자 했던 그 모두
가 오늘에 이와 같이 되었음이니라.
25 나의 사랑하는 백성을 그저 만만한
전당포의 물건처럼 생각하고 있는가
하면 그러면서 나의 백성을 우롱하여
저희가 가장 큰 교회요, 아름다운 교
회를 짓고 거기서 강론하고 설교하는
것이 제 자존심을 세우는 것이며 제
자부심이라 생각하는 그 사악한 자들,
26 그들이 사탄의 자식이요, 사악한 자식
이요, 이 세상에 존재해서는 아니 될
자들이라는 걸 알라.
27 그들로 하여금 나의 사랑하는 백성이
지금도 지옥 불의 낭떠러지로 떨어지
고 있음이니, 그들을 구원하지 아니하
면 아니 됨이니라, 사랑하는 나의 아
들딸들아!

7,643 번째 하나님 말씀

2003년 9월 24일 12시 22분

1 사랑하는 나의 아들아!
2 "네, 아버님! 말씀하옵소서."
3 수천 년 동안 흘러오는 그 세월 속에
종교 지도자들이 평생 가진 마음은
무엇이더냐?
4 저희는 평생 그 교회라는 건물을 방
대하게 세울 계획을 세워 놓고 그 계
획 속에서 평생을 살아가는 것이 오늘
까지 온 종교 지도자들의 마음이니라.
5 그들은 나의 성령으로써 영적으로서
참진리를 깨우치는 데 평생을 바치며
완벽한 계획을 세워서 가는 것이 아니
요,
6 평생 저희 손으로 크나큰 교회를 짓
는 계획을 세우고 그 계획 속에 목매
어 살다 가는 것이 그들이며 그를 위
하여 역사하는 자들이니라.
7 그러니 이제 나의 아들을 따르는 진정
한 지도자 너희는 그리해서는 아니
될 것이니라.
8 나의 백성을 구하는 계획을 치밀하고
완벽하게 세워, 나의 법전을 들고 만
백성에게 전하여 그들을 깨우치는 데
최선의 노력을 다하지 아니하면 아니
됨을 너희는 알아야 할 것이니라.
9 네 생명과 네 모두를 다 할 때까지 모
든 계획을 완벽하게 세우고 치밀하게
세워 만백성을 구하는 데 그 행동함을
소홀히 해서는 아니 될 것이며, 가장
소중한 삶의 목표로 삼아야 함을 너
희는 알아야 할 것이니라.
10 이제 나의 아들을 따르는 제자 너희는
들어야 할 것이니라.
11 나의 성령을 전하며 나의 뜻을 전할
때, 들에 가서 전하면 어떠하며 학교
를 빌려서 전하면 어떠하며 회당을 빌
려서 전하면 어떠하며 공회당을 빌려
서 강론하고 전하면 과연 어떠하단 말
이더냐?
12 필요에 따라서 그를 빌려 가르치고 사
용하면 되는 것이니라.
13 너희가 그곳에서 강론한다 하여 나 여
호와의 뜻이 퇴색되며 나 여호와의 뜻

이 전달되지 아니하는가?
14 재물과 금화를 거두어 지어 놓은 그
아름답고 호화롭기 끝이 없는 그곳에
서 기도하고 경배하고 강론하는 것만
이 나의 피조물 만백성들이 깨달으며
하늘에 오르는 길이라 생각하는 그 모
두를 다 버리지 아니하며 그를 덮어
버리지 아니하면 아니 되는 것이니라.
15 이제 앞으로 나는 지정한 그와 같은
장소에서 너희가 공부하고 경배하며
기도하며 그리고 목회자가 한 곳에 존
재하는 그와 같은 방법으로써 내 뜻을
역사하고자 하지 아니함을 너희는 알
아야 할 것이니라.
16 이제는 가족 단위요, 개인 단위로써
나의 법전을 읽고 너희가 바로 서는
그와 같은 역사를 이루고자 하는 것이
나의 뜻이니라.
17 이제 나의 아들을 따르는 너희는 건
물을 위해 평생을 바치는 무모하고 어
리석은 그와 같은 짓을 하지 말라.
18 이제 그와 같은 자는 스스로 부끄럼을
알며 바로 서지 아니할 때 나 여호와
가 그들을 단죄함은 당연하며, 너희는
그때 그를 보게 될 것이니라.
19 이제는 나의 성령을 전하고 역사하는
방법을, 지금까지 교회라는 곳 성당이
라는 곳을 지어 놓고 호화찬란한 곳에
서 나의 성령을 가르치며 나의 뜻을
가르치는 그와 같은 역사가 있을 수는
없을 것이며,
20 그 방법을 지금 바꾸지 아니하며 개혁
하지 아니하면 절대 너희 자신도 구
원을 받을 수 없으며 그곳에 있는 백
성 또한 구원을 받지 못하니, 너희가
그 죄를 다 어찌 감당하려는가?
21 이제 내가 나의 법전에 기록하여 너희
에게 전함이니라.
22 나의 백성의 가슴에서 가슴으로 전하
여 그를 구원하는 것에 너희가 평생
완벽한 설교요, 치밀한 계획을 세워
역사해야 할 것이 종교 집단이요, 지
도자가 해야 할 길이니라.
23 그러나 손으로 짓는 건물인 방대한 교
회를 위해 평생 계획하고 거기에 얽
매어 살다 가는 자가 수없이 많이 있
음이니라.
24 이리하여 내가 이것이 잘못되었다 함
을, 이제 나의 법전의 이 대목을 읽는
나의 아들을 따르는 제자 너희는 어떠
한 것이 나 여호와의 뜻이며 성령이
어찌 역사하는 것인가,
25 물방울이 하나하나 모여서 하나의 물
줄기가 되는 그와 같은 역사는 너희가
개인으로서 깨우치며 집단으로서 깨
우치며,
26 그리하여 그 성령이 너희 가슴으로써
하나로 연결되면 그것이 대역사를 이
룬다는 소중함을 잊지 말라.

7,644 번째 하나님 말씀

2003년 9월 24일 12시 27분

1 사랑하는 나의 아들아!
2 "네, 아버님! 말씀하옵소서."
3 나의 성령을 세상에 전하며 만백성을
깨우치는 그와 같은 역사를 이루는 것
은 너희가 많은 백성을 모아 대중 앞
에 설교함으로써 그를 깨우치며 그들
이 깨달음을 얻는 것이 아니니라.

4 그들은 광란의 짓이요, 그리하여 함성
에 치우쳐 저희 자신도 모르게 은혜
를 받았으며 축복을 받았다 하나,
5 저희가 밝은 태양을 볼 때 그 마음에
남음은 하나도 없음이니라.
6 그러니 대중 앞에 설교하는 것으로써
나의 법전을 가르치며 만백성을 깨우
치는 그와 같은 생각으로써 너희도
오늘의 종교 집단과 지도자 같은 역
사를 하지 말라.
7 소단위로 대화식으로 이웃과 귓속말
로 말하는 것처럼 다정다감하게 나의
성령을 전달하고 그에게 전해 줄 때,
그 모두는 쉽게 역사할 수 있으며, 너
희가 한 사람의 나의 백성을 구하는
가장 편안한 길임을 알아야 할 것이
며, 너희는 그리 역사하도록 하라.
8 교회를 세움이 아니요, 인간의 마음과
마음으로 그 가슴에 교회를 세워 주는
데 최선의 노력을 다하라.
9 한 사람이라도 마음의 교회요, 사랑의
교회를 가슴에 심어 주도록 그리 노력
을 다해야 할 것이니라.
10 이제는 그러한 시대요, 그와 같은 변
화의 역사를 위하여 나의 법전이 세상
에 전해질 것이며 만백성을 구하는 그
와 같은 역사가 이루어질 것이니라.
11 그리하여 내가 160권이라는 대장정의
법전을 세상에 내려보내니, 곧 이는
가정 예배의 소중함이요, 그 역사를
시작하고자 하며 이루고자 함이니라.
12 나의 법전을 읽고 깨우친 가족이 가족
단위로 공부하고 깨우치며 그리하여
가족 단위 예배의 그 소중함이요, 기
초를 내가 이제 다시 역사하고자 대장
정의 160권의 법전이 세상에 나가는
것임을 알라.
13 나의 법전을 가족 단위로 읽고 깨우치
고 공부할 때 그저 가족 중에서 한 사
람이 선생 역할을 하며 또한 학생 역
할을 하며, 학생이 또 선생 역할을 하
며,
14 토론하고 의논하며 의문 나는 것을
서로 깨우쳐 깨달음을 얻어 그와 같이
변화되는 믿음의 세상으로 역사해야
만 된다는 것,
15 그것이 나 여호와의 뜻이라는 것을 너
희는 알아야 할 것이니라.
16 그러한 믿음의 세상을 역사하고자 한
다면 너희가 가정의 교회요, 그 아름
다운 가정의 교회를 이루기 위해서는
너희 개인의 마음속에 있는 교회가 자
리를 잡아야만 됨을 알라.
17 그 마음속에 아름다운 교회를 역사하
는 것, 마음속에 교회를 세우는 것이
바로 나의 아들을 따르는 제자들이요,
선택된 백성 너희이니,
18 너희는 160권의 법전이 세상에 다 나
오는 그때까지 기다리며, 오늘과 같은
안일한 세상을 바라보며 지금 너희는
편안한 세상이라 바라보는가?
19 전쟁터보다도 더 험악한 것이 지금의
세상이니라.
20 잘못된 종교 집단 지도자들이 나의 백
성을 지옥으로 이끌어 가며 죽음으로
이끌어 가는 전쟁에서 죽고 사는 것보
다도 더 무서운 그와 같은 죽음의 전
쟁이 지금 이루어지고 있으니,
21 그들을 바로잡아야 할 것이 너희이니,
너희 마음속에 아름다운 교회를 먼저

세워야 하거늘,
22 너희가 마음속의 성전이요, 교회를 세
우는 날을 더 이상 얼마나 기다려야
하며, 내가 더 얼마나 많은 법전의 내
용을 세상에 내려보내어 너희에게 강
론하여야 이를 바로잡을 수 있단 말
이던가?
23 너희가 과감히 변하는 용기 있는 백성
이 되어야만 할 것이니라.
24 그리해야 만백성을 구하는 역사를 이
룰 것이며, 내가 가족 단위 예배의 그
소중한 역사를 이루고자 하는 그 뜻을
너희로 하여금 실천하는 역사가 이루
어진다는 걸 잊어서는 아니 되니 그리
알라.

7,645 번째 하나님 말씀

2003년 9월 24일 12시 30분

1 사랑하는 나의 아들아!
2 **"네, 아버님! 말씀하옵소서."**
3 이 세상의 지상이 뭐라 말하였느냐?
4 나 여호와의 신체의 일부라 내가 너
희에게 깨우쳐 주지 아니하였던가?
5 그러니 수천 년 동안 흘러오는 그 종
교 집단 지도자들이 어찌하였는가?
6 나 여호와의 신체의 일부에 교회라는
건축물을 세우기 위해 그들이 혈안이
되어 있으며 지금도 계속 그와 같은
사악한 짓을 하고 있음이니,
7 나 여호와의 몸이 성한 곳이 없으며
내 몸이 몸살을 앓는 것을 너희는 알
고 있느냐?
8 이들을 제자리로 돌아오게 할 길이
없으며 이들을 바로잡는 길은 어떠한
방법도 없음이니라.
9 나 여호와가 하늘에 낙원을 이루듯이
지상에 낙원을 건설하는 모든 것은 오
늘의 형태로써는 절대 역사할 수 없
으니 이를 어찌한단 말이냐?
10 그리하여 내가 지금 160권의 법전을
세상에 내려보내어 너희 개인의 마음
속에 교회를 세워 가정 단위의 예배를
보는 것, 그와 같은 변화로써 역사하
는 것만이 그 문을 닫게 하며 그들을
다스릴 수 있는 것이며,
11 그들에게 경종을 울려 그들이 나의 법
전을 읽고 깨우치는 대변화의 역사를
이루는 길은 너희 마음속에 아름다운
교회를 지어 가정에 아름다운 교회를
세우는 것, 가정의 예배요, 가정의 공
부로써만 모든 것이 변화되었을 때,
그와 같은 새로운 역사가 이루어졌을
때 모두를 다스릴 수 있는 그와 같은
형국이 됨이니라.
12 그리하여 내가 나의 아들을 통하며 밤
과 낮을 가리지 아니하고 너희가 개인
적으로 가정 단위로 예배를 볼 수 있
도록 그 교본이요, 근본을 이해하기
쉽도록 법전이라 하여 160권을 세상
에 내보내는 뜻이 여기에 있음이니,
13 이를 보지 않는 가정은 구원을 받을
수 없으며 이를 보지 않는 백성은 구
원을 받을 수 없음이니라.
14 그리하여 가정 단위의 그 소중한 가르
침을 역사함이니, 지금의 모든 종교
집단이요, 지도자들이 교회라는 것을
내 몸 여기저기에 짓고 못을 박고 있
음이니,
15 그 아픈 마음을 다스리기 위해서라도

너희가 지금 먼저 바로 서야 하며, 너
희가 먼저 행하는 그와 같은 역사가
이루어져야 함을 잊지 말라.

7,646 번째 하나님 말씀

2003년 9월 24일 12시 36분

1 사랑하는 나의 아들아!
2 "네, 아버님! 말씀하옵소서."
3 오늘 나의 아들 너를 세상에 내려보
내 법전을 만들어 만백성을 구하는 역
사를 이루듯이, 2천 년 전 나의 아들
예수를 세상에 내려보내지 아니하였
더냐?
4 나의 아들을 세상에 내려보내어 나의
뜻을 강론하며 나의 법도를 가르치며
내 큰 사랑의 그 의미를 가르치기 위
해 나의 아들 예수는 그들을 위하여
기도하고 경배했으며 강론하며 그들
을 인도하였음이니라.
5 저희를 구원의 길로 인도하고자 나의
아들이 세상에 내려가 강론하며 역사
한 그것을 그들은 과연 어찌 들여다봤
는가?
6 종교 집단이요, 지도자요, 나의 아들
과 같이 가며 나를 경배해야 할 그 백
성이 나의 아들이 저희에게 깨우치는
그 강론을 들으면서 그를 저희 것으로
만드는 것이 아니요,
7 이는 이단이요, 사탄의 자식이라며,
그 강론을 들으면서도 예수를 어찌 죽
일 것인가, 예수를 죽이는 것만을 더
연구하며 더 생각하고 그 방법만을 강
구한 것이 그 종교 집단이요,
8 나를 경배한다 하며 나의 백성이라는
자들이 그와 같은 생각만을 하고 그
강론을 들은 자들이니라.
9 그 당시 나의 백성이 그리했으며, 그
들의 행동이 그러하였음을 너희는 알
아야 할 것이니라.
10 나의 성령의 뜻을 직접 받아 강론하는
나의 아들을 바라보면서 그 강론을 들
어 저희가 회개하고 반성하고 깨우치
는 그와 같은 길을 가는 것이 아니요,
예수를 처참하게 죽이는 방법이요, 어
찌하면 가장 고통을 주며 만백성에게
그가 잘못된 것이라는 것을 보여 줄
수 있을까, 그를 죽이는 것만 연구하
였음이니라.
11 지금의 종교 집단과 지도자들은 과연
어떠한 줄 아느냐?
12 지금의 그들도 나의 법전이 한두 권
나가는 것은 저희가 아직 모르나 나
의 법전이 100권이 넘어 세상에 나갈
때, 그들은 나의 백성을 현혹하기 위
한 방법을 강구하게 되어 있음이니 그
방법이란 무엇이더냐?
13 나의 아들 예수를 죽였던 것처럼 몰아
모두를 단죄하고자 하는 것이 그들의
최종의 방법일 것이니, 그 이상의 방
법은 강구할 것이 없을 것이니라.
14 그러나 나의 법전이 세상에 전해져 읽
는 백성이 늘어나면 늘어날수록 그와
같은 행위를 감행할 수 없는 것이 그
들이니라.
15 이 세상에 나가 나의 백성을 구하고자
하는 나의 아들이요, 나의 아들을 통
하여 내려오는 법전이 100권 이상 세
상에 나간다는 소리가 나갔을 때 그들
은 온갖 수단과 방법을 다 강구할 것

이니라.
16 너희가 100권이라는 법전이 세상에
나가기 전에 만백성들이 이를 가슴에
안고 정독하고 깨우치는 자들이 역사
하는 것이 먼저임을 알라.
17 그리 깨우치는 백성이 있을 때, 감히
예수에게 했던 그 사악한 행위를 오늘
의 지도자들이 할 수 없음을 알라.
18 너희는 알아야 할 것이니라.
19 이 세상에서 너희가 살아가면서 가장
소중하고 귀한 것이 무엇이더냐?
20 죽은 자 다시 살리는 자며 죽은 자가
다시 삶을 얻는 것이 아니더냐?
21 너희가 지금과 같은 삶으로 산다면 바
로 나에게 와 심판을 받게 되며 지옥
으로 가 그 죽음을 면치 못하느니라.
22 죽음을 면치 못하며 죽음 속에 있는
너희를 살리기 위해 내가 가장 소중
한 것을 너희에게 선물로 내려보냄이
니, 이게 160권의 법전이니라.
23 내가 내려보낸 이것을 너희가 어찌하
여 보지 아니하며 깨우치지 아니하며
사탄이요, 이단의 것이라 하며, 이 법
전을 찢어 버리고 태울 것만을 연구하
며, 세상에 나가지 못하게 할 것만을
연구하는가?
24 2천 년 전에 나의 아들 예수의 강론을
듣고도 그를 죽일 것만 연구했던 것처
럼, 오늘의 너희가 그와 똑같은 전철
을 밟는 행위를 한단 말이더냐?
25 이제는 너희 임의대로 되지 아니할 것
이니 그리 알라.

7,647 번째 하나님 말씀

2003년 9월 24일 12시 40분

1 사랑하는 나의 아들아!
2 "네, 아버님! 말씀하옵소서."
3 예수가 갔던 길은 네가 지금 가는 길
보다도 더 어렵고 힘든 길이었으며,
무겁고 어려운 짐을 지고 간 것이 나
의 아들 예수의 삶이었음이니라.
4 그러니 너는 그를 알아야 할 것이며
너의 제자들 또한 그를 깨달아야 할
것이니라.
5 그는 죽어 가면서 뭐라 말하였느냐?
6 그는 마지막 죽어 가면서 나 여호와에
게 '아버지! 정녕 저를 버리시렵니
까?' 하고 그는 애절한 기도를 하였음
이니라.
7 그 기도의 내용이 어떠한 마음에서 그
리했을 것이며, 그를 듣고 받아주지
않는 나 여호와의 마음은 과연 어떠했
겠는가?
8 이 대목 하나를 생각해도 너희가 나
의 아들 예수의 보혈로써 구원을 받았
으며, 행함이 아니요, 그저 말로만 믿
으면 구원을 받으며 하늘에 오를 수
있다는 그와 같은 생각을 감히 할 수
있단 말이던가?
9 그것이 오늘의 믿음의 길을 가는 백성
의 그 사악한 마음이니라.
10 그 애타는 기도를 너희는 생각해 봐
야 할 것이며 그때 정황을 그려 보아
야 할 것이니라.
11 나의 아들 예수는 또 뭐라 했더냐?
12 그를 따랐던 모든 백성이 그가 이단
이요, 사탄으로 몰려 나의 아들 예수

로부터 등지고 다 떠날 때, 나의 아들
예수는 그 제자들에게 말하였느니라.
13 정녕 너희도 떠날 것이냐?
14 그리 물었을 때 그들은 뭐라 했느냐?
15 '성령으로 임하였으며 성령으로 역사
한 당신은 하나님의 아들이니, 우리가
어찌 당신을 버리고 떠나가겠는가?'
그들은 그리 말하였음이니라.
16 그러나 그리 말한 그 제자들 또한 어
찌하였느냐?
17 그들도 모두 등을 돌리고 떠났음이니
라.
18 그러니 지금 나의 아들을 따르는 백성
너희는 나의 아들이 무너졌을 때, 과
연 나의 법전을 대신 역사하며 이 모
두를 너희가 역사할 수 있는 자신이
있는가?
19 160권의 법전을 세상에 만들어 놓고
나의 아들이 무너져 쓰러졌을 때, 과
연 너희는 목숨을 내놓고 이를 대신
하여 역사할 수 있는 제자가 있겠는
가?
20 지금 나의 아들이 그 제자들에게 물을
때, 너희는 서로 할 수 있다고 손을 들
것이며 자신 있다 말할 것이니라.
21 그러나 나의 아들 예수가 그 제자들에
게 정녕 너희도 떠나겠느냐는 그 애
절한 물음에 그들은 떠나지 아니하겠
다 말했으나, 그들이 다 배신하고 등
을 돌리고 떠났듯이,
22 오늘의 나의 아들을 따르는 제자 너희
는 과연 몇 명이나 남을 것이며 너희
믿음은 과연 어떠하던가?
23 예수를 믿었던 그 제자들이요, 지금
나의 아들의 제자 너희의 마음이 예
수의 제자들의 그 당시의 마음과 하나
도 다른 것이 없으며 너희도 똑같은
그와 같은 전철을 밟을 수밖에 없는
것이 지금의 나의 아들을 따르는 너희
의 믿음이니, 과연 이를 믿고 내가 어
찌해야 하겠는가?
24 이를 너희 자신이 너희 자신을 평가
하며 너희 스스로 어떠한 길을 선택
해야 할 것인가, 이를 자신이 다스리
도록 그리 그들에게 경종을 울려 주라.

7,648 번째 하나님 말씀

2003년 9월 24일 12시 44분

1 사랑하는 나의 아들아!
2 **"네, 아버님! 말씀하옵소서."**
3 너를 따르는 제자들이요, 이 길을 가
는 백성 너희는 이제 너희가 살아가
는 그 삶을 다 덮어 두게 되며, 네 주
변에 가장 그리웠던 친구들도 다 떠나
게 되며, 그리고 주변의 모든 이웃 형
제까지도 모두 다 떠나게 되는 그와
같은 형국이요,
4 대화할 자가 없으며 만나고 의논할 자
가 없으며 모든 것을 상의할 자가 없
는 그와 같은 고립된 형국으로 변하게
됨이니,
5 너희가 생각할 때 고독하고 쓸쓸한 것
이 너희가 가는 길이라 그리 말할 것
이니라.
6 그러나 너희는 알아야 할 것이니라.
7 너희가 그와 같이 고독하고 외로운 길
을 가며 너희 자신을 다스려 나갈 때
모든 백성이 너희를 보고 은혜를 받
으며 그들이 구원을 받는다는 것,

8 그리고 너희는 나 여호와로부터 은혜
가 있으며 지혜로움이 있으며 또한 너
희가 모두를 다 버린 것만큼 얻는 깨
달음이 있지 아니한가?
9 그러니 너희는 그와 같이 조용히 다
스려 감에 있어서 괴로워하지 말며
불안해서는 아니 될 것이니 그리 알라.
10 오로지 너희는 이 길밖에 갈 수 없음
을 알아야 할 것이니라.
11 내가 너희에게 뭐라 하였느냐?
12 너희는 그 길밖에 갈 수 없으며, 그것
이 하늘에 오르는 길이라 하였음이니
라.
13 내가 나의 아들을 통하여 수천 년 전
에 하늘에 오르는 그 길을 모든 종교
집단이요, 믿음의 길을 가는 백성이
그 길을 닦아 놓아 오늘날 평탄한 길
을 갈 수 있다면, 너희의 오늘의 이 고
통과 시련은 없을 것이라 내가 그리
말하지 아니하였더냐?
14 그러니 그 누구도 역사하지 않은 것
을 너희가 해야 하며 이루어야 함이
니,
15 너희에게 이웃이 어디 있으며 형제가
어디 있으며 친구가 어디 있단 말이더
냐?
16 너희는 앞에 부닥치는 강에 다리를 놓
아 건너야 할 것이며 바위를 쪼개야
하며 계곡에 길을 내어 새 길을 만들
어야만 하는 것이니, 그 고통과 시련
과 어려움이 얼마나 심하겠는가?
17 그러나 나는 어쩔 수 없음이니라.
18 너희가 그 길을 닦아 놓은 다음부터
나의 피조물 만백성은 넓은 길로 구원
의 길을 올 수 있기 때문이니, 이를 너
무 괴로워하고 슬퍼하지 말라.
19 너희가 잃는 것이 있는 것만큼 얻음이
있으며, 또한 잃는 것만큼 쌓임이 있
다는 것을 잊어서는 아니 될 것이니
라, 사랑하는 나의 아들딸들아!
20 반드시 있음이니라.
21 지상에서는 만백성들이 구원을 받으
며, 너희는 죽어 나에게 왔을 때 상을
받게 될 것이니,
22 이 모두는 너희에게 그 대가만큼 이
루어지는 것이 있으며, 얻는 것이 있
음을 알라.
23 오늘의 고통과 시련은 너희가 길을
닦는 그 역사함 때문이니 그리 알라.
24 내가 너희를 사랑함이니라.

7,649 번째 하나님 말씀

2003년 9월 24일 20시 50분

1 사랑하는 나의 아들아!
2 "네, 아버님! 말씀하옵소서."
3 너희는 '다른 신을 네게 있게 하지 말
라' 하였음이니, 수천 년 동안 믿음을
오는 그 백성이 저희는 다른 신을 섬
기지 아니하며 두지 아니하고 오로지
나의 뜻에 따라 나를 경배하며 살아
왔다 말하느니라.
4 그러나 너희가 욕심이라는 그 선을 버
리지 못하는 것이 다른 신을 섬기는
것이라 내가 그리 말하였음이니, 이는
바로 무엇이던가?
5 너희가 남을 속이며 거짓 하는 것만
이 죄라 생각하나, 다른 신을 제 가슴
에 두고 있으면서도 다른 신을 두고
있는지를 모르는 것 또한 거짓 하는

자와 무엇이 다르단 말이던가?
6 그러니 나의 아들을 따르는 제자 너희
는 이제 다시 생각해봐야 할 것이니
라.
7 너희 마음속에 과연 다른 신을 섬기는
마음 자세는 없는가?
8 네 옷에 달린 그 단추 하나를 소중히
닦고 귀하게 생각하며 거기에 애정을
모두 다 쏟는다면 그것 또한 다른 신
을 마음에 두고 있는 것이니, 두 마음
을 갖고는 하나를 역사할 수 없기 때
문에 그러니라.
9 오로지 참진리요, 진정한 믿음을 보고
가는 것 외에 다른 생각을 하고 다른
것을 역사하고자 할 때, 너희는 그 길
을 갈 수 없게 되어 있기 때문이니,
10 그와 같이 작은 것에 너희가 모든 마
음을 다 붙인다면 그것 또한 욕심에서
생각한다면 그 모두가 다른 신을 너희
에게 두는 그와 같은 형국이라는 것을
내가 다시 한 번 깨우쳐 줌이니,
11 다른 신을 두는 것을 그와 같이 비교
해서 깨우쳐야 할 것이니라.
12 그러니 지금의 모든 백성이 과연 어
떠하던가?
13 그들이 얼마나 욕심에 치우쳐 있으며
저만 알고 있는가?
14 지금의 모든 종교 집단 지도자들이 그
리 말하느니라.
15 구약의 시대 것은 다 지난 것이며 구
약 시대의 것을 가지고 구원을 받겠다
며 그를 손에 쥐고 몸부림치는 백성이
얼마나 불쌍한 백성이며 잘못된 백성
이냐?
16 그리고 신약 시대의 신약을 공부한다
는 모든 종교 집단 지도자들이 그리
말하고 그들을 비웃느니라.
17 그러나 너희는 들어야 할 것이니라.
18 구약의 시대 것을 손에 쥐고 몸부림치
는 자들이 불쌍하고 어리석은 백성이
라 그리 말하나,
19 신약이라는 것을 가지고 이것만이 하
늘에 오르는 길이요, 구원의 길이라
하여,
20 내가 나의 아들을 통하여 너희를 구원
하는 마지막 제3의 시대에 나의 성령
을 모두 태워 심판의 기본이요, 근본
인 나의 법전을 내려보내는 것을 보지
못하고,
21 신약만 가지고 부닥치고 물고 늘어지
는 너희가 더 어리석고 불쌍한 백성
임을 알아야 할 것이니라.
22 너희는 살아 있으며 너희가 읽을 수
있는 글이요, 읽을 수 있는 그 문화요,
깨달을 수 있는 문화의 삶을 가지고
내가 나의 아들을 통하여 너희에게 내
려 주거늘,
23 그를 접하고 보면서도 찢어 버리고 태
우는 자가 얼마나 불행하고 불쌍한 백
성인가?
24 구약의 시대를 살아보지 아니한 자들
이 구약 시대의 것을 가지고 구원을
받는다며 그 길을 가는 것이 어리석은
백성이라 말하나,
25 너희는 신약의 시대에 살면서 제3의
시대에 역사하는 나의 법전을 보고 만
지고 읽을 그 기회를 얻지 못하며, 그
를 사탄이요, 이단이라 저버리는 자들
이,
26 구약의 시대를 가지고 구원을 받고자

몸부림치는 것이 불쌍한 백성이라 하
는 것보다 너희가 천배 만배 더 불쌍
하고 어리석은 백성이라는 것을 나의
법전에 기록하여 전함이니, 이를 읽고
깨우쳐야 할 것이니라.
27 내가 천둥 번개 같은 소리로써 너희
가 구약을 믿는 것은 어리석은 자라
말하는 것보다도 더 어리석은 것이 신
약을 믿는 백성이라 내가 너희의 고
막이 터지도록 울려 준다 해도,
28 너희는 듣는 그 일순간이 지난 다음
에 그를 또 잊어버리고 살며,
29 너희 후손은 또한 그와 같은 천둥 번
개 같은 나 여호와의 음성으로서 너희
에게 어찌 지키라 했던 것을 그들은
과연 있었는가 있지 않았는가? 이것
이 미신이요, 이것이 헛된 자들의 장
난이 아닌가 그리 생각할 것이니,
30 그리하여 영원히 변하지 않는 것이 무
엇인 줄 알겠느냐?
31 나의 법전이요, 글로써 증거하여 내려
보내는 것밖에 없기에, 내가 나의 아
들을 통하여 지금 나의 법전 160권을
세상에 내려보내는 그 역사를 하는
것이니라.
32 천둥 번개처럼 한 번에 너희를 깨우
쳐 주는 그와 같은 역사를 기다림은
어리석은 자들이요, 그건 진정한 보배
요, 진정한 소중함이 아니기 때문에,
내가 너희에게 그와 같은 역사를 내
리지 아니함을 알라.

7,650 번째 하나님 말씀

2003년 9월 25일 06시 53분

1 사랑하는 나의 아들아!
2 "네, 아버님! 말씀하옵소서."
3 이 세상의 모든 백성이요, 수천 년 동
안 흘러오는 그 역사 속에 사는 그들
이 우선 나로부터 생명을 받아서 세상
에 나간 그 은혜에 감사함을 모르며,
4 나로부터 세상에 태어나 역사할 수 있
는 모든 그 축복과 은혜와 영광을 지
금의 종교 집단이요, 지도자요, 모든
백성이 그 마음 자세부터 다시 바로
잡지 아니하면 아니 됨을 너희는 알
아야 할 것이니라.
5 정녕 너희가 나로부터 생명을 받아
나간 것이 얼마나 소중하고 귀한 것이
며 얼마나 크나큰 축복과 영광인지를
너희가 안다면 정녕 나의 뜻을 거역하
는 그와 같은 삶을 살아갈 수 있는가?
6 너희 종교 집단에서 믿고 안 믿는 것
이요, 나를 찾고 안 찾고 하는 것은 관
계가 없는 것이니라.
7 인간 세속에서 너희가 남에게 부끄럽
지 않은 삶을 사는 것, 내가 너희에게
모든 가정에 걸어 놓으라 한 '하늘을
향하여 한 점의 부끄럼이 없는 삶을
사는 것', 너희가 나로부터 생명을 받
아 나간 은혜를 감사히 생각한다면 그
와 같은 삶을 사는 것이 당연하거늘,
8 그것 하나도 지키지 못하는 그 속에
서 너희가 진정한 믿음이요, 참믿음이
라 그리하며, 하늘에 오르는 길이요,
구원의 길이요, 나를 경배하는 길이라
하는 그들 또한 거기에서 인간의 도리

를 제대로 지키지 못하는 그들이 행하
는 그 모두가 과연 진정한 참뜻이요,
나의 진리라 생각하는가?
9 그들은 나와 관계없는 육의 생각을 하
고 모두를 지배하고 이루어 가는 그와
같은 형국으로써 지금 흘러감이니라.
10 이 세상을 창조하여 그 모두를 다 준
나 여호와보다 더 큰 은혜를 베푸는
것이 있으며 내가 내리고 역사하는
것보다 더 큰 영광을 받은 것이 과연
있느냐?
11 너희가 과연 소중한 것이 무엇이라 말
하였느냐?
12 죽은 자가 다시 사는 것이요, 죽은 자
가 거듭나는 것보다 더 큰 영광과 은
혜가 없다 하였음이니라.
13 그러니 내가 너희에게 생명을 주었으
며 거듭날 수 있는 모든 역사의 길과
방법을 다 가르쳐 주었거늘,
14 그를 거역하고 살아가는 오늘의 삶을
사는 종교 집단이요, 지도자, 그리고
나의 백성을 보는 나 여호와의 마음
이 과연 어떠하겠는가?
15 이와 같은 마음을 아는 것이 지금 나
의 아들이니라.
16 그리고 그것을 바로잡고자 하는 것이
나의 아들이니라.
17 그리하여 그는 내가 내리는 160권의
법전을 세상에 만들며, 죽을 때까지
하늘의 뜻을 내리는 것을 쉬지 않고
기록하여 전할 것이니,
18 거기에 참석하는 자, 거기에 같이 가
는 너희가 나에게 얼마나 소중하고
귀한 아들딸인 줄 아는가?
19 내가 너희에게 뭐라 말하였느냐?
20 나의 아들이 160권의 법전을 만들어
가는 그에게 종이 하나도 쥐여 주는
역사를 하지 말라 하였으니,
21 너희가 얼굴 한번 붉히는 것, 말 한번
잘못하는 것, 행동 하나 잘못하는 것,
바로 가고자 하는 그에게 기도를 하지
못하도록 하는 것,
22 너희가 천 번 만 번 아름다운 일을 해
도 나의 아들이 기도하는 것을 마음
아프게 하며, 그를 행하지 못하도록
할 때 어떠한 것이 내 마음이 더 아프
겠는가?
23 이것이 지금 너희가 가야 할 자리며
가야 할 자세라는 걸 알아야 할 것이
니라.
24 이 세상이 썩을 대로 썩어 나의 백성
이 한 사람도 없다면 너희는 믿겠느냐?
25 그러니 나의 아들딸들을 위하여 나의
아들을 통하여 오늘의 그 역사를 함이
니, 그가 이 세상에 모두를 펼 수 있도
록 너희는 따라가는 것이며 버팀목이
라 하지 아니하였더냐?
26 너희가 어찌하느냐에 따라서 160권
의 법전이 세상에 나오고 못 나오는
그 역사가 이루어짐을 알아야 할 것이
니라.
27 나의 아들 예수를 따랐던 그 제자들이
과연 어떠했던가?
28 그들은 모두를 다 바치며 모두를 다
역사하여 그가 역사하는 그 길을 따
라서 그가 죽으면 같이 죽고 살아도
같이 살겠다 생각한 그들이니라.
29 그들도 불리할 때 모두 등을 돌리고
돌아섰음이니, 그것이 인간의 마음이
요, 나의 아들 예수를 따랐던 제자들

의 마음이니,
30 오늘날 내가 마지막 시대에 직접 나의
모두를 다 태워 내리는 나의 성령을
기록하고 그를 정리하는 너희의 그
마음이 어떠해야 하는지 알겠느냐?
31 내가 너희에게 다시 한 번 말하느니
라.
32 너희가 천 번의 아름다운 역사를 했
다 해도 나의 아들이 기도하며 나의
법전을 받아 기록하는 데 얼굴을 붉히
고 함부로 언성을 높이는 것,
33 그것으로써 나의 아들이 기도하며 나
의 아들이 성령을 받아 기록하는 것,
하늘의 나의 뜻이 내려오는 것을 막는
자이며 그를 역사하지 못하도록 하는
그와 같은 행위라는 것을 너희 스스
로 이제는 깨닫고 알아야 할 것이니
라.
34 너희 또한 마찬가지니라.
35 모두를 다 바쳐 160권의 법전이 나오
는 데 하나가 되어야 하며 한마음이
되어야 함이니,
36 서로 이해하고 서로 용서하고 서로
인내하며 가는 그와 같은 현명함만이
나의 법전을 만드는 역사를 이룸이니
라.
37 아무리 너희가 태산을 옮겼다 해도
내가 만백성을 구하는 그 법전을 만드
는 그 길에 동참하지 아니하며, 그 길
에 역행하는 그와 같은 행위를 하는
그 제자들은,
38 나의 아들 예수에게 등을 돌리며 그에
게 죽음을 같이하겠다 하고 그들이
필요할 때 떠난 것처럼 너희 마음 또
한 그러할 수밖에 없음이니, 이를 명
심하고 또 명심해야 함을 잊지 말라.
39 나의 성령을 받아 160권의 법전이 세
상에 역사하는 그 순간, 그때까지 너
희는 모두를 다 바쳐야 할 것이며,
40 그게 나왔을 때 어떠한 위치에 있을
것인지 너희가 모르니, 그 큰 상을 버
리는 어리석은 행위를 하지 아니하도
록 그리해야 할 것이니라.
41 법전을 만들고 기록하는 너희가 한마
음이 되지 아니하면 이를 읽고 듣는
백성이 어찌 한마음이 되겠느냐?
42 나 여호와의 이 애절한 마음을 너희는
들어야 할 것이며, 너희는 행해야 할
것이며, 너희는 알아서 가야 할 것이
니라.
43 나의 아들이 가고 안 가는 것은 나 여
호와가 직접 그를 다스림이니, 너희가
다스리고 역사하는 것이 아님을 알라.
44 내가 너희를 사랑하노라.

7,651 번째 하나님 말씀

2003년 9월 25일 08시 44분

1 사랑하는 나의 아들아!
2 "네, 아버님! 말씀하옵소서."
3 네가 십계명을 암송함이니, 그는 네
입을 통하여 세상에 전해짐이니,
4 그 십계명의 음성이 죽어 가는 것으
로 생각하나 그 십계명의 음성은 살아
서 움직임을 너는 알아야 할 것이니라.
5 네가 지금 십계명을 암송하고 암송하
여 전하고 나의 성령을 받아 기록하는
것만큼 너희가 다져지는 것이요, 너희
의 영역은 서서히 넓어져 가고 있음을
너는 알아야 할 것이니라.

6 그리하여 네가 나의 성령을 받아 기록
할 때, 꼭 십계명을 암송하도록 하였
으며,
7 그걸 암송함으로 인해서 그와 같이 세
상이 정화되며 십계명의 뜻에 따라 살
아가고자 하는 나의 백성의 마음의 동
요는 서서히 일어나게 됨이니라.
8 네가 암송하는 그 십계명은 죽는 것
이 아니요, 영원히 살아서 존재한다는
것을 너는 알고 있어야 할 것이니 그
리 알라, 사랑하는 나의 아들아!
9 너희는 이 세상을 살아가면서 내가 두
마음을 갖지 말라 하였음이니라.
10 두 마음을 가진 자는 무엇이든지 이
룰 수 없다 하였음이니,
11 너희가 인간 세상에 살아가는 모든
행함에 있어서 과연 두 가지 마음을
갖지 아니하였는가 생각해 보라.
12 두 마음을 가진 것이 욕심이요, 그게
사탄이요, 사악한 뿌리의 근본이라는
것을 잊지 말라.
13 너희가 앞에서 하는 말과 뒤에서 생각
하는 것과, 앞에서 행동하는 것과 뒤
에서 행동하는 것이 다른 것은 무엇이
더냐?
14 다른 신을 너희 가슴에 그득히 심어
놓은 그와 같은 행동임을 알아야 할
것이니라.
15 모든 종교 집단이요, 지도자요, 지금
가는 그들이 모두 다 두 마음으로 갈
라져 있으며, 그들은 나 여호와의 뜻
을 가르쳐 만백성을 구하는 것이 아니
라 내가 너에게 일찍이 전했듯이,
16 제 자부심이요, 제 자존심이요, 그리
고 제가 큰 교회라는 것을 건축하여
만인 앞에 능력을 과시하고자 하는
그와 같은 욕심에 젖어 있는 자들이며
거기에 연연하여 있는 자들이라 내가
그리 말하지 아니하였더냐?
17 내가 너희에게 말하여 평생 남루한 옷
을 입고 살라 그리하였으니, 남들 앞
에서 남루한 옷을 걸치고, 그렇지 않
은 곳에서 제가 호화로운 옷을 걸치고
생활한다면 이것은 얼마나 가증스러
운 것인가?
18 이를 신도요, 백성을 속일 수 있으나
나는 속일 수 없다는 것을 모르는 자
들이 오늘의 믿음의 길을 가는 자들이
니라.
19 누덕누덕 기운 옷을 입고 살아가는 것
이 너희의 근본 자세라 하여, 새 옷을
찢으며 찢어지지 않은 옷을 찢어서 누
덕누덕 기워 입으며,
20 사람들이 올 때마다 그 옷을 걸치며
사람과 대화할 때 그 옷을 입고 나가
천연덕스럽게 제가 그와 같은 삶을 산
다고 보여 준다면 그게 얼마나 가증
스러운 것이더냐?
21 아무것도 모르고 앉아 있는 순박한 그
백성만도 못한 자들이 그와 같은 자들
이니라.
22 이제 너와 너의 제자들은 그러한 사람
이 있어서는 아니 될 것이며 그와 같
은 제자가 있어서는 아니 될 것이니라.
23 지금 모든 종교 집단이요, 지도자들이
흘러가는 형국이 그러함이니라.
24 외형적이요, 가시적인 것, 보이기 위
한 그와 같은 행위를 함이니, '나는 떨
어진 옷을 입고 살며 그저 누덕누덕
기운 옷을 그저 하나님의 재산이요,

하나님의 뜻이라 걸치고 산다' 하며
사람들이요, 대중을 만날 때는 그와
같은 행위를 하나, 그렇지 않을 때는
호화로운 옷을 입고 있는 자와,
25 저희가 모든 행사요, 역사할 때 의상
을 걸치고 호화롭게 장식하는 것을 뒤
집어보면 그 행동이 그와 같음을 너희
는 알아야 할 것이니라.
26 너희가 나에게 기도하고 경배하는 것
이 형식이 무엇이 필요하며, 그와 같
이 호화롭고 찬란한 옷을 입고 기도할
이유가 무엇이며, 그와 같이 장엄하고
근엄한 행위를 해야 할 것이 무엇이
던가?
27 그것은 너희가 참진리가 아니요, 비
진리로써 나의 피조물 만백성들의 마
음을 사로잡으며 그들을 위압적으로
끌고 가려는 하나의 연구 대상으로써
행해진 것이며,
28 종교 지도자가 진정한 그 믿음의 길을
모르는 자들이 역사하는 것이라 그리
하였음이니라.
29 이제 내가 너에게 전함이니, 너의 제
자들은 그러한 자가 있어서는 아니 될
것이니라.
30 모든 종교 집단이요, 지도자들이 외형
적으로 남에게 보이기 위해 신경을 쓰
고 그리고 그를 위해서 갖추느니라.
31 그러나 뒤의 생활은 그렇지 않다면 과
연 되겠느냐?
32 저는 굶으며 어렵게 살아간다면서 호
의호식을 다하고 살아간다면 그게 되
겠느냐?
33 그는 용서할 수 없는 것이 아니더냐?
34 그러니 모두 그와 같이 오늘날까지 모
든 종교 집단이요, 지도자들이요, 그
들이 흘러온 것이 실상이며 그것이 현
실이니라.
35 저희는 아니라 하나, 내가 바라보는
그들의 생활 방식은 그러하니라.
36 정녕 나로부터 선택된 목자요, 지도자
는 저희가 깨닫고 깨달은 것을 그대로
행하고 실천하는 것이 중요함이니라.
37 성서에 기록된 것, 그리고 저희가 만
백성들에게 짐을 지워 주며 지키고 행
하라 하는 그것을 먼저 지키고 먼저
행하는 그와 같은 삶으로 살지 아니한
다면 그는 정녕 진정한 지도자가 아님
이니라.
38 그러니 내가 너희에게 뭐라 말하였느
냐?
39 가훈이라 하여 하나씩 붙여 놓으라 하
지 않았는가?
40 너희 머리말에 반드시 너희 가정에 그
를 걸도록 그리하라.
41 '하늘을 향하여 한 점의 부끄럼이 없
는 삶을 사는 나의 아들딸이 되라는
것', 그것이 너희가 나에게 오르는 길
이요, 나의 법전이 세상을 덮으며 나
의 법전이 나의 성령을 태워 만백성을
구하는 그 역사를 이루는 것이라는 것
을 증명할 수 있는 것이니라.
42 너희는 이 생각 저 생각이요, 앞에서
하는 말과 옆에서 하는 행동과 그것을
뒤에서 하는 것과 다르다면,
43 너희는 바로 떨어진 옷을 입고 산다면
서 새 옷을 찢어 누덕누덕 기워 입고
사는 그와 같은 모습으로써 만백성 앞
에 저 자신을 들여다보도록 하는 그와
같은 자들과 똑같음이니, 너희의 마음

자리를 다스리라 그리 전하라.

7,652 번째 하나님 말씀

2003년 9월 25일 08시 53분

1 사랑하는 나의 아들아!
2 "네, 아버님! 말씀하옵소서."
3 모든 구약과 신약이요, 지금 나의 아
들을 통하여 내리는 나의 법전까지도
너희가 천국에 타고 올 수 있는 그 배
에 태울 수는 없으며, 너희가 그저 탈
수는 없다는 것을 알아야 할 것이니
라.
4 천국에 보내는 배에 내가 너희를 태
울 수 없는 것이 바로 구약이요, 신약
이요, 나의 법전이요,
5 너희가 그를 보고 깨우치는 것, 거기
에서 깨달음을 얻는 그와 같은 것은
정녕 그저 천국에 오르는 배를 탈 수
있는 것은 아니라는 것을 알아야 할
것이니라.
6 모세가 가나안 땅으로 그 백성을 인
도하여 갔음이니, 그들이 그곳에서 나
에게 하늘에 오르는 것이 아니요, 하
늘에 오르고 못 오르는 것은 너희 자
신의 노력에 달렸다고 내가 너희에게
일찍 깨우쳐 주지 아니하였더냐?
7 나 여호와를 너희가 얼마나 믿으며
진실한 신앙생활을 하느냐, 그리고 너
희가 얼마만큼 노력을 하여 오늘의 인
간 세상에서 그 탈을 벗느냐, 그것이
하늘에 오르고 못 오르는 가장 큰 관
건이라 내가 그리 가르쳤음을 너희는
명심해야 할 것이니라.
8 그 누구도 너희를 천국에 들여보내는
그 배를 태울 수는 없음을 알라.
9 내가 너희에게 뭐라 가르쳤느냐?
10 신약도 너희를 반석 위에 세울 수가
없다 하였음이니라.
11 그러니 내가 나의 법전을 읽고 정독하
는 자, 너희가 반석 위에 설 수 있다
하는 그 의미를 알겠는가?
12 나의 법전을 읽고 깨우친 너희가 그
때부터 하늘에 오르는 그 길을 볼 수
있으며 하늘에 오르는 배에 탈 수 있
는 그와 같은 자격을 얻게 됨을 알아
야 할 것이니라.
13 다만, 너희가 배를 타고 못 타는 것,
또한 거기에 진정한 믿음이요, 진정한
역사함을 어찌하느냐 그것이 바로 너
희에게 또 하나의 관문이 있음을 알
아야 할 것이니라.
14 내가 지금 너희에게 깨우치고 가르치
는 것은, 너희가 나의 법전이요, 십계
명대로 얼마나 지키고 그 계명을 지
키기 위해 얼마나 노력하는 삶을 사
느냐, 그것에 따라서 결국 그 배를 타
고 못 타는 그것이 거기에 달렸다는
것을 너희는 잊어서는 절대 아니 됨
이니 그리 알라.
15 내가 너희에게 뭐라 말하였느냐?
16 나 여호와가 나의 법전을 정독하고 깨
우쳐 너희가 나 여호와가 내가 내리는
생명으로써 거듭나는 그 노력을 하지
아니하면 너희가 아무리 반석 위에
서 있다 해도 구원을 받을 수 없다는
그 결론을 내가 법전에 기록하여 전함
을 명심하고 또 명심해야 할 것을 잊
지 말라.
17 나 여호와의 성령인 나의 법전대로 행

하고 내가 원하는 대로 너희가 삶을
그대로 행하는 것, 그와 같은 삶으로
인하여 그 결실의 열매가 맺어지는 환
경이 되지 아니하며 그와 같은 역사를
이루지 아니하면 너희는 결코 나에게
오를 수 없다는 것을 너희 자신이 이
제 깊이 깨우쳐야 할 것이니라.
18 너희가 그 열매를 맺었을 때만 나 여
호와의 기쁨이요, 나의 행복이요, 나
의 축복이 거기에 있음을 알아야 할
것이니라.
19 지상에서 나의 법전대로 행하고 역사
하며 완전한 열매를 맺어야만 너희가
나에게 올 수 있음이니, 그 일이 힘들
고 어렵다는 것을 나 여호와는 잘 알
고 있음이니라.
20 인간의 보통 노력으로써는 그를 이룰
수 없음이니라.
21 그러나 너희는 그를 이루는 것이 곧
나의 천국의 문을 내가 열어 줌이요,
너희가 나에게 오는 그와 같은 영광의
축복을 받음이니,
22 가장 소중하고 귀한 거듭남의 역사를
얻는 것은 그 길밖에 없음이니라.
23 너희가 나의 법전을 깨우치고 깨달아
반석 위에 섰다 해도, 너희가 정녕 나
에게 무조건 올라오는 것이 아니라는
것을 알라.
24 지금 나의 아들을 따르는 제자들이요,
나의 법전을 가지고 역사하는 너희는
다만 이제 반석 위에 선 자들이니라.
25 반석 위에 서기에는 미달된 자요, 아
직 서지 못했다 해도,
26 너희가 나의 법전을 읽고 연구하고 깨
우치며 강론을 들음으로 인하여 너희
는 서서히 건축할 때 벽돌담을 하나하
나 쌓듯이 너희 가슴속에 성령의 문
을 열어 성령이 차곡차곡 쌓이니, 너
희가 반석 위에 서는 것은 당연한 것
이니라.
27 그러니 이제는 나의 법전대로 올바르
게 지키고 살아갈 때, 그것만이 나에
게 오를 수 있다는 것을 알아야 할 것
이며,
28 그와 같은 삶을 살지 아니할 때 너희
는 결코 오를 수 없음이니라.
29 내가 너희를 사랑하기에 다시 한 번
너희에게 말하느니라.
30 너희가 반석 위에 섰다 해서 교만하
고 거짓 하는 그와 같은 행위를 해서
는 아니 됨을 알라.
31 너희가 교만한 자세로써 변화된다면
결코 나를 볼 수 없으며, 너희의 모든
노력이 수포로 돌아간다는 것을 잊지
말라.
32 이제 너희는 반석 위에 서기 시작한
백성이니라.
33 그러니 너 자신을 다스리면 될 것을
잊지 말라.
34 내가 아들을 통하여 너희에게 뭐라
말하였느냐?
35 모세가 80이라는 그 삶을 살 때까지
전반의 아름답고 황홀했던 40년의 그
역사요, 후반의 고통의 역사 속에 살
아온 40년, 그 80년이라는 그 세월 속
에 그는 자기를 포기했으며 모두를 다
버렸으며 모두를 비웠기에 나의 음성
을 들을 수 있으며 나의 명을 받을 수
있다는 것을 알라.
36 너희 자신을 그와 같이 비우는 것이

가장 위대한 변화니, 사랑하는 너희는
그와 같은 역사를 이루도록 그리하라.
37 내가 너희를 사랑하며, 너희가 그리
변하기를 바라는 나 여호와의 뜻을 거
역하는 삶을 살지 말라.
38 내가 뭐라 말하였느냐?
39 내가 너희와 같이하며 '나의 아버지가
같이하고 있기에 나는 이리 할 수 없
으며, 나의 아버지가 보고 있기에 나
는 이리 할 수 없으며, 나의 아버지가
좋아하지 아니하고 기뻐하지 아니하
기에 이리 할 수 없다.' 생각하며,
40 너희가 서서 걸을 때 행동할 때 그때
마다 너희의 마음이 변하고자 할 때,
나 여호와가 너희에게 그리하지 말라
하였음이니, 이를 행하지 않는다는 그
것을 가슴속에 넣고 그리 생각하라.
41 나의 아들이 십계명을 암송하듯이, 너
희는 나의 아버지가 하지 말라 하였으
니, 나의 아버지가 기뻐하지 아니하
니, 나의 아버지가 기뻐하니 이를 한
다는 것을 항상 너희 머리에서 떠나
지 않도록 암송하고 또 암송하고 암기
하고 암기하는 그와 같은 삶으로 살
아, 그것을 생활 신조로 만들도록 하
며,
42 어디에 가서 그저 밥 먹고 무엇을 먹
고 음식을 먹고 차 한 잔 마실 때 너희
가 나에게 기도하는 만큼 그와 같은
마음으로써 항상 기도하는 삶으로 살
도록 하라.
43 내가 너희를 사랑함이니라.

7,653 번째 하나님 말씀

2003년 9월 25일 09시

1 사랑하는 나의 아들아!
2 "네, 아버님! 말씀하옵소서."
3 이제는 너를 따르는 제자들이요, 나의
법전을 읽고 깨우친 모든 백성이 변하
는 그와 같은 역사를 가져야 함을 너
희는 알아야 할 것이니라.
4 지금까지 너희가 살아온 인생의 삶에
대하여 너희를 돌아다보는 그와 같은
시간을 각자가 갖도록 그리 가르치라.
5 너희가 지금까지 나의 법전을 접하며
나의 뜻에 따라 역사하기 전까지 너
희가 살아온 그 삶의 형태를 한번 돌
아다보도록 그리 가르치라.
6 너희의 삶은 오직 자기 중심으로 살
아왔으며 자기를 위해 모두를 다 사는
그와 같은 삶을 살아온 것이 너희의
오늘의 삶이 아닌가?
7 너희의 과거를 되돌아보도록 그리 가
르쳐야 할 것이니라.
8 너희가 너희 자신을 들여다볼 때, 과
연 얼마나 너희 자신을 위하여 자기중
심적으로 모두를 생각하고 살아왔는
가?
9 그리하여 너희가 살아온 것이 정신적
으로 육체적으로 너희가 생각해도 얼
마나 부끄럽고 구역질 나는 그와 같은
삶을 살았는가?
10 그와 같은 느낌이 들며 그와 같은 깨
달음을 얻었을 때, 이는 곧 나의 법전
을 읽고 깨우친 변화된 마음임을 너희
는 알아야 할 것이니라.
11 그러니 지금까지 살아온 그 삶이 부끄

러워 고개를 들지 못하며 구역질 나는
그와 같은 삶을 살아온 자,
12 지금이라도 그 문제의 중심에 서서
너희를 바라볼 수 있는 그와 같은 변
화를 한다는 그것이 너희가 나로부터
받는 가장 큰 은혜요, 그보다 더 큰 역
사가 없다는 것을 알아야 할 것이니
라.
13 그러니 지금 나로부터 모두를 깨우친
백성, 그리고 그와 같이 깨달음을 얻
는 백성, 너희는 바로 무엇이더냐?
14 나로부터 선택되어 태어난 백성이요,
너희 자손이 대대손손이 이 지상의 낙
원을 모두 이룰 자들이니, 바로 너희
후손이 그 역사를 맡아서 이루어 갈
자들임을 알아야 할 것이니라.
15 나 여호와가 이루고자 하는 것, 내가
역사하고자 하는 것은 끊임없이 되풀
이되며 또 이루어지는 것이 이 세상의
이치가 아니더냐?
16 그러나 그 모두를 다 역사하는 것은
오늘날 육을 가진 나의 아들을 통하여
너희를 통하여 만백성을 구하는 모든
관계를 내가 이루어 나가듯이 그를 대
를 이어서 가야 할 백성이 세상에 존
재하여 그것이 천 년 후에 지상의 낙
원이 이루어지는 것이니, 그것은 바로
너희 후손들이 이루어야 할 것이니라.
17 그러니 너희가 오늘에 자기중심으로
살았던 그 구역질 나는 지난날의 과
거를 바로잡는 것, 그리고 깨닫는 것,
그리고 그를 깨달아 두 번 다시 행하
지 아니하는 것,
18 그와 같은 삶을 사는 것이요, 너희 자
식이요, 후손들에게 그와 같은 삶을
되풀이 하지 아니하도록 깨우쳐 주는
것이 중요함을 알라.
19 너희가 지금 나로부터 받는 은혜요,
영광은 재물이요, 물질적인 것으로써
계산하지 말라.
20 너희가 지난날을 깨달으며 보는 시야
가 얼마나 넓어졌으며, 너희가 보는
그 마음의 눈에 이 세상이 얼마나 자
상하게 느껴지며 자유롭게 느껴지는
가?
21 그리고 잘못 가는 그 백성이 얼마나
많은가?
22 그리고 그들이 얼마나 잘못된 병에 걸
려 지금 허덕이고 있는가?
23 그들을 너희는 볼 수 있지 않은가?
24 그리하여 도처에서 병들어 앓는 그
백성을 구원하고 깨우치고자 오늘의
그 힘들고 어려운 길을 너희가 가지
않느냐?
25 그러니 바로 너희가 나로부터 명받은
목자요, 나로부터 명받은 전사요, 나
로부터 명받은 지도자라는 것을 알아
야 할 것이니라.
26 이제는 너희 자신을 위하여, 너희 자
신의 모든 소유권을 위하여, 그것을
주장하기 위하여 그것을 역사하려고
살아왔던 모든 지난날의 슬픈 삶을 이
제는 모두 다 정리해야 할 것이니라.
27 이제 너희는 모든 흐름을 분명히 알
수 있을 것이며 모든 상황을 파악하고
있을 것이니라.
28 사랑하는 나의 아들을 따르는 제자 너
희는 어찌 가야 하며 네가 지금 어떠
한 상황에 처해있으며 어떠한 역사에
서 이루어지는지를 너희는 알고 있을

것이니라.
29 너희가 오늘의 그 슬프고 어려운 상황을 잘 딛고 이겨 나갔을 때 너희는 수많은 백성을 구원하는 그 역사를 이루는 것이며,
30 너희가 그와 같이 변화의 삶을 살아 만백성을 구하는 것, 그와 같은 역사를 하였을 때, 내가 나 여호와의 기름부음을 너희에게 내릴 것이니, 이를 못 받는 그와 같은 백성이 되어서는 아니 됨을 알아야 할 것이니라.
31 그 모든 것을 받고 못 받는 것은 다 너희에게 달렸음이니,
32 나는 너희에게 축복을 내리고자 하며, 나로부터 내린 축복을 받아 영원히 사는 하늘나라에 와 그 모두를 누리고 살 수 있는 그날까지 너희가 바르고 곱게 존재하며 지탱해 주기를 바라는 것이 나 여호와이니라.
33 내 마음을 안다면 오늘서부터 지난날 너희가 자기중심으로 살았던 그 과거를 떨쳐 버리며, 그리고 병에 시달리는 모든 백성을 깨우치며,
34 너희가 세상을 보는 시야가 넓어져 모두 아름답게 보이는 그와 같은 깨달음을 그대로 행하고 살아가는 그 삶을 살라.
35 내가 너희를 사랑함이니라.

7,654 번째 하나님 말씀

2003년 9월 25일 09시 06분

1 사랑하는 나의 아들아!
2 "네, 아버님! 말씀하옵소서."
3 나의 피조물 만백성들이 내가 내리는 모든 축복을 다 받아야 할 것을, 마음을 비우지 못하여 그를 다 마땅히 받지 못하고 있음을 알아야 할 것이니라.
4 내가 너희에게 내리는 그 축복을 욕심이라는 그 다른 신 때문에 너희가 제대로 받지 못함이니,
5 그 모두를 누리는 아름다운 삶을 살지 못하는 그 까닭이 바로 너희에게 있음을 알아야 할 것이니라.
6 이제 나의 아들을 따르는 제자 너희는 그들을 깨우쳐 주어야 함이니라.
7 나 여호와가 모두 주관하며 내가 모두 행사하며 내가 모두 역사하기 때문에, 너희가 나와 더불어 가는 그 길이 만백성을 구하는 길이요,
8 만백성들이 내가 내리는 축복을 다 누릴 수 있고 받을 수 있는 그와 같은 깨달음을 역사하는 것이 너희가 가야 하는 길임을 알아야 할 것이니라.
9 지금의 모든 종교 집단이요, 지도자들이요, 목회자들이 바로 이끌었으며, 진정한 진리를 가르쳐 나의 피조물 만백성들이 그와 같은 축복을 받을 수 있으며 모두를 누릴 수 있도록 역사했다면,
10 오늘에 이 어렵고 힘들게 나 여호와가 160권의 법전을 세상에 내리는 이와 같은 역사를 이루지 아니하였을 것이니라.
11 너희 자신이 지금 마음을 비워, 아브라함이 이삭을 나에게 드리는 것처럼 나에게 그와 같은 마음을 가지고 살 수 없는가?
12 너희는 이 세상에 지푸라기 하나도 네 소유를 찾으며, 너희가 소유하지 아니

하면 불안한 마음을 가지고 있음이니,
13 육의 세상의 작은 것을 소유하기 위하
여 연연하여 하늘에서 내리는 내 축복
이요, 내 영광을 받지 못하는 것이 너
희임을 알아야 할 것이니라.
14 나 여호와는 나의 아들을 통하여 분명
히 너희에게 말함이니라.
15 나 여호와 창조주는 아직도 세상을 축
복하며 너희를 사랑하고 있으나,
16 너희 중심으로 살아가며 욕심으로 살
아가는 그것 때문에 내가 하늘의 그
천국 문을 열지 못하고 있다는 것을
너희는 알아야 할 것이니라.
17 너희가 하늘의 뜻에 따르지 않고 너
희 중심이요, 자기를 먼저 생각하는
자기중심적인 태도로 살아가며 다른
신을 가슴에 두고 있기에 내가 하늘의
그 천국 문을 열어 놓지 못하고 있음
이니라.
18 너희가 그와 같은 마음을 버렸을 때
내가 닫혀 있는 하늘의 천국 문을 열
것이니 그리 알라.
19 나는 그 천국의 문을 열고 너희를 기
다리고 있다 함을, 어찌하여 그와 같
은 뜻을 모르는가?
20 내가 그 문을 열어 놓는다 한들 들어
올 자가 없다 하면, 이는 내가 천국 문
을 닫아 놓은 것과 무엇이 다르더냐?
21 들어올 수 있는 자가 있어야 나의 천
국 문이 열린 것이요, 그 기능을 발휘
하지 않겠느냐?
22 나의 천국 문은 열어져 있으나 지금
닫혀 있음이니라.
23 그것은 너희가 자기중심적인 태도에
서 벗어나지 못하기 때문이니라.
24 어찌하여 너희는 나 여호와의 뜻에
내가 세운 윤리요, 내가 내린 계명이
요, 내가 내린 율법이요, 지금 내가 내
리는 법전의 범위 안에서 아름다운
삶을 살아갈 수 있는 그와 같은 백성
으로 어찌하여 돌아설 수 없단 말이더
냐?
25 너희 스스로 자신을 다하여 바치는 그
와 같은 삶을 내 뜻에 따라 살아가고
자 역사한다면, 그리고 너희가 모두를
다 나 여호와에게 맡기고 나를 믿고
가는 그와 같은 믿음을 가지고 있다면
정녕 너희는 축복의 영광을 얻을 것
이거늘,
26 아직도 나를 믿지 못하며 나에게 모두
를 다 맡기지 못하는 그와 같은 너희
가 인간의 힘이요, 인간의 능력으로써
자신의 재능으로써 자신의 능력으로
써 모든 것을 역사하고자 하여,
27 모든 종교 집단들이 기술을 계획하며,
모든 방법을 계획하며, 교회를 역사하
고자 하는 것을 너희가 그리 생각하
고 계획한 자들이니라.
28 그리하여 너희가 그를 역사하는 것은
나 여호와의 뜻이요, 하나님의 집이
요, 예수님의 몸체요, 나 여호와를 위
하여 만든다 하여 나의 사랑하는 피조
물 만백성들에게 수단과 방법을 가리
지 아니하고 그 모든 재물을 갈취하여
너희 것으로 만들어 놓고, 내 것을 만
들며 나의 아들 예수의 몸체를 만들었
다 하며 너희가 나의 피조물 만백성
들을 사역시켜 만들어 놓은 다음에
그 소유권을 주장하는 자들이며,
29 그 소유권의 주장에 의하여 싸움하며

그를 반대하는 자의 손발을 묶어 놓고
매장시키며 너희 앞에 감히 나서지도
못하게 하며,
30 사탄이요, 이단이요, 저와 같은 자는
우리 교회요, 우리 성당에 발을 들여
놓지 못하게 하라며 사탄이라 명하는
것이 종교 집단이요, 지도자들의 오늘
의 가는 형국이니라.
31 이것이 바로 하늘에 오르는 길이요,
진정한 진리를 깨우치는 너희가 가는
길이라 말할 수 있느냐?
32 이를 너희가 들여다봐야 할 것이니라,
사랑하는 나의 아들딸들아!

7,655 번째 하나님 말씀

2003년 9월 25일 09시 14분

1 사랑하는 나의 아들아!
2 "네, 아버님! 말씀하옵소서.
3 지금의 너희가 가는 그 형국이 뭐라
말하였느냐?
4 나 여호와의 몸통이기에 교회를 세우
며 나의 몸체이기 때문에 교회를 세우
며 크게 세우고 아름답게 세워야 한다
하였음이니라.
5 그리하여 나의 몸통이요, 나의 형체를
세웠다면 그것은 세운 자들 것이거늘,
너희는 그 소유권을 주장하며 송사하
는 그와 같은 추한 모습을 하는 것이
지금의 종교 집단이요, 지도자 너희가
가는 행위라 하였음이니라.
6 너희가 과연 그를 바라보며 그를 보는
것이 너희 자신도 추하고 더러운 것
을 모르는 자요, 그러니 그게 인간 이
하로 타락되었다는 내 뜻이 거기에 있
음이니라.
7 너희가 서로 송사하는 것이 얼마나
부끄럽고 추한 모습이더냐?
8 그것 자체도 모르며 아귀다툼하며 그
송사에 이기고자 하는 자는, 속옷을
달라는 자에게 겉옷까지 벗어 주라는
그와 같은 나의 가르침을 정면으로 거
부하는 것이니,
9 너희가 하는 짓이 너무나도 놀랍고 두
려워 나 여호와가 바라볼 수 없는 그
와 같은 형국이니라.
10 너희가 진정한 종교 지도자요, 그리고
나로부터 역사한 자라면 너희는 통역
하는 자와 같은 자가 될 것이니라.
11 나 여호와의 뜻을 받아 만백성에게 전
함이니, 통역하는 자가 내가 내리는
그 말을 알아듣지 못하며 엉뚱한 소리
로 지껄인다면, 그는 윗사람의 뜻을
전하는 것도 아니요, 만백성을 제대로
가르치는 것이 아님을 너희가 알아야
할 것이니라.
12 이제는 너희에게 그 불필요한 능변이
필요 없음이니라.
13 너희가 제대로 통역을 하지 못하여 내
가 앞으로 가라 하면 그저 뒤로 가라
고 말하고, 내가 염소라 하면 너희에
게 양이라 말하는 그 통역자들,
14 말로써 모든 것을 하는 그와 같은 자,
저희 생각대로 꾸며서 통역하는 그와
같은 자들이 이제는 필요 없음을 너희
는 알아야 할 것이니라.
15 그리하여 너희를 다스리고자 하며 내
가 통역이 필요 없어 나의 아들을 통
하여 직접 너희에게 글로 책으로써
만들어서 문건으로써 만들어 내려보

냄이니 이게 나의 뜻이니라.
16 그리하여 통역의 역사가 이루어지지
아니하고 직접 너희에게 깨우치고자
하는 것을 알아야 할 것이며, 달변인
통역자가 필요 없다 함을 알라.
17 이제는 내가 너희에게 말하느니라.
18 지금까지 모든 종교 집단이요, 지도자
들이 나의 백성을 이끌어온다는 것은
어정쩡한 그 장식물로써 설교를 꾸며
왔으며 너희의 생각을 전했으며 모두
를 포장하여 나의 백성에게 가르쳤음
이니라.
19 내가 앞으로 가라 하면 너희는 뒤로
가라고 가르쳐 왔음을 알아야 할 것
이니라.
20 지금까지 모든 종교 집단 지도자들이
강론하며 그리고 설교를 했으며, 나의
피조물 만백성을 하늘에 오르는 길이
라 역사한 그것이 다 나 여호와가 내
린 소중한 시간을 낭비한 것이며,
21 내가 너희에게 구원을 받을 수 있도
록, 깨우쳐 하늘에 오를 수 있도록 너
희에게 내려 준 그 모든 소중한 시간
을 허송세월로써 다 때운 것이 너희이
니라.
22 그러니 너희가 나에게 '아버님! 주옵
소서. 하나님! 주옵소서. 영광을 주옵
소서.' 하며 나에게 기도하고 경배한
것이 유치원 아이가 부모에게 젖을
달라는 것처럼,
23 나 여호와가 소유하지도 않은 것을 너
희에게 내려달라 하며 축복을 받아 내
려고 애를 쓰고 온갖 수단과 방법을
가리지 아니하고 온 것이 너희며,
24 그를 준다고 가르치고 그를 준다고
현혹한 것이 오늘의 종교 지도자들이
니라.
25 그러니 그들은 내가 이제 단죄하고자
하는 것이요, 그들은 정녕 나 여호와
의 성령으로써 그 빛에 의하여 내가
내리는 그 뜻을 받아 대신 나의 역사
를 한 것이 아니요,
26 저희 자신을 채우려고 저희 자신만
만족하기 위해서 나의 이름을 빌려
너희가 지금같이 그 역사를 이룬 것이
니라.
27 오로지 너희는 손에 쥐는 것, 손에 보
이는 것을 위해서, 그리고 너희 손으
로 소유할 수 있는 것을 모두 움켜쥐
는 것에 연연한 것이니라.
28 정녕 나 여호와는 너희에게 원하는 것
이 무엇이더냐?
29 너희 손에 움켜쥔 것을 모두 다 놓는
것, 그리고 놓아 버리는 것이 하늘에
오르는 길이라 하였거늘,
30 너희는 그저 보이는 것을 움켜쥐며 네
이름 아래 모두 두고자 하는 그와 같
은 사역을 위하여 지금까지 살아온 것
이 종교 집단이요, 지도자이니,
31 그를 바라보는 나 여호와의 안타까움
을 내가 어찌 표현하겠느냐?
32 그것이 너희의 오늘의 역사함이니라.
33 그리하여 이를 바로잡고자 하며 그를
바로잡기 위해 내가 내세운 것이 나
의 전사, 바로 너희라는 걸 잊지 말라,
사랑하는 나의 아들딸들아!
34 나 여호와가 그 모두를 못 본 체하며
지난 것을 다 덮어 주며 앞으로 역사
할 것을, 너희가 바르게 갈 수 있다면
다 덮어 줄 수 있으나,

35 너희는 세월이 지나면 지날수록 더 사
악하고 더 악랄한 방법이요, 나와 멀
어지며 나의 피조물 만백성들을 고통
속에 몰아넣는 그와 같은 것을 계속
무한대로 역사할 것을 내가 알기 때
문에,
36 더 이상 못 본 체할 수 없어 나의 법전
을 내려 다스리고자 하며, 그들에게
한 번의 기회를 주기 위해 나로부터
선택된 백성이 너희라는 것을 잊지
말라.
37 내가 너희를 사랑하노라.

7,656 번째 하나님 말씀

2003년 9월 20일 09시 18분

1 사랑하는 나의 아들아!
2 "네, 아버님! 말씀하옵소서."
3 수천 년 동안 믿음을 오면서 그 많은
백성을 모든 종교 지도자들이 나의 성
령이요, 나의 뜻대로 설교하고 가르치
지 아니하였다면 과연 너는 믿겠느냐?
4 그들은 그리하였느니라.
5 나의 사랑하는 백성으로부터 모든 것
을 갈취하기 위하여 많은 시간을 준비
했으며, 미끈한 설교 내용을 만들어
놓고 나의 피조물 만백성들을 울리고
우롱하는 그와 같은 역사를 한 것이
니라.
6 그러니 그를 듣는 나의 백성이 저 자
신이 무엇인지를 모르니, 어리둥절한
그 속에서 은혜 받았으며 축복받았다
하며 '아멘, 할렐루야!' 소리 지르고
그토록 광란의 짓을 하고 나와 은혜를
받았다고 말함이니, 그 모두는 무엇이
더냐?
7 종교 집단 지도자들이 교육을 받는 그
과정서부터 나의 피조물 만백성을 속
이고 갈취하는 그것을 배운 전문가들
이 그리 아름답게 꾸며 낸 것이며 아
름답게 역사한 것이니라.
8 그러면서 그들은 그걸로 뭐라 말하느
냐?
9 제가 만들어 아름답게 꾸며 낸 그 모
든 설교 용지를 가지고 저는 나 여호
와로부터 기름 부음을 받은 자요, 나
로부터 메시지를 받은 자요, 그리하여
이것은 모두 나 여호와의 뜻이니,
10 너희는 묻지도 말며 알려 하지도 말며
그저 명하는 대로 따라오기만 하면 될
것이며, 제가 명하는 각종 헌금을 열
심히 상납하면 되는 것이라 그리 가르
치느니라.
11 정녕 나로부터 받은 메시지요, 그리고
나로부터 부름 받은 역사요, 선택된
목자라 그리 말함이니, 거기에 성령의
나의 뜻이 어디 있는가?
12 너희는 나의 성령을 나의 역사함을
이룬 것이 아니니라.
13 그리하여 너희는 말로써 꾸며 아름답
게 만들어 놓고 미끈하게 장난한 그
설교 용지를 가지고 나의 피조물 만백
성을 우롱하니,
14 그 백성이 받을 수 있는 축복을 모두
잃게 하는 그와 같은 행위를 지금까지
한 것이 너희이니라.
15 이제 너희는 장식물처럼 만들어 놓는
그 설교를 가지고 내 뜻이라 그리 전
하지 말며, 나의 피조물 만백성으로부
터 수많은 재물을 거둬들이는 그와 같

은 사악한 짓을 하지 말라.
16 그리고 나의 몸통이요, 나의 몸체를
이룬다고 재물이라는 것을 거둬들여
만들어 놓고 너희 손으로 지은 건축
물의 그 명의요, 소유권을 위하여 송
사하는 추하고 더러운 그와 같은 행위
를 이제 내가 더 이상 보지 못하여 단
죄하고 다스리고자 함이니 그를 알라.
17 내가 정녕 더 이상 방관하지 아니할
것이니라.

7,657 번째 하나님 말씀

2003년 9월 25일 11시 24분

1 사랑하는 나의 아들아!
2 "네, 아버님! 말씀하옵소서."
3 네가 나의 성령을 받아 기록할 때마다
암송하는 그 십계명의 한 구절 한 구
절을 너희 가슴속에 되새겨야 할 것
이니라.
4 과연 그것이 무엇이 잘못되었으며, 인
간 세상의 도리로 지키지 아니할 것이
무엇이 있으며, 또한 인간의 도리로써
너희가 지켜서는 아니 될 것을 내가
지키라 명한 것이 거기 있는가?
5 더욱이 이는 너희가 영원히 구원을
받고 못 받는 그 양식이요, 기본이라
내가 그리 말하였거늘,
6 이대로 행할 수 없으며 이대로 지킬
수 없다고 말하는 종교 집단이요, 지
도자들이 있다 하면, 인간이기 때문에
이를 넘을 수 없다고 그리 말한다면,
과연 너희는 어떠한 나의 백성이라
말할 수 있겠느냐?
7 너희는 내가 인간이 지킬 수 없는 것
을 내려보냈다고 그리 생각하는가?
8 내가 인간이기 때문에 지킬 수 없는
것을 나의 사랑하는 아들딸들에게 친
필로 직접 써 내려 지키라 말을 했다
면, 이를 너희가 지킬 수 없다는 것은
어렵고 힘들어서 나 여호와가 명한 것
을 지킬 수 없다고 그리 말하는 것이
아니라,
9 이것은 사탄이요, 사악한 자, 악마가
만들어 내린 것이기 때문에 너희는 지
킬 수 없다고 말하는 것과 무엇이 다
르더냐?
10 너희가 생각하기에 달렸다 하였음이
니라.
11 나의 법전을 인간이기 때문에 지킬 수
없다는 것을 애교의 말로써 생각할
때, 인간은 죄를 짓고 살 수 있으며 인
간은 신이 될 수 없기에 창조주 내가
명한 것을 지킬 수 없다고 그리 말하
여 넘어갈 수 있으나,
12 이를 돌이켜 생각하면, 창조주 하나님
이 만들어 인간에게 지키라 명한 것
을 너희가 지킬 수 없다 하는 것은, 이
는 창조주 나 여호와가 내린 것이 아
니요, 사탄이요, 악마가 내렸기 때문
에 지킬 필요가 없으며 지킬 수가 없
다고 그리 말하는 것과 무엇이 다르더
냐?
13 너희가 창조주 나 여호와가 너희에게
지킬 수 없는 것을 내렸다 하는 것은,
사탄이기에 나의 피조물 만백성들이
지키고 행할 수 없는 것을 내린 것이
지 창조주 나 여호와가 너희에게 그리
내리겠느냐?
14 너희는 성서에 기록된 내용을 모르느

냐?
15 '아무리 너희가 도둑질하며 잘못하는
부모라 해도 먹지 못하는 것을 자식에
게 줄 수 있느냐' 그리하였느니라.
16 독사와 같은 것, 독이 든 풀이요, 독이
든 미물을 과연 먹어서는 아니 되는
것, 그리고 썩은 음식을 자식들에게
부모가 줄 수 있더냐?
17 인간의 부모도 자식에게 그리 명할 수
없으며 줄 수 없다고 내가 성경에 미
리 기록하여 전했거늘,
18 나 여호와가 너희에게 지킬 수 없는
것을 내려보냈다는 것은 내가 독사요,
전갈이요, 먹어선 안 되는 독성 있는
식물을 너희에게 내려보내고 먹으라
하는 자와 무엇이 다르단 말이던가?
19 그러니 나의 피조물인 인간이 내가 친
필로 써 내린 십계명을 지킬 수 없다
는 그 말 한마디는, 천 가지 만 가지
모든 나의 뜻을 거역하며, 나에게 순
종하며 나의 백성으로서 존재하고자
하는 생각을 아예 갖지 아니한 백성
이라는 것을 너희는 알아야 할 것이
니라.
20 그러니 나의 아들을 따르는 제자 너희
는 내가 내린 그 모든 것을 인간이기
때문에 지킬 수 없다는 그와 같은 무
서운 말을 너희 입에서 두 번 다시 해
서는 아니 될 것이니라.
21 인간이기 때문에 신과 같이 살 수 없
으며 완벽한 사람이 될 수 없다는 그
와 같은 말을 해서는 아니 될 것이니
라.
22 완벽한 사람이 되고자 노력하는 것이
너희가 해야 할 일이요, 노력하는 것
마저도 중단해서는 아니 됨을 알라.
23 그러니 십계명을 지킬 수 없다고 말하
는 그 백성이 얼마나 사악한 자들이
던가?
24 그러니 그들이 내가 내린 그 십계명을
지킬 수 없다는 건 사탄이요, 악마요,
사악한 자가 내린 것이요, 그는 창조
주 어버이가 우리에게 내린 것이 아니
라 말하는 것과 똑같음이니라.
25 나에게 오르고자 하며 나의 아들딸이
라 하며 나에게 경배드린다 하며 나에
게 감사한다 하면서, 내가 직접 내린
유언장과 같은 것을 너희가 지킬 수
없다고 하면,
26 과연 나를 어버이라 생각하는 자식으
로서 가는 길이며 행하는 길인가?
27 이는 생각해서도 아니 됨을 너희는
알아야 할 것이니라.
28 사랑하는 나의 아들아!
29 인간의 과학 문명이요, 너희가 만든
기계는 어찌 조작되느냐?
30 인간이 쓰고자 하는 대로 만들어 놓은
그 기능에 의해서 기계가 그대로 돌아
갈 때 그는 존속하며 빛을 보며, 인간
에게 가까이 갈 수 있으며 인간에게
사랑을 받을 수 있으나, 그 기계가 제
기능을 하지 못하며 또한 제가 그 자
리를 지키지 못한다면 그 기계는 무엇
이더냐?
31 폐기 처분되며 버림을 받는 것이 아니
더냐?
32 묵묵히 제 직분을 다하는 그 기계는
인간의 옆에서 오래 존속하며 인간에
게 사랑을 받으며 오래 쓰임을 받을
수 있지 않겠느냐?

33 그러니 지금의 모든 종교 집단 지도자
들이 그 기계만도 못한 자들임을 너희
는 알아야 할 것이니라.
34 생각도 없으며 판단력도 없으며, 인간
이 만들어 그저 그들이 쓰고자 하는
그 목적에 의하여 요구했을 때 그들이
필요할 때 그 기계는 말없이 그저 제
직분을 다하며 움직이고 가느니라.
35 그와 같은 것만도 못한 것이 나의 피
조물 만백성들이요, 종교 지도자요,
집단이요, 구원을 받았다 하는 백성,
그들이니라.
36 성령인 나의 뜻대로 행하고, 내가 내
린 십계명이요, 내가 직접 써 내린 그
친필을 따라 살면 그대로 구원에 오르
는 길이니, 그는 바로 무엇이더냐?
37 성령으로 임해서 사는 것이요, 인간의
기계 문명인 너희가 쓰고자 만든 그
용도에 말없이 그저 힘이 다할 때까지
움직이는 그 기계와 똑같은 그와 같은
마음 자세로 가는 것이 아니요,
38 너희 생각이요, 너희 뜻대로 십계명을
지킬 수 없으며 나의 뜻을 지킬 수 없
다 하며,
39 인간의 욕망이요, 인간의 욕심이요,
인간의 생각으로써 스스로 저 자신의
자부심이요, 저 자신의 권위요, 제 인
격이라는 것을 내세워 손상되지 않는
삶을 산다고 생각하는 것이 나 여호와
의 성령을 능멸하며 성령을 벗어나며
내 뜻을 벗어나 사는 자들이니라.
40 그러니 아무런 쓸모도 없이 제 기능을
다 못하는 말 못 하는 기계가 그 부속
이 고장 나 폐기 처분 되듯이, 너희는
고장이 나도 수십 수만 가지가 다 고
장이 났음이니, 너희가 과연 나에게
올 수 있느냐?
41 내가 너희에게 손을 놓을 수밖에 없음
이니라.
42 그 모두를 수술하고 고치는 것이 나의
법전 속에 있음이니라.
43 하나가 고장이 나도 너희가 쓰고자
하는 그 기계를 쓸 수 없거늘, 나의 피
조물 만백성 너희는 수천수만 가지가
다 고장이 났으며 제 기능을 하지 못
하고 썩고 다 무너졌음이니, 그리하여
그것을 재생하고 고치는 것이 바로 무
엇이더냐?
44 나의 법전 160권 속에 그 모두를 고칠
수 있는 수천수만 가지가 그 속에 다
기록되어 있음이니,
45 거기에 수술해서 쓰며 닦아 쓸 것, 그
리고 고칠 것, 버릴 것, 그리고 다스릴
것, 그 모두가 기록되어 만병의 모든
백성을 구원하여 너희가 만병을 모두
수술하며,
46 만병의 근원인 모두 부서져 있는 그
기계의 부속 하나하나를 재생시키고
닦고 빛내 제자리를 지킬 수 있도록
하는 것은 나의 법전 속에 수천수만
가지의 그 치료법이 들어 있다는 것
을 알라.
47 그리하여 나의 법전 160권을 세상에
내려보내니, 이것을 보고 각자 자기가
어떠한 위치에서 무엇이 잘못되었으
며 '나는 재생품이며 나는 닦아 쓸 수
있는 것인가, 그리고 내가 서야 할 자
리가 어딘가, 내가 역사할 자리는 어
딘가?' 그것을 모두 하나하나 제시해
주니,

48 법전을 읽고 깨우치는 자는 제자리를
찾아 나에게 오를 수 있는 그 은혜요,
영광을 볼 수 있다는 것을 잊지 말라.
49 이제 내가 다시 한 번 너희에게 말함
이니라.
50 단순히 인간이기 때문에 십계명을 지
킬 수 없으며, 신이 아니고 완벽한 자
가 아니기에 지킬 수 없다고 그리 말
하는 것은 애교스럽게 말할 수 있으
나, 그러나 이는 절대 그와 같은 형국
으로써 말할 수 없음이니라.
51 창조주 나 여호와가 인간인 너희에게
지킬 수 없는 것을 내려보냈다는 것
은 사탄이요, 악마요, 사악한 자가 내
려보낸 것이라 말하는 것과 똑같음이
니 그 무서움을 알라.

7,658 번째 하나님 말씀

2003년 9월 25일 11시 34분

1 사랑하는 나의 아들아!
2 "네, 아버님! 말씀하옵소서."
3 지금의 너희 믿음으로써는 역사할 수
없으며 나의 백성을 구원할 수 없다
함이니라.
4 모든 종교 집단과 지도자 그리고 그
신도라 하여 열광하는 백성, 너희 스
스로 지금 새로 변화되는 그 역사를
보고 변화되는 그 속에 동참하고자 하
는 그와 같은 결단을 내려야 함을 너
희는 알아야 할 것이니라.
5 지금이 결단을 내려야 할 때이며, 너
희가 지금 결단을 내리지 아니하면 아
니 됨을 알라.
6 내가 나의 아들을 통하여 제3의 시대
의 역사를 내림이니라.
7 너희는 구약의 시대를 가지고 구원받
고자 하는 것을 어리석고 불쌍한 백성
이라 하나,
8 신약의 성서에만 매달려 이것이 나 여
호와의 뜻이요, 하늘에 오르는 길이라
목매는 너희 또한 지금 나의 아들이
요, 그를 따르는 제자들이 볼 때 얼마
나 어리석고 불쌍한 백성인 줄 알겠
느냐?
9 너희는 남은 어리석고 불쌍한 줄 알면
서 너희 자신이 어리석고 불쌍함은 어
찌 모르느냐?
10 남이 물에 빠진 것을 알면서 너희가
물속에 빠져 허덕이며 네 생명이 촌각
에 달린 것을 어찌 모르는 그와 같은
어리석은 백성의 삶을 사느냐?
11 이제 너희는 결단을 내려야 할 것이
니라.
12 나의 법전을 가슴에 안고 정독하고 읽
고 또 읽고 깨우쳐, 그리고 나의 아들
이 내리는 그 강론을 들어 거듭나는
그 은혜를 받지 아니하며 얻지 못한다
면, 너희는 정녕 나의 백성으로서 두
번 다시 거듭나는 그 역사가 없음이니
라.
13 내가 너희에게 간곡히 말하느니라.
14 너희가 육의 세상에서 죽은 자가 다시
살아난 것, 죽을 자가 다시 사는 것보
다 더 큰 은혜와 영광이 어디 있겠느
냐?
15 너희가 나의 법전을 읽고 정독해서 깨
우치는 것은 영원히 죽고 사는 그 세
상에서 영원히 다시 태어나는 그와 같
은 은혜를 입음이니, 그보다도 더 소

중하고 귀한 것이 없음이니, 이를 내
가 너희에게 어찌 전해야 한단 말이
던가?
16 내가 하늘에서 피눈물을 내리면 너희
가 그를 알겠는가?
17 내가 너희에게 어떤 것을 어찌 역사
해야만 알겠느냐?
18 내가 천둥과 같은 소리로써 너희에게
알려 주어도 안 되며 하늘에 글을 써
구름 위에 글을 붙여 너희에게 보여
줘도, 세월이 지난 다음에 모든 백성
은 지나간 동화 속의 이야기요, 너희
후손들은 그를 믿고 안 믿는 자가 시
시비비를 할 것이니라.
19 오늘날 나의 아들 예수를 놓고 너희가
시시비비하는 그와 같은 역사가 됨이
니, 그걸 바로잡을 수 있는 것은 나의
법전이요, 나의 글이요, 책으로써 기
록하여 전해 줘 너희가 정독하는 길
밖에 없다 함이니,
20 이 길밖에 없기에 내가 지금 이 길을
가는 것을 너희는 어찌 그리도 모르
느냐?
21 이를 믿어야 할 것이니라.
22 너희가 하는 말이 있지 않으냐?
23 너희가 하는 말로써, 이대로는 구원을
받을 수 없으며 오늘의 종교 집단으로
써 역사하는 것은 하늘에 오를 수 없
다는 것을 종교 집단이요, 지도자들이
요, 많은 백성이 너무나 잘 알고 있으
며, 변화가 이루어져야 한다고 너희는
그리 몸부림치느니라.
24 그리하여 너희는 종교 지도자가 잘못
된 것을 지적하며 종교 지도자가 잘못
된 것을 책으로 만들어 백성에게 전하
고자 하나,
25 그들을 이단이요, 사탄이라 하여 그들
의 설 자리까지 빼어 버리니, 그들이
더 이상 견제하며 견딜 힘이 없어 다
물러남이니라.
26 그러나 너희는 그 모두를 다 모아 160
권의 법전에 이를 전함이니, 이를 보
고 깨우친 백성 너희는 너희 뜻을 내
가 다 종합하여 나의 피조물 만백성들
을 구원하고자 세상에 전함이니,
27 오늘의 종교 집단이 잘못 가고 잘못
역사하며 이대로는 구원을 받을 수 없
다고 생각하는 백성 너희는 나의 법
전을 읽고 구체적이고 치밀한 너희가
이루지 못했던 그 계획을 세워,
28 지금의 모든 종교 집단이요, 불쌍한
그 백성을 너희가 구원하는 전사로
앞에 서야 함을 알라.
29 한두 권의 책으로써 역사하고 항변하
고 깨우치고자 몸부림쳤던 그 모두가
재가 되어 없어졌음이니,
30 너희의 그 뜻이요, 원하는 것을 모두
나의 법전에 기록하여 내가 너희 뜻을
보살피며 너희 뜻을 들어주며 너희
뜻이 옳았음을 나의 법전에 기록하여
전함이니,
31 너희는 나의 법전 160권을 읽고 거기
에 너희가 가장 구체적인 계획을 세우
고 앞장서 만백성을 구하는 전사로서
돌이키지 아니하면 너희가 그리 갈구
하는 영원한 구원을 받을 수 없음이니
라.
32 가정 예배의 시대를 강조하며, 마음을
비우는 것이 하늘에 오르는 길이라 하
였음이니,

33 오늘 그와 같이 광고 선전으로 나의 복음을 전하는 것이 아니며, 장삿속으로 전락한 종교 집단 지도자들의 형태가 나 여호와가 원하는 것이 아니라는 것을 아는 백성이 수없이 있으며 종교 지도자들이 수없이 있으니,

34 너희는 오늘의 그 쇠사슬에 얽매어 있지 말고 나의 법전을 읽고 읽으라.

35 그러면 네 가슴속에 활활 불을 태우고자 했던 그 내용이 나의 법전 어느 한 구석에 기록되어 너를 기다리고 있다는 것을 너희는 알아야 할 것이니라.

36 내가 그들이 또한 나의 아들을 따라와 고개 숙여 나의 법전의 강론을 들을 날을 기다리고 있음을 알라.

37 이제 너희는 나의 뜻을 보라.

38 너희는 내가 역사하고자 하는 그 뜻을 깨우친 자들이 몸부림친 그 흔적을 내가 사랑하기에 그 몸부림친 뜻을 나의 법전에 기록하여 전함이니, 너희가 그 불길을 봤을 때 과연 어찌해야 하는가?

39 너희는 그 불길을 끊는 역사를 하지 말며, 그 불길이 활활 타오를 수 있도록 너희가 앞장서야 함을 알아야 할 것이니라.

40 오늘의 너희가 속된 말로 이대로는 구원을 받지 못한다고 부르짖는 너희는 나의 법전을 보라.

41 너희 자신이 마음의 변화를 이루어야 한다는 것을 잊지 말라.

42 이제는 실제로 너희가 바뀌어야 하느니라.

43 책을 쓴 자, 그리고 잘못되었다 강론하는 자는 정녕 실제로 바뀌지 아니하며 너희 생각과 마음을 일순간에 전하는 것으로써 책을 썼으며, 한순간의 강론으로써 해서는 아니 될 것이니라.

44 나의 성령을 들어 성경을 태웠으며 성경으로써 깨우칠 수 없다고 불태운 자가 다시 세월이 지나 그 성경을 가슴에 안고 그를 가지고 강론을 한다면, 나의 뜻을 정면으로 저버린 자가 아니더냐?

45 그러니 내가 명했던 그 소중한 것을 인간 세속에 사는 그 생활에 치우쳐 너희가 모두를 버리는 그와 같은 형국이 되어 버리니, 그러니 내가 믿을 자가 없으며 내 뜻대로 역사할 자가 없기 때문에,

46 바로 160권을 역사할 수 있는 것은 나의 아들밖에 없다 함을 너희는 알아야 할 것이며,

47 또한 160권을 만들어 세상에 전하는 그 역사를 이루는 것도 너희밖에 없음을 알아야 할 것이니라.

48 이제 실제로 바뀌어야 하느니라.

49 이제 너희가 역사하는 연극의 그 공연장에서 너희가 주역이요, 조역으로써 역사하는 그 공연 무대는 이제 막을 내리기 시작했으며 그 막을 내렸음을 알라.

50 이제 모든 공연은 끝났음이니라.

51 아직도 너희가 주연이요, 조연이요, 관객이라는 그 속에서 허덕이면 안 되는 것이니라.

52 이제 나 여호와가 역사하는 그 시대가 열림이니, 내가 역사하는 그 반열에 동참하는 자만이 나를 따라 나의 아들이 안내하는 그 길로써 하늘에 오를

수 있음을 알라.
53 이제는 너희 스스로 공연의 주역이
되며 조역을 명하는 그와 같은 것이
아니요, 나 여호와가 직접 너희에게
명함을 알라.
54 이제 나 여호와가 너희에게서 주연도
뽑으며 조연도 뽑으며 그리고 그것에
동참하는 모든 백성도 내가 다 선별하
느니라.
55 그리고 그 관중까지도 관람하는 백성
까지도 내가 선별하고 구분하여 관중
으로서 그들이 구경하며 관람할 수 있
는 그와 같은 다음의 시대가 열리고
있음을 너희는 알라.

7,659 번째 하나님 말씀

2003년 9월 25일 11시 42분

1 사랑하는 나의 아들아!
2 "네, 아버님! 말씀하옵소서."
3 이 세상에 수천 년 동안 흘러오는 세
월 속에서 나의 아들 예수가 재림하며
천군을 내려 나팔 불며 죽은 자까지
구원을 받으며 나의 아들 예수의 이름
을 부른 자는 죽은 자 가운데서 산다
는 그와 같은 기대와 그와 같은 것으
로써 오늘날까지 약장사보다 더한 장
사를 너희가 6천 년 동안 해 오지 아
니하였던가?
4 그러니 너희가 지금까지 약장사처럼
떠들며 판에 박힌 그와 같은 짓을 했
으나, 나의 아들 예수는 내려오지 아
니하였으며, 천군이 나팔 불며 너희를
구원하지 아니했으니,
5 2천 년이라는 길고도 긴 역사가 흘렀
으면 오지 않을 것을 지금쯤은 알고
있어야 할 것이거늘,
6 어찌하여 지금도 그를 기다리는 약장
사의 말에 의하여 나의 피조물 만백성
들이 저 자신을 모르며 구원의 길이
아닌 죽음의 길을 가고 있는가?
7 너희는 성서에 다른 보혜사가 온다는
것은 믿지 않으며, 말씀으로써 은혜로
써 내려온다는 것은 믿지 아니하며,
8 그저 천군을 기다리며 나팔 불며 예수
가 내려온다는 그 믿음으로, 너희가
정녕 나 여호와의 뜻에 따라 다른 신
을 두지 않고 구원받은 자라 하여, 죽
은 자 가운데서 너희까지 구원한다는
그와 같은 기대에서 지금까지도 그 희
망을 품고 그것으로 지금 종교 집단
지도자들은 계속 장사를 하고 있으며,
9 그것이 만병통치약인 양 그 약 한 병
을 사들인 것이 가장 은혜요, 영광이
요, 축복인 것처럼 자랑하는 그와 같
은 불쌍한 백성이 되어 있음이니라.
10 이제 모든 종교 집단 너희가 판에 박
힌 듯한 그 어리석은 것, 그리고 종교
집단의 교리요, 지금의 지도자들이 가
르치는 그와 같은 방법으로써는 너희
는 절대 구원을 받을 수 없음이니라.
11 너희는 초보적인 초등학교의 실력도
아니요, 그 가르침도 아니라 내가 말
하지 아니하였더냐?
12 이것은 바로 너희는 쇠퇴했으며 낡은
방식이며, 지금 이 모두를 가지고는
절대 구원할 수 없는 그와 같은 수준
에 있다는 것을 너희는 알아야 할 것
이니라.
13 나의 백성을 구원할 수 없음을 너희가

먼저 잘 알고 있으며 그들은 잘 알고
있느니라.
14 그리고 믿음의 길을 가는 백성이 광분
하는 광신도가 되어 있으나, 조용히
가슴에 손을 얹고 저 자신을 들여다
볼 때, 구역질 나고 추한 제 인생의 모
습으로써 구원을 받을 수 없다는 것을
너희는 알 것이니라.
15 너희가 회개하고 반성하여 벌레만도
못한 자라는 것, 그리고 백사장의 모
래알만큼도 존재 가치가 없으며 낮은
자요, 어리석고 불쌍한 자라는 그 마
음을 느낄 때, 내가 '앗! 하나님!' 하고
나를 부를 수 있도록 너희 입을 열어
줄 것이니라.
16 그와 같이 반성하고 회개하는 마음
자세를 바로잡도록 그리 먼저 행하도
록 하라.
17 정녕 구원할 수 없다는 그 길을 알면
서 너희가 그 길로 나의 피조물 만백
성들을 이끌어 감이니, 그것은 바로
무엇이더냐?
18 너희가 지금까지 이루어 놓은 그 집
단이요, 그 사악한 단체에서 그를 거
부하고 욕되게 하면 그를 만고의 죄
인으로 생각하여 그가 설 단상까지도
뺏으며 그가 설교할 자리도 뺏으며 강
론할 자리도 뺏으며 그를 이단이요,
사탄이라 내치며 돌팔매질까지 하니,
19 오늘까지 친형제로 지냈던 자들이 1
분도 안 되어 원수처럼 생각하는 그와
같은 종교요, 내가 이끌지 않으며 내
가 원하지 않는 종교 속에 젖어 있는
것이 나의 불쌍한 백성 너희이니라.
20 그러니 그게 두려워 용기가 없으며 그
를 다스릴 용기가 없어 그저 그대로
끌려가고 있음이니, 이제 내가 너희에
게 물어보느니라.
21 너희가 지금까지 온 믿음이 잘못되었
으며 이로써는 구원을 받지 못한다는
백성이, 인간 세상에 만고의 죄인이
되는 것이 두렵고 이웃으로부터 따돌
림받는 것이 두렵고 무서워 그 일을
역사하지 못한다면,
22 너희는 정녕 인간에게 만고의 죄인이
되지 않고, 창조주 나 여호와로부터
영원히 죄인이 되는 그 길을 선택할
것인가?
23 여기서 이제 너희가 결단을 내려야
할 날이 머지않았음을 알라.
24 너희는 정녕 인간에게 죄인이 되는 것
이 두려워서, 영원히 살고 죽는 나 여
호와 앞에 죄인으로서 남겠는가?
25 이것은 너희가 결정할 일임을 알아야
할 것이니라.
26 영원히 죄인이 되는 그 길을 선택한다
면 너희는 얼마 남지 않는 그 육의 생
활을 마치고 나에게 왔을 때 너희가
얼마나 어리석고 불쌍한 백성이요, 깨
우쳐 그 속에서 뛰쳐나오지 못하며,
그리고 '하나님! 말씀하옵소서', '하늘
에 오르는 길'이라는 그 법전을 보고
돌아서지 못하는 그 삶이 얼마나 불쌍
하고 가련한 것이며,
27 그리고 네가 단 한 번의 기회를 얻었
던 나의 법전이요, 나의 성령인 '하나
님! 말씀하옵소서', '하늘에 오르는
길'이라는 그 법전을 손에 들었다가
사탄이요, 사악한 것처럼 뜨거운 물에
데이듯이 네가 불 속에 집어던지고

태워 버리고 찢어 버린 자,
28 그를 들고 이는 사탄이요, 이단이니
이를 읽지 말라 강조한 그 죄가 얼마
나 무서운 것인가를 알 날이 머지않았
음이니라.
29 이제 너는 모든 백성에게 전하라.
30 이 세상에 존재하는 모든 것은 나 여
호와의 뜻이요, 나의 주관하에 이루어
진다고 그리 말하였음이니, 나의 법전
이 세상에 나온 것도 나의 뜻이니라.
31 그러니 나의 법전 한 권을 정녕 정독
해 보는 그와 같은 마음의 여유를 가
질 수 없겠는가?
32 너희는 이제 이를 읽음으로써 인간의
집단이요, 인간에게 만고의 죄인이 될
수 있는 용기가 있으며, 그 대신 나 여
호와에게 영원히 죄인이 안 되는 그
길을 찾을 수 있는 그 길을 선택해서
나에게 올 수 있는 그 은혜와 영광과
축복이 모두 나의 법전 안에 기록되어
있건만,
33 그 소중하고 귀한 거듭나는 네 생명을
네 손으로 태워 버리고 찢어 버리는
그와 같은 행위이니라.
34 나의 법전을 물에 던지는 자는 네가
다시 태어나는 것을 물속에 던진 것이
며, 불 속에 집어넣는 자, 또한 다시
태어나는 영광을 얻을 수 있는 네 영
혼을 불 속에 집어던지는 자라는 것
을 잊지 말라.
35 과연 인간인 너희가 이 짧은 시간에
160권의 법전에 하늘의 뜻을 기록할
수 있다고 말하느냐?
36 이것은 예수가 탄생하여 이룬 모든 기
적보다도 더 위대함을 알라.
37 나의 아들 예수가 이룬 모든 역사는
너희가 하나의 전하는 이야기요, 입으
로 전하는 그와 같은 역사로써 남으나
이 법전은 영원히 너희 손에서 너희
가슴에서 맴돌고 있으며 떠나지 아니
함을 알라.

7,660 번째 하나님 말씀

2003년 9월 25일 11시 48분

1 사랑하는 나의 아들아!
2 "네, 아버님! 말씀하옵소서."
3 나의 피조물 만백성들이요, 수많은 종
교 집단이요, 지도자요, 또한 나의 법
전을 읽고 깨우쳐 하늘에 오르고자 그
길을 가는 자, 그리고 나의 법전을 만
들어 만백성에게 전하고자 하는 너희
와 그들과의 차이점이 무엇인 줄 알
겠느냐?
4 하늘과 땅보다도, 지옥과 천국보다도
더 무서운 차이가 있음을 너희는 알
아야 할 것이니라.
5 나의 아들을 따르는 제자 너희는 모든
행함이 나 여호와의 성령의 뜻이요,
나의 뜻에 의해 움직이는 것이며 모
두 내 뜻에 따라 내 계획에 의해서 너
희가 움직이고 행하는 것이니, 얼마나
영광되며 축복받은 백성인 줄 알겠느
냐?
6 그러나 지금의 모든 종교 집단들은 나
여호와의 성령에 의하여 역사하도록
가는 것이 아니요,
7 인간의 의지대로 저희의 생각으로 종
교 집단의 교리대로 그를 먼저 내걸고
그와 같은 것으로써 역사하며 그들이

계획하는 모든 프로그램은 다 인간의 생각에 따라 역사하는 것이니라.

8 그러나 너희는 나의 법전을 읽고 깨우쳐 그 속에서 하나하나 얻어 가며, 그 법전 속에서 계획을 짜며 너희의 인생의 프로그램을 짜며, 만백성을 구하고자 모든 계획을 세우는 것이요, 그리고 미래의 비전에 의하여 역사하는 것,

9 그 모두는 나의 성령에 의하여 역사하는 백성이니, 너희가 얼마나 위대하고 소중한 백성이며 얼마나 귀한 백성인 줄 알겠느냐?

10 너희는 넘어야 할 그 선을 넘기 위해 오늘 발버둥을 치느니라.

11 그러나 지금의 모든 종교 집단이요, 믿음의 길을 가는 백성 그들은 인간이 넘고 넘어야 할 그 선을 넘으려고 사는 것이 아니요,

12 인간의 계획에 의해서 인간의 비전에 매달리고 있으며, 오직 그를 잡으려 하며 그를 잡아 제 주변에 두려 하며 제 앞에 쌓아 놓으려는 그와 같은 마음으로써 그들이 살아감이니,

13 이것이 바로 너희와 그 백성과의 차이점임을 알아야 할 것이니라.

14 이제 정녕 그들을 바로잡을 수가 없음이니라.

15 다만, 너희가 변화되는 삶으로 인하여 나의 법전이 이 세상에 기적을 이룰 때, 그들은 나의 법전이 성령이라는 것을 알게 될 것이며 성령으로써 인도함을 알게 될 것이며, 그들 또한 그때 보아야 할 것이니라.

16 이를 보지 못하며 이를 듣지 못하고 깨닫지 못하고 지금 지옥 불로 가는 그 많은 백성, 그들을 위하여 너희가 할 수 있는 일이 무엇이더냐?

17 나의 법전을 만드는 데 최선을 다하며 모두를 다 던져야 할 것이니라.

18 잠시도 게을리하지 말며 잠시도 늦춰서는 아니 될 것이니라.

19 나의 아들이 지금 나의 성령을 받아 이 세상에 그 고귀하고 귀한 나의 성령이요, 나의 뜻이 지금 쌓여 있는 이것은 아니 됨이니라.

20 나의 아들이 받아서 너희에게 전하고 역사하기 전에, 너희가 그것이 먼저 책으로 나오며 글로 나오며 만백성에게 전하는 그것이 더 빠르고 소중하니,

21 단 하나의 이 녹음이요, 내 음성이 녹음된 것, 이게 저장되고 쌓여 있어서는 아니 될 것이니라.

22 어찌하여 너희가 그 역사함을 모르던가?

23 무엇이 두려워 역사하지 못하며 무엇이 두려워 전진하지 못하는가?

24 나의 법전이 지금 쌓여 있어서는 아니 됨이니라.

25 이것을 너희가 나의 법전으로 만들어 나의 성령이요, 나의 가르침을 책으로 글로 만들어 세상에 단 한 권이라도 먼저 빛을 보아야 한다는 그 위대한 역사의 흐름을 어찌 모르는가?

26 너희가 어찌하여 그리 태만하며 어찌 그리 게으르며 어찌 그리 생각하지 못하는 백성이 지금 있단 말이더냐?

27 나 여호와의 마음이 어떠하더냐?

28 인간 세상의 부모도 자기는 못 먹어도 자식은 먹이고 싶으며, 자기는 헐벗어

도 자식은 입히고 싶으며, 자식이 아
플 때 대신 아프며 자식이 죽임을 당
할 때 대신 죽고자 하여 몸부림치는
그 부모의 마음보다 천배 만배 내가
너희를 사랑한다 하면 과연 믿겠느냐?
29 나는 너희를 세상에 보낸 창조주이며,
너희가 나가는 것을 다 본 것이니라.
30 너희 육의 부모는 그를 보지 못하며
나의 성령을 받음을 못 하며 그들이
태어나는 그와 같은 행동으로써 나가
는 그 절차를 모름이니라.
31 오로지 그 육을 빌려 세상에 나의 성
령을 가슴에 안고 태어남이니, 태어나
는 과정서부터 만들어지는 과정서부
터 세상에 나가는 모든 역사를 다 바
라다보며 지켜보는 나 여호와이니라.
32 그러니 어느 부모의 가슴이 더 찢어지
고 아프겠는가?
33 나 여호와의 마음이 육에서 너희 부
모가 자식을 사랑하는 것보다도 더 너
희를 사랑하며 간절한 마음으로써 너
희를 바라보고 있음을 어찌하여 모르
는가?

7,661 번째 하나님 말씀

2003년 9월 25일 11시 55분

1 사랑하는 나의 아들아!
2 "네, 아버님! 말씀하옵소서."
3 지금 모든 종파가 위대하고 방대하다
생각하며, 저희보다 더 역사한 자들이
없다고 생각하며, 지금 얼마나 오만과
자만에 젖어 있는 백성인 줄 알겠는
가?
4 너희가 오늘의 그 위대한 역사를 이룬
것을 나의 뜻이요, 나의 성령에 의하
여 모두 역사했다면, 오늘의 지상은
하늘에서 이루어진 것같이 이 지상에
낙원이 이루어졌을 것이니라.
5 그러나 지금까지 그 방대한 조직이 역
사한 모든 것은 인간 스스로 의지로
역사한 것이지, 나의 뜻과 나의 성령
으로써 역사하지 아니하였으며,
6 나의 성령이요, 내가 역사하는 것을
방해하고 거역하며 나 여호와의 뜻을
모두 외면하며 걸어 넘어트리고 쓰러
트리는 그와 같은 사악한 것만 하고
왔다는 것을 너희는 알겠는가?
7 너희가 걸어온 그 믿음의 길은 나 여
호와의 뜻을 거역하고 외면하며 이를
무너트리고자 하며 짓밟고 갈기갈기
찢어 버리는 그와 같은 나 여호와를
능멸하는 행위를 한 것이 오늘의 믿음
이요, 교회의 집단이라 하면 너희는
알겠는가?
8 너희가 아무리 큰 교회요, 많은 신도
를 거느리고 있다 해도 기름 부음을
받은 역사요, 나로부터 선택된 자요,
그리고 나로부터 명받은 목자요, 종이
라 너희가 그리 말하나,
9 너희는 성령의 역사를 거역하면서 인
간의 기업을 육성하는 것에 모두를 다
바쳤으며, 나와 관계없는 기업을 육성
한 한 사람의 그 이름과 같음이니라.
10 바로 그것이 무엇이더냐?
11 너희가 그 대표적인 이름을 가지고 모
든 악행을 저지르는 그 행위와 같음
이니라.
12 이제 너희 속에 뿌리깊이 내려져 있는
잘못된 믿음이요, 욕심의 근원의 뿌리

를 뽑고 제거하지 아니한다면 나의 성
령을 너희에게 채워질 수 없으며 임
해질 수 없는 불쌍한 백성이라는 것
을 알라.
13 내가 너희에게 얼마나 말하였더냐?
14 지금의 믿음은 첫걸음의 믿음이요, 초
보적인 믿음이요, 제자리를 맴도는 믿
음이라 하였음이니라.
15 그러니 깨달음이요, 영적인 변화는 성
장하는 과정에서 모두 역사함을 너희
는 알아야 할 것이니라.
16 이제 사랑하는 나의 아들을 따르는 제
자들이요, 나의 법전을 읽고 깨우친
백성 너희는 그 체험을 아는 자들이
니, 그리하여 너희는 반석 위에 선 자
들이라 하느니라.
17 너희는 나의 법전을 직접 읽고 강론을
듣고 또 읽을 때마다 깨달음이 있으
며, 나 여호와가 영적으로 역사하고자
하는 것을 알고 있지 않으냐?
18 그리하여 하나를 깨닫고 둘을 깨달을
때 그게 바로 무엇인지 아느냐?
19 초보적인 믿음이요, 제자리걸음 하는
믿음에서 성장하여 변하는 것이니라.
20 그와 같이 많은 성장과 변화의 역사를
이루었을 때 지도자로 설 수 있을 것
이며 하늘의 위대함이요, 하늘의 진리
가 얼마나 방대하고 위대한 것인가를
아니, 숙연한 자세로써 깨우침에 매진
하는 그와 같은 삶을 사는 것이니라.
21 내가 너희를 사랑하고 아끼는 것이
무엇인 줄 알겠느냐?
22 너희는 수천 년 동안 한 성경을 가지
고 다람쥐 쳇바퀴 돌듯이 돌고 돌아
제자리요, 초보적인 자세를 벗어나지
못하는 그 불쌍한 백성이 다 구원의
욕심이요, 제 앞에 무엇을 쌓아 놓고
자 하는 그 욕심의 뿌리를 버리지 못
하였기 때문에,
23 아무리 성서를 오래 읽고 읽어도 그들
은 너희가 나의 법전을 읽고 깨우친
것만큼 변화됨이 없음이니라.
24 너희는 나의 법전을 읽을 때 남을 위
해서 어찌 역사하며 남에게 누가 되
지 않는 삶이 무엇이며 네가 남을 위
해서 할 수 있는 것이 무엇인가를 너
희는 마음을 비우고 그를 들여다보고
그를 깨우치고자 하니,
25 너희는 나의 법전을 한 번 읽을 때마
다 성장하여 변하는 그 역사를 이룸이
니, 그것이 바로 내가 내린 법전이요,
내가 역사하는 성령의 법전으로 너희
가 성장하는 것이니라.
26 내가 가르치고 원하는 대로 영적으로
변화되어 성장하는 그와 같은 백성이
나로부터 선택된 나의 아들딸임을 알
라.
27 내 뜻을 모르며 내가 역사하는 것을
모르며 그저 제자리에서 맴도는 자에
게 과연 내가 무엇을 명한들, 내가 역
사하고자 하는 새로운 시대를 예언한
것, 하늘의 낙원을 지상에 이루는 임
무를 주며 책임을 준들, 제자리에서
돌고 도는 그것밖에 모르는 자가 무엇
을 알겠느냐?
28 그러니 너희는 쓸모가 없으며 설 자
리가 없다 함을 알아야 할 것이니라.
29 이제 종교 집단 지도자 너희가 설교하
는 것, 강론을 하는 것, 그리고 그 무
엇을 끝내고 돌아섰을 때, 네 모습이

과연 어떠하며 너 자신이 어떠한 것
인지 지도자 너희는 알고 있을 것이
니라.
30 이제 설교하며 강론을 한 자, 너희는
돌아서서 반성하며 혼자 기도하는 시
간 속에 잘못되고 추한 네 모습을 반
성하지 아니하면 아니 될 것이니라.
31 그리고 모든 믿음의 길을 가는 백성,
그리고 구원을 받았다는 너희 또한
그러니라.
32 너희가 예배를 드리며 찬송하며 광란
의 짓을 하고 돌아서서 많은 나의 피
조물 만백성들의 생활하는 그 모습을
봐야 할 것이며, 네가 어떠한 자인가
를 돌이켜 봐야 할 것이니라.
33 이제 그 신도들 너희 자신이 예배요,
설교요, 강론을 들을 때만 나 여호와
의 이름을 찾으며 나의 아들을 부르며
찬송하고 경배를 하고 나와 너희가
밝은 이 천지에서 생활하는 그 모습이
과연 어떠한 것인지 너희 모습부터
우선 돌아다보고 반성하는 삶이요, 너
희 자신을 돌아다보는 그와 같은 삶
을 살지 아니해서는 아니 될 것이니라.
34 너희들이 믿음이 성전과 너희가 밖에
나와서 생활하는 것과 그 차이가 어
떠한가?
35 그것이 하늘과 땅과 같이 차이가 있
다면 너희는 사탄이요, 악마의 자식이
요, 잘못된 것이니라.
36 나의 법전을 듣고 강론을 들어, 너희
가 밖에 나와 생활할 때 그것이 두려
워 한 걸음 앞에 나가고자 하는 변화
되는 삶을 살고자 하는 것이 나에게
오르는 백성이요, 반석 위에 서서 하
늘에 오르는 찬란한 빛을 따라오는
백성임을 너희는 알아야 할 것이니라.

7,662 번째 하나님 말씀

2003년 9월 25일 11시 59분

1 사랑하는 나의 아들아!
2 "네, 아버님! 말씀하옵소서."
3 나 여호와가 지쳐 있으며, 또한 너도
지쳐 있음이니라.
4 네가 지쳐 있으니 나 여호와도 지쳐
있음이니라.
5 그러나 나의 피조물 만백성들을 구원
하기 위하여 내가 너희에게 역사함이
니, 이를 만들어 전하는 나의 선택된
백성은 내 음성이 저장되어 쌓여 있는
그와 같은 역사를 하지 말라 그리 전
하라.
6 지금의 모든 종교 집단들을 너희가
왜 구원해야 하며 왜 그들을 바로잡
아야 하는지 수천수만 가지를 나의
법전에 기록하여 전하지 아니하였던
가?
7 내가 다시 한 번 너희에게 원하노니,
나의 아들 예수가 세상에 나가 뭐라
말하였느냐?
8 너희는 높고 낮은 자가 없으며 똑같은
형제라 그리 말하지 아니하였는가?
9 성령으로 태어나 제가 기름 부음을 받
으며 세례를 받아 나의 뜻대로 행하는
나의 아들 예수는 모든 백성은 저와
같다 그리 말하였느니라.
10 그러나 지금의 모든 종교 집단은 어찌
가는가?
11 당회장이요, 담임 목사의 그 위치요,

그 자체로써 얼마나 군림을 하고 있으며, 대표적으로 너희가 그 모두를 움켜쥐고 있는가?

12 너희가 하는 그 역사가 얼마나 독주하는 것이며, 너희 외에는 아무도 인정하지 아니하며 누구도 바라보지 못하며, 모두 너희 발 앞에 와 고개 숙이기를 바라며,

13 너희보다 유능하고 더 똑똑하고 더 위대한 자는 누구도 받아들이지 아니하며 역사하지 아니하려 하며 그들을 내치려는 것이 당회장이요, 담임목사 너희가 쥔 칼자루가 아니던가?

14 너희가 통치하는 그 형태요, 그 역사하는 것이 무엇이던가?

15 너희가 지금 통치하는 그 고단수의 방법은 인간 세상에서 기업을 이룬 그 대표자가 누리는 그것보다도 더한 것이 너희이니라.

16 당회장과 담임 목사가 무엇이던가?

17 그것은 바로 인간 세상의 독재적인 제왕의 자리에 있는 기업의 대표가 누리는 것과 비유하여 하나도 손색이 없으며, 너희가 더함을 알라.

18 이제 내가 나의 아들을 통하여 나의 법전을 전함이니 당회장이요, 담임 목사라 하여 그와 같이 명칭을 가지고 통제하는 자는 이 세상의 어느 집단에도 이 세상의 어느 족속도 너희처럼 그와 같이 절대적인 권리와 권한을 가진 독재자는 찾아볼 수도 없으며 있을 수 없다는 걸 알라.

19 오늘의 너희가 이 세상에서 찾아볼 수도 없으며 들어 볼 수도 없는 가장 사악한 독재자로서, 그리고 절대적인 권력자로서 권좌를 쥐고 흔들고 역사하며 제왕적인 자리에 군림하는 것은 이 세상의 어떠한 집단에서도 찾아볼 수 없는 것이 오늘의 사악한 너희이니라.

20 나의 아들 예수가 똑같은 형제라 한 말을 과연 너희는 알고 있는가?

21 지도자요, 가르치는 자와 똑같은 공동대표 의식이요, 동등한 인격으로 인식해 주는 것이 아니요,

22 당회장이요, 담임 목사라 하여 독재를 부리는 그 사악한 자들이 과연 예수를 능가하였으며 나를 능가하고자 하는 사악한 자들이라는 걸 알라.

23 그 모두를 다 찢어 버리고 태워 버리고 던져 버리는 자, 그리고 다시 태어나는 역사를 보는 자, 나의 법전을 가슴에 안고 깨우치는 자, 그것이 제가 거듭나는 영광을 얻음이니, 저 자신부터 구원을 받는 그 길을 보라 그리 전하라.

7,663 번째 하나님 말씀

2003년 9월 26일 06시 46분

1 사랑하는 나의 아들아!

2 **"네, 아버님! 말씀하옵소서."**

3 내가 너에게 일찍이 깨우쳐 주었나니, 진리는 반드시 승자요, 진리보다 위대한 것이 없으며, 진실은 당당한 것이며, 진실보다 더한 법이 없으며 더한 힘은 없다고 말하였느니라.

4 지금의 모든 종교 집단이 수천 년 동안 흘러오면서 오늘의 그들이 서 있는 그 현실을 너희는 봐야 할 것이니라.

5 그들은 진정한 하나의 마음으로써 나
여호와를 경배하며 내 뜻을 위하여 역
사하는 것이 아니요, 오늘날까지 내
뜻을 거역하는 그와 같은 삶을 이끌어
왔다 하였음이니라.
6 내가 너에게 뭐라 하였느냐?
7 너희 옷에 붙어 있는 그 단추 하나를
소중히 생각하며 그를 닦고 씻고 광을
내는 데 연연한다면 그것도 너희 마
음속에 다른 신을 두는 것과 마찬가지
라 그리 말하였으니,
8 오늘날 모든 종교 집단들이 과연 어떠
한 마음을 가지고 있느냐?
9 그들은 지금까지 인간의 본성이요, 인
간의 본질까지도 다 상실한 자들이라
그리 말하였느니라.
10 저희가 어찌하면 더 큰 교회요, 더 큰
성전이요, 그리고 많은 나의 백성의
머릿수를 끌어모을 수 있는가 그것에
만 전념하는 그와 같은 집단이 되어
있다 하였음이니,
11 그들이 과연 얼마나 다른 신을 저희
마음에 두고 있으며 저희가 다른 뜻
에서 모두 역사하는가?
12 그러니 그와 같이 거기에 젖어 있는
자, 그를 위하여 몸부림치는 자, 거기
에서 또 같이 가는 자, 그 모두가 제
욕심이요, 제 뜻에만 지금 젖어 있으
며,
13 이웃을 바라보지 못하며, 남의 것을
볼 수 있는 그와 같은 안목과 마음의
여유가 없는 자들이요, 나의 뜻을 거
역하는 삶을 살아온 자들이니,
14 그를 바로 세울 수 있는 것은 어떠한
것도 깨우칠 수가 없다 그리 말하였느
니라.
15 오로지 나의 법전 160권만이 그들을
그래도 깨우칠 수 있으며 그들을 구원
하는 길이라 하였으니,
16 이는 나의 성령이요, 나의 뜻이요, 나
의 법전이기에 너희는 반드시 승자가
된다는 것을 잊어서는 아니 될 것이니
라.
17 나 여호와가 역사하는 것이며 내가 직
접 관여함이니, 이 모두는 그 누구도
당할 수가 없으며 그 누구도 이를 이
길 자가 없음을 너희는 알아야 할 것
이니라.
18 오늘의 어렵고 힘든 길이라 하여 두려
워해서는 아니 됨이니라.
19 이 길을 가야만 하며 이 길을 역사하
는 것만이 너희가 행해야 하는 길이
니라.
20 모든 종교 집단이요, 지도자들이 성서
를 가지고 가르친다 하나 성서에 기
록되어 있는 그 간단한 이치 하나도
그를 바로 가르치지 아니하며,
21 저희가 유리한 쪽, 편리한 쪽으로만
모두를 해석하고 가르치는 자들이기
때문에 진정한 성서의 그 깊이를 모르
고 있느니라.
22 이는 곧 너희에게 쓴 것이 약이요, 그
쓴 것만이 병을 치료할 수 있는 것을
그 쓴 것은 거부하고 버려두며 단 것
만을 취하는 그와 같은 자들이니 그들
이 정녕 견디고 버틸 수 있다고 생각
하는가?
23 스스로 그들이 무너지는 형국이 되어
있음을 너희는 알아야 할 것이니라.
24 이제는 저희가 방대한 조직이요, 그

방대한 역사요, 방대한 물질을 가지고
이 세상을 다 다스리며 역사할 것같
이 생각하나, 그들이 스스로 저희 무
덤을 파는 것에만 지금까지 역사했음
이니 그는 무엇이더냐?
25 나의 성령이요, 나의 뜻을 거역하는
행위만 하며, 창조주 나 여호와가 원
하는 행위가 아니요, 사탄이요, 사악
한 자가 하는 짓만 지금까지 일삼아
왔음이니,
26 너희 말에 있듯이 스스로 무덤을 판자
와 같이 나의 뜻을 거역한 것만큼 너
희 스스로 무덤을 파고 있음이니, 스
스로 무너지고 빠질 날이 머지않았음
을 너는 알아야 할 것이니라.
27 너 자신이 두려워 생각하며 네가 겁을
먹으며 너 자신이 오늘 견디기 어려
운 마음을 가지고 있다면 네 제자의
마음은 더 어려우며 인내하기 어려움
을 알라.
28 내가 너에게 말했듯이 반드시 승자요,
모두 내가 원하는 그 역사함은 이루
어진다는 것에서 마음이 흔들려서도
아니 되며 나약해져서도 아니 됨을 알
아야 할 것이니라.
29 이게 내가 오늘 아침 너에게 명함이
니, 너는 두 번 다시 불안한 마음이요,
흔들리는 마음을 가져서는 아니 될 것
이니 그리 알라.

7,664 번째 하나님 말씀

2003년 9월 26일 06시 52분

1 사랑하는 나의 아들아!
2 **"네, 아버님! 말씀하옵소서."**
3 나 여호와에게 오르는 길은, 인간의
육을 가진 나의 백성 너희로서는 이
고난과 고통과 중단 없는 길고도 긴
험난하고 힘든 이 길을 인내하고 가기
가 너무나 힘들고 어려운 길이니라.
4 그러나 선택된 나의 아들이요, 또 선
택된 나의 아들을 따르는 제자, 너희
는 길고도 긴 끝이 없는 어렵고 힘든
그 길을 갈 수 있는 자들이기에 내가
너희를 선택했음을 너희 스스로 알아
야 할 것이니라.
5 그리고 너희는 이 길을 지나지 아니하
고는 정녕 거듭날 수 없으며, 너희가
거듭나지 아니하면 만백성을 구할 수
없기 때문이니라.
6 나 여호와는 어렵고 힘든 그 길을 알
고 있음이니라.
7 너희가 육을 갖고 나의 뜻에 따라 이
루는 역사가 얼마나 험난하고 고통스
럽고 힘든 길인지, 그리고 나의 아들
을 따르는 사랑하는 제자들이요, 나의
법전을 읽고 깨우친 너희가 얼마나
어렵고 힘든 그 길을 가는지를 나 여
호와가 하늘에서 바라보며 알고 있음
을 너희는 알아야 할 것이니라.
8 너희의 속속들이 고통스럽고 힘든 것
을 알고 있음이니라.
9 외로운 나그네처럼 오늘의 힘든 삶을
가는 너희를 나 여호와가 그리 버려
두지 아니할 것이며,
10 사막에서 물을 만나지 못하여 죽어 가
는 사람처럼 너희를 나 여호와가 절대
두지 아니할 것이니 그리 알라.
11 나 여호와로부터 선택된 나의 백성 너
희가 아니면 지금의 만백성을 구할 길

이 없다 말하지 아니하였더냐?
12 그러니 너희는 모든 것을 다 바쳐 네
생명까지도 피와 살을 다 바쳐서라도
네 이웃이요, 만백성을 구하지 아니하
면 아니 되는 것이 너희 운명임을 알
아야 할 것이니라.
13 너희의 존재함은 없음이니라.
14 나의 아들 예수도 그 제자들에게 오늘
과 같이 가르침은 없었을 것이니라.
15 너희가 아니면 만백성을 구할 수 없다
는 것을 알라.
16 너희는 피와 살과 모든 것을 다 바쳐
만백성을 구하는 데 먼저 던지고 너희
자신이 뛰어들지 아니하면 아니 됨을
알라.
17 그러기에 그 누구도 갈 수 없는 길이
요, 그 누구도 행할 수 없는 그 길을
너희가 지금 행하며 가고 있음을 알
아야 할 것이니라.
18 어떠한 백성도 역사할 수 없는 그 삶
을 몸소 실천하고 행하는 것이 너희
이니, 그것이 바로 나로부터 선택된
나의 아들딸이요, 내가 너희와 더불어
역사하고자 하여 초청한 너희라는 것
을 절대 잊어서는 아니 될 것이니라.
19 오늘의 너희의 그 길이 나 여호와의
사랑을 실천하는 길이니, 나 여호와의
사랑을 실천하지 아니하고는 이 세상
은 변화될 수 없는 것이 오늘의 삶이
니라.
20 이를 명심하고 깊이 깨우쳐야 함을
알라.
21 지금 이와 같은 역사의 길을 가 만백
성을 구하는 빛이 될 때, 곧 너희는 천
국의 나의 나라에 들어올 수 있는 것
이며,
22 나 여호와와 영원히 함께할 수 있는
그 길이 너희에게 열려 있음을 명심하
고 또 명심해야 함을 알라.
23 오늘의 너희 삶이 어렵고 힘든 것이
아니니라.
24 너희는 말하지 아니하였더냐?
25 '여인이 한을 품으면 오뉴월의 따뜻한
날씨에도 서리가 내린다'는 말이 있지
않으냐?
26 바로 너희 제자들이 그보다 더 강하고
독한 마음으로써 나의 법전을 역사한
다는 그 생각으로써 모두를 다 여기에
던져야 할 것이니라.
27 너희가 피와 살과 몸을 모두 다 던지
는 그와 같은 마음으로 굳어져 있을
때, 모든 백성이 또한 너희를 볼 것이
며,
28 그것만이 너희가 역사하는 길이라는
걸 절대 잊지 말라.
29 너희 자신을 모두 다 던져 나의 법전
을 만들고 나의 법전을 전하는 데 그
모두를 다하라, 사랑하는 선택된 나의
아들딸들아!

7,665 번째 하나님 말씀

2003년 9월 26일 10시 52분

1 사랑하는 나의 아들아!
2 "네, 아버님! 말씀하옵소서."
3 이 세상 나의 피조물 만백성들이요,
믿음의 길을 가는 그 신도라는 자, 그
지도자들의 가장 큰 병폐의 원인이 무
엇인 줄 알겠느냐?
4 그들이 왜 썩고 썩어져 있다 내가 말

하는지 그 의미를 너희는 알고 있을
것이니라.
5 그들은 영적으로 임한 자들이라 하여,
영적으로 임한 자는 신과 같은 자라
하여 그 신도들은 그를 신처럼 받들
며, 그들이 나로부터 무엇인가 영적으
로 임했다 하여 신과 같은 대우를 받
고자 하는 것이 오늘의 교주들이 하는
행위이니라.
6 그 교주가 신으로 왔으며 신을 대행하
는 것이라 믿고 따르던 그 제자들이,
그의 육적인 행동이요, 육적인 것이
너무나 추하고 구역질이 나서 그 모
두를 보다 못하여 그들을 고발함이니
라.
7 그리하여 그들은 그 죄의 대가를 치르
며 인간 세상의 법도에서 제재를 받느
니라.
8 그러나 그 신도들이 뭐라 말하는 줄
알겠는가?
9 백일하에 드러난 법적 근거가 있으며
육하원칙에 의하여 뺄 수도 없는 그와
같은 형국으로 되어 있는 범죄 사실로
인간에게 체벌을 받는 자들에게도 뭐
라 말하느냐?
10 그는 정녕 그런 일을 하지 아니하였으
며 그와 같은 역사를 하지 아니하였
다고 믿는 것이 세뇌된 지금의 나의
백성이니라.
11 그리하여 그 성령이 임한 자라 하여
나 여호와의 뜻을 대신하는 자라 하여
따르고 따랐던 그 제자들이 더 이상
볼 수 없고 그 구역질 나는 행동으로
인하여 단죄하고자 그들에게 심판을
받게 했을 때,
12 그는 정당한 짓을 했으며 그는 잘못된
것을 바로잡으려고 했으며 그는 거짓
이 아니라 하느니라.
13 교주는 그만큼 죄를 지었기에 그 대
우를 받으며 그 죄에 대한 처벌을 받
는 것이 아니던가?
14 그러나 모든 신도는 뭐라 말하느냐?
15 그를 단죄하고 다스리고 새로운 사람
으로 만들기 위해 그들이 법적으로
의뢰했을 때 그는 사탄이요, 마귀가
뒤집어씌운 자요, 사탄이 와서 그 광
란의 짓을 하고 있다 하며 그 신도들
은 그리 믿고 있음이니라.
16 인간 세상의 육하원칙에 근거하여 법
에 저촉을 받은 그 교주가 수감된 그
형태에서 그가 명령을 내리고 지시를
내리면 그것을 듣고 행하는 그와 같은
신도들이 있는 것이 지금의 종교 집단
이요, 지도자이니,
17 그게 바로 나의 백성 너희가 광신도
요, 주제 파악을 못 하며 세뇌되었다
는 것을 말함이니라.
18 당연히 인간의 법이 어찌하여 죄 없는
자를 다스리겠는가?
19 세뇌된 자들이 얼마나 무섭게 세뇌되
어 있으면 죄 있는 자를 다스리며 그
것이 백일하에 드러났으며 그 증거가
다 있는 것도, 절대 그 교주는 그와 같
은 역사를 하지 아니하였으며,
20 그와 같은 말씀의 소지를 만든 그가
사탄이요, 마귀요, 마귀가 뒤집어씌어
서 그와 같은 행위를 한다고 소속되어
있는 그 백성이 그리 말함이니,
21 이것이 바로 너희가 잘못된 것이며
나의 뜻과 관계없는 길을 가는 것이라

내가 말함이니 너희는 이제 알아야
할 것이니라.
22 나의 법전을 읽고 깨우친 백성 너희는
이와 같은 현실 속에서 과연 너희가
나의 법전을 전하여 그들에게 깨우치
는 길이 무엇이던가?
23 말로써 행동으로써 그 모두가 진실된
모습으로써 변화되는 것, 그리고 나의
법전을 그들의 가슴에 안겨 줘 그들이
스스로 깨우치는 그와 같은 역사함이
아니면 절대 이루어질 수 없음이니라.
24 너희는 양심에 부끄럼이 없으며 모든
마음을 비우는 아름다운 자세로써 살
라 함이 무엇인 줄 알겠느냐?
25 너희가 마음을 비운 자세로써 바로 섰
을 때, 사람은 사람끼리 편안하며 그
리고 그를 만남으로 마음이 편안하며
마음의 위안을 얻을 수 있는 그와 같
은 사람을 따르며 좋아하게 되어 있는
것이 인간의 마음이기 때문이니라.
26 그러니 나의 법전을 읽고 나로부터 선
택된 백성 너희는 편안한 사람이요,
가장 온화한 사람의 모습으로 모든
사람이 너희를 만날 때 편안함을 얻
을 수 있는 그와 같은 모습으로 변하
는 그것이 바로 너희가 마음을 비운
것이라 그리 알아야 할 것이니라.
27 지금의 모든 백성이 얼마나 불안하며,
인간이 인간을 두려워하며 인간을 믿
지 못하더냐?
28 이기심이 있으며 이기심의 속성이요,
욕심이요, 자기만 생각하는 그 모두를
나의 피조물 만백성 그들은 알고 있음
이니라.
29 그리하여 인간을 대접하기를 두려워
하며 인간을 만나기를 두려워하는 것
이니라.
30 그리고 모든 백성이 대우를 받으며
예우를 받고자 하나, 지금은 봉사하는
그와 같은 생각이요, 봉사의 마음까지
도 모두 다 앗아 가 오늘의 나의 피조
물 만백성들을 황폐하게 한 것이 오늘
의 종교 집단이요, 지도자들이 이끌어
간 그 형국이니라.
31 이를 바로잡기 위해 나의 법전이 이
세상을 하얀 눈이 덮듯이 덮는 그 역
사를 하지 아니하고는 아무것도 이루
어질 수 없다 함을 너희는 명심하고
또 명심해야 하니 그리 알라.

7,666 번째 하나님 말씀

2003년 9월 26일 10시 56분

1 사랑하는 나의 아들아!
2 "네, 아버님! 말씀하옵소서."
3 나의 피조물 만백성 너희는 살아오면
서 그 살아온 환경이나 자란 그 모든
주변의 여건에 따라 변하게 되는 것이
인간의 모습이니라.
4 어려서부터 많이 우는 아기는 그 얼굴
이 나이에 비하여 찌들어진 그와 같은
형국으로 성장하게 되어 있음이니라.
5 나의 사랑하는 백성 너희는 살아온
그 환경이나 그 살아온 여건에 따라서
수없이 변하는 것이 나의 피조물 만백
성 너희이니라.
6 그러니 오늘 너희가 가장 큰 병폐를
안고 있는 것이 무엇인 줄 알겠느냐?
7 모든 종교 집단 지도자들이 담을 높이
쌓아 나의 피조물 만백성이 그 누구와

도 가슴을 열지 못하게 했으며 교류를
하지 못하게 한 것이 지금 이 세상의
가장 큰 병폐요, 이 세상이 썩어져 가
는 그와 같은 역사가 되었음이니라.
8 모든 종교 집단이요, 지도자들이 나의
사랑하는 백성을 담 속에 집어넣었으
며 장벽 속에 집어넣는 그와 같은 병
폐의 믿음의 길을 역사한 것이 가장
큰 문제요, 이로 인하여 세상이 이와
같이 험악하게 되었음을 너희는 알아
야 할 것이니라.
9 너희는 여러 곳에서 설교를 들으며
많은 사람의 강론을 들어 깨우치는 현
명함을 얻어야 할 것이며, 또한 다른
종파의 강론이요, 설교하는 것을 들어
귀와 눈을 뜨면 될 것이거늘,
10 모든 종교 집단들이 그저 저희가 있
는 곳 제가 아니면 아무것도 구원받을
수 없으며 그 모두는 사탄이요, 이단
이라 하여 그 환경을 그와 같이 조성
해 왔음이니라.
11 남들을 인정하지 아니하며 남들 것을
들으려 하지 아니하며 남들 것을 보지
못하도록, 그리고 이웃 사람과 교류하
지 못하도록 하며 종파가 다르다 하여
교류하지 못하게 하며, 교리가 다르다
하여 상대하지 못하도록 주변 환경이
나 여건을 그와 같이 만들었기에,
12 오늘의 나의 피조물 만백성들이 거기
에 병이 들어 저희가 많은 사람의 강
론이요, 참진리를 들어보지 못하도록
그와 같이 되었음이니라.
13 전혀 들어서는 아니 되며 다른 말을
해서는 아니 되며 남들이 강론한 것을
들어서도 아니 되며 그저 한 번 교회
라는 곳에 몸을 바쳐 발을 들여놓으
면, 평생 그곳에서 나가지 못하며 그
곳에서만 살아야 하며,
14 그곳의 교리요, 그들의 교회 법에 따
라 살아가는 그것이 구원의 길이라 그
와 같이 가르치고 세뇌시켰음이니,
15 그 환경이나 여건에서 벗어나지 못하
는 것이 나의 어리석은 백성의 오늘
의 삶이니 너희는 그리 알라.
16 변화되는 삶을 원하지 아니하며 그를
역사하지 않는 자는 나의 뜻을 알 수
가 없음이니라.
17 시대의 흐름과 참진리를 알 수 없으
며 그를 보지 못하는 것이 지금 가장
큰 병폐이니,
18 오로지 제 것밖에 보지 아니하며 한
번 교회에 몸을 담으면 평생 그곳에서
헤어나지 못하며 등을 돌리지 못하며,
19 다른 진리요, 다른 가르침을 듣지도
못하고 보지도 못하고 살아가는 이 병
폐가 너희가 지옥으로 가는 전염병과
같은 가장 큰 병폐라는 것을 내가 나
의 법전에 기록하여 너희에게 전함이
니 이를 듣고 깨우쳐야 할 것이니라.

7,667 번째 하나님 말씀

2003년 9월 26일 11시 02분

1 사랑하는 나의 아들아!
2 "네, 아버님! 말씀하옵소서."
3 창조주 나 여호와요, 이 세상을 주관
하는 나 여호와니라.
4 바닷속에 있는 물고기 하나하나 살아
가는 그 형태요, 그리고 모든 동식물
이 살아가는 그 형태요, 그리고 가장

지혜를 높게 해 세상에 창조하여 내
려보낸 나의 사랑하는 백성, 그 모두
가 나의 성령의 뜻에 따라 내가 명한
그 속에서 역사하며, 그들과 살아가는
것이 너희며,
5 내가 원하는 그 길에 따라서 너희가
변화되어 아름다운 천사와 같은 삶을
사는 것이 너희가 가야 할 길이며 도
리라 그리 말하였음이니라.
6 그러나 지금 수천 년 동안 흘러오는
종교 집단이요, 지도자요, 그 신도들
이 어찌 왔는가?
7 성령으로써 모두 역사하는 믿음의 길
을 온 것이 아니요, 인간의 의지대로
역사하는 그와 같은 삶을 살며 그를
이끌어 온 것이 오늘의 종교 집단의
지도자들이니라.
8 종교 집단이요, 지도자요, 나로부터
선택된 백성이라 하는 그들이 가는 길
은 정녕 성령에 의한 길을 가야 하거
늘,
9 그들은 인간의 생각대로 모두 구상하
였으며 인간의 생각으로써 만들어진
그 프로그램으로써 모든 것을 역사하
며 이루고자 하는 것이 너희이니라.
10 인간 너희는 천사와 같은 나의 성령
이 있는가 하면, 육을 가진 너희는 항
상 죄요, 사탄이요, 사악한 쪽에 미끄
러질 수 있으며 흘러내려 갈 수 있는
그와 같은 여건을 가진 것이 너희이
니라.
11 경사진 곳에서 몸을 지탱하며 붙잡고
매달리는 것처럼, 너희가 미끄러지면
그저 지옥으로 갈 수 있는 죄와 사탄
이요, 악한 것을 향하여 너희 육의 마
음이 미끄럼틀에 서 있는 자와 같음이
니,
12 거기에서 스스로 버텨 돌아서는 길이
힘들고 어려운 것이니라.
13 그러나 거기서 편안한 길로써 가려고
손을 놓고 미끄러지는 그 순간에 너
희는 한 번 가면 영원히 다시 돌이킬
수 없는 지옥으로 감이니 이를 잊지
말라.
14 그러나 나의 아들과 더불어 가는 선택
된 백성, 그리고 나의 법전을 만들어
전하는 너희는 모두 스스로 인간의
프로그램을 버린 자들이며 인간의 계
획을 다 버린 자들이 아니더냐?
15 그리하여 너희는 성령으로 역사하며
나의 아들을 통하여 역사하는 그 모
든 지시를 따름이니,
16 이는 하늘의 계획에 의하여 하늘의 프
로그램에 의하여 행해지고 역사한다
는 것을 알아야 할 것이니라.
17 이것이 바로 지금 수천 년 동안 오는
그 종교 집단들의 의지대로 인간의 생
각으로 프로그램을 짜는 그것과, 나의
아들을 통하여 내리는 나의 성령으로
써 나의 뜻을 역사하기 위한 천 년에
걸쳐 이 지상에 하늘의 낙원과 같이
이루는 그 역사를 위하여 프로그램을
짜고 만들고 계획하는 너희는,
18 그들과 하늘과 땅보다도 더 먼 거리가
있으며, 죽음과 삶이라는 형국보다 더
멀고 먼 차이가 있음을 알라.
19 너희가 지금 나의 성령으로써 모든 프
로그램을 제작하며 역사하고 계획하
는 것과 인간의 생각으로써 계획하며
프로그램을 작성하여 역사하는 것은,

20 인간의 육의 세상에서 산 자와 죽은
자의 그 차이보다도 더 무섭고 먼 거
리가 있다는 것을 알아야 할 것이니,
그리하여 내가 너희가 소중하다 함을
너희는 알아야 할 것이니라.
21 그리하여 그들은 정녕 인간으로써는
넘을 수 없는 선을 넘으려 하지 아니
하며, 미끄럼틀에서 더 이상 견딜 수
없어 손을 놓는 것처럼 그들은 이미
그 모두를 다 포기한 자들이니라.
22 그러나 너희는 끝까지 버티고 인내하
며, 인간으로서 넘을 수 없는 그 선을
자신 있게 넘어오는 나의 백성임을
내가 알고 있음이니라.
23 인간의 계획에 의하여 비전에 의하여
매달리는 나의 아들딸들이 아니요, 성
령으로써 모두 역사하는 그 길에 너
희가 모두를 바침이니,
24 너희야말로 만백성을 구하는 그 기틀
을 다지고 역사하는 백성이라는 것을
너희는 잊지 말아야 할 것이니라.
25 인간 계획이요, 비전에 매달려 그를
잡으려 하는 지금의 종교 집단 지도자
들은 정녕 나 여호와의 뜻이요, 성령
으로 인도하며 역사함이 아니니라.
26 그러나 저희가 가는 길이 하늘에 오
르는 길이요, 역사하는 길이라 하고
있으며, 그리고 너희에게 이단이요,
사탄이라 저주하고 있으나,
27 그들은 머지않아 성령의 인도함이 과
연 어떠한 길인지를 알게 될 것이며,
그들은 성령으로 인도한 목자의 가는
길이 얼마나 위대한 것이며 위대한 역
사의 변화를 이루는 것인가를 그들의
육이 끝나기 전에 보게 될 것이니라.
28 내가 이를 너희에게 약속함이니 그리
알라.

7,668 번째 하나님 말씀

2003년 9월 26일 11시 08분

1 사랑하는 나의 아들아!
2 "네, 아버님! 말씀하옵소서."
3 너희는 알아야 할 것이니라.
4 이 세상을 창조한 창조주요, 너희의
아버지 나 여호와가 하늘에 존재함을
알아야 할 것이며 그를 믿어야 할 것
이니라.
5 그러니 이 지상과 우주 공간의 그 모
든 것을 관장하고 통제하는 것은 나
여호와요, 나의 계획이요, 나의 프로
그램으로 모두 움직여짐이니라.
6 그러니 내가 지금 나의 아들을 통하여
새로운 성경이요, 법전이라 하여 160
권의 나의 성령을 세상에 내려보내니,
이는 무엇을 의미하는지 알겠는가?
7 너희가 살아 있는 육의 세상에서는 나
의 법전이 새로운 성경이요, 만백성을
구하는 인도자이니,
8 이게 인간으로 말하면 머리가 됨을 너
희는 알아야 할 것이니라.
9 모두의 머리 역할을 하는 것은 나의
법전밖에 없음을 너희는 알라.
10 어떠한 성서요, 성경이요, 어떠한 종
파의 교리요, 가르침도 나의 피조물
만백성들의 머리가 될 수는 없다는 것
을 너희는 알아야 할 것이니라.
11 하늘에는 나 여호와가 존재하며, 이
지상에는 나 여호와가 나의 성령을 모
두 태워 내려보내 160권의 법전으로

역사한 이 법전이 만백성의 머리며 두
뇌라는 것을 잊어서는 아니 될 것이니
라.
12 나의 백성을 구할 수 있는 것은 나의
법전밖에 없음이니, 곧 이는 너희의
머리기 때문이니라.
13 이를 인정하고 따르는 자, 그리고 이
를 공부하고 깨우치는 자, 정독하는
자, 나의 법전을 강론하는 나의 아들
의 가르침을 듣는 자는 정녕 구원의
빛을 보게 될 것이며,
14 이를 거부하고 이를 이단이요, 사탄이
라 하며 따르지 아니하는 자는 나 여
호와가 역사하는 길에 동참하지 못하
는 백성이며,
15 내가 역사하는 그 길에 동참하지 못
하는 그 백성은 어떠한 결과가 오는지
너희는 알아야 할 것이니라.
16 나를 탓하고 나를 원망하는 너희의
마음보다도 내가 너희를 더 사랑하는
그 마음이 있기에 너희에게 마지막
기회를 주어 160권의 법전을 세상에
내려보내니,
17 나의 백성의 머리요, 너희 자신의 몸
체임을 알아야 할 것이니라.
18 너희는 160권의 법전이 너희 몸체요,
너희 머리임을 알라.
19 너희가 지금 종교 집단이요, 지도자들
이 나의 피조물 만백성으로부터 재물
을 갈취하여 큰 교회요, 아름다운 교
회요, 성당을 짓는 것이 나 여호와의
몸체요, 나의 아들 예수의 몸체를 역
사한다고 빙자하나,
20 모든 인간의 머리요, 몸체요, 그리고
나 여호와의 몸체요, 나의 머리가 바
로 160권의 법전으로 세상에 내려보
내는 것이니,
21 이를 정독하고 깨우치는 자는 스스로
나 여호와를 알게 될 것이며, 이를 통
하여 변하는 자는 바로 구원된다는 것
을 너희는 알아야 할 것이며,
22 이를 행하지 아니하고 역사하지 않는
자는 절대 구원의 길이라는 것을 생각
하지 말라 그리 전하라.
23 이제는 내가 나의 아들을 통하여 너희
에게 명하였음이니라.
24 어떠한 백성도 나의 법전을 통하지 아
니하며 내가 역사하고자 하는 것에
동참하지 아니하고 거역하고 뜻을 따
르지 아니하는 자는 정녕 나를 볼 수
없다는 것을 너희는 알아야 할 것이
니라.
25 나 여호와가 역사하고자 했던 것을
잘못되게 하고 잘못 역사하며 그 모
든 것을 등 돌리고 보지 아니할 때, 과
연 너희는 무엇으로써 역사한다 생각
하는가?
26 나 여호와가 이루고자 하는 것은 곧
하늘의 뜻이요, 내가 지상의 낙원을
이루고자 하는 것이거늘,
27 나의 법전을 읽고 깨우치는 자만 나
여호와가 지상에서 역사하고자 하는
것을 알 수 있으며 내가 역사하는 것
을 너희가 알 때 거기에 동참할 수 있
는 백성이요, 동참해서 같이 가야 한
다는 걸 알게 될 것이니라.
28 그러니 나의 법전을 가슴에 안고 정독
하고 또 정독하여, 너희가 천 년에 걸
쳐 내가 역사하고자 하는 그 길에 동
참하는 영광을 얻는 백성으로서 거듭

나지 아니하면 아니 됨을 알라.

7,669 번째 하나님 말씀

2003년 9월 26일 11시 20분

1 사랑하는 나의 아들아!
2 "네, 아버님! 말씀하옵소서."
3 나의 율법대로 살아가고자 하는 자,
나의 십계명대로 살아가고자 하는 자,
그리고 나의 법전을 정독하여 그대로
살아가는 백성은 나 여호와의 뜻이요,
나에게 순종하는 백성이니,
4 나 여호와는 그들과 더불어 모두를 역
사하며 모두를 사역하는 대명을 너희
에게 내림이니,
5 나 여호와를 대신하여 만백성을 구하
는 그 책임을 진 지도자들은 내가 너
희에게 너무나 가혹함을 바라고 원하
는 것을 나 여호와는 알고 있음이니라.
6 너희에게 내가 좀 더 너그러우며 좀
더 여유 있게 모든 것을 가르치고 깨
우치는 그와 같은 길을 가고 싶은 것
이 부모가 자식을 사랑함이니라.
7 아무리 자식이 잘못해서 부모가 매를
든다 해도 그 손이 아프며 그 마음이
아픔을 너희는 알지 않겠느냐?
8 내가 오늘의 힘들고 어려운 너희에게
어려운 그 짐을 지워 주며 나 여호와
가 너희에게 완벽한 지도자가 되기를
바라며,
9 완벽한 지도자가 되지 아니하면 내가
너희를 모른다 한다는 무서운 말을
너희에게 하는 것은,
10 부모가 자식이 바로 서지 아니할 때
너를 내가 모른다는 그 말보다도 천배
만배 더 내 가슴이 아픔을 너희는 알
아야 할 것이니라.
11 내가 왜 사랑하는 너희에게 완벽한 지
도자가 되기를 바라고 있는가?
12 그 완벽한 지도자가 된 자만이 나의
사랑하는 백성을 지도자로 쓸 수 있
는 것이며 쓰고 있기 때문이니라.
13 너희는 나 여호와가 공의의 하나님이
요, 모든 것을 역사하는 하나님이라
했으니, 내가 나의 지도자요, 나의 명
을 받은 전사로 쓸 때 너희는 선택의
은혜를 받음이니,
14 너희가 마음을 비우지 못하며 완벽한
나의 백성으로서 지도자로서 너희가
거듭나지 아니할 때, 모든 사탄이요,
사악한 자들이 말하지 않겠느냐?
15 어찌하여 당신은 누구는 골라 쓰며 누
구는 버리며 똑같은 죄를 지으며 똑같
은 삶을 살아가는 자를 제자요, 전사
라 하여 그에게 대명을 내려 주고 은
혜를 내리며,
16 어찌하여 우리같이 똑같이 살아가는
자에게는 은혜를 내리지 아니하며 역
사를 내리지 아니하며 우리는 당신이
거둬들이지 아니하는가?
17 그러한 편법은 공의의 하나님이 아니
라고 나에게 그들이 말할 때 내가 얼
굴을 붉히고 말할 수 없지 않겠느냐?
18 그러니 내가 너희에게 완벽한 지도자
요, 완벽한 나의 아들딸로서 거듭나기
를 바람이니, 완벽한 지도자만 나의
사랑하는 백성의 지도자로 내가 쓸
수 있으며 내가 전사로 부를 수 있기
때문이니,
19 나 여호와의 아픈 마음을 어서 헤아

려, 바로 서는 것이 나에게 기쁨이요,
나의 은혜에 너희가 보답하는 길이라
는 걸 잊지 말라, 사랑하는 나의 아들
딸들아!
20 남들과 같은 수준으로 살며 남들과
같은 수준에서 벗어나지 못하고 지도
자라 하는 자, 과연 지도자로서 역사
할 수 있겠느냐?
21 그 모두는 나와 관계없다는 것을 내가
다시 한 번 너희에게 말함이니, 너희
에게 이 아픈 말을 전하는 나 여호와
아버지의 마음을 너희는 알라.
22 정녕 너희가 완벽한 백성으로 서지
아니할 때 나는 지도자로 너희를 쓸
수 없는 것이 하늘의 법도요, 공의의
나 여호와가 할 수 있는 길은 그것뿐
이기에, 내가 너희에게 완벽한 지도자
로 서라 하여 무겁고 어려운 그 길을
강요함이니,
23 나 여호와의 마음을 너희가 헤아려야
할 것이니라.
24 너희가 그 길을 오지 아니하고도 할
수 있으며 그리하지 아니해도 역사할
수 있다면 나는 정녕 너희에게 그 고
통과 시련을 주지 아니할 것이니라.
25 나의 아들 예수가 고통스럽게 죽음의
길을 역사하지 아니했으면 오늘의 그
모두가 이루어질 수가 없었으며 그를
기억하는 일이 없지 아니했겠는가?
26 그리하여 그와 같은 역사가 이루어졌
듯이, 너희가 바로 서며 완벽한 지도
자로서 서지 아니하면 너희는 쓸 수
가 없으며, 하늘의 낙원을 지상에서
이룰 수 없기 때문이요, 공의의 하나
님으로서 명할 수 없기 때문이요, 선
택할 수 없기 때문이니라.
27 사랑하는 자식을 품에 안고자 하나 너
희가 바로 서지 못하여 내가 너희를
안지 못한다면 내 마음이 어떠하겠는
가?
28 너희가 영원히 다시 돌아오지 못하는
지옥으로 가 그 고통을 영원히 겪는
것보다도, 그를 바라보는 나 여호와의
마음이 더 아픔을 알라, 사랑하는 나
의 아들딸들아!
29 그러한 지도자는 그 임무를 그리고 내
가 내리는 어떠한 역경도 견디지 못하
며 완성하지 못하고 중도에서 쓰러지
게 됨이니라.
30 너희가 지금 어렵고 힘든 그 길을 마
다하지 아니하고 완벽한 지도자가 되
지 아니한다면, 너희는 가는 길이 어
렵고 힘든 고통의 그 길을 완주하지
못하고 중도에 포기하고 쓰러짐이니,
31 너도 지옥이요, 너를 따랐던 모든 백
성까지도 다 하루아침에 지옥의 벼랑
으로 몰아 넣는 그와 같은 그 악습이
요, 죄를 짓게 됨이니,
32 내가 그리하여 너희에게 완벽한 지도
자로 서라 그리함이니라.
33 쇠를 달구고 달궈 도구를 만들듯이 너
희를 달구고 달궈서 내가 쓰고자 하는
그 도구로 쓰고자 함이니,
34 너희는 나로부터 선택된 모든 희생의
제물이라는 것을 잊지 말라, 사랑하는
나의 아들딸들아!
35 예수만 제물로 바치는 것이 아니요,
내가 지금 선택한 나의 아들딸 너희도
모두 나 여호와가 역사하는 제물로서
희생양으로 선택된 너희라는 것을 내

가 오늘 나의 아들을 통하여 너희에게
명함이니,
36 이를 너희는 기쁘게 받아들이며 이를
두려움과 무서움을 알라, 사랑하는 나
의 아들딸들아!
37 너희는 제물이요, 희생양이라는 것을
잊지 말라.
38 그러니 바로 서라 함이니라.
39 그렇지 아니하면 너희가 쓰러지기 때
문이니라.
40 너희는 각종 명칭을 붙여 직함을 갖고
모든 교권을 장악하고자 하여 경제적
인 모든 분배의 원칙까지 제 뜻대로
행하며, 제가 역사하고자 하는 종교
집단 지도자들의 권좌 싸움이요, 그
자리 싸움이요, 추악한 짓을 하고 가
는 자들을 너희는 보지 않는가?
41 과연 그들이 완벽하게 설 수 있으며
완벽하게 선 종교 지도자라 너희가
말할 수 있겠느냐?
42 저희가 교권을 장악하고자 하며, 경제
적인 그 모든 권한이요, 분배의 원칙
도 제 뜻대로 제 손으로 마음대로 하
고자 하는 당회장이요, 담임 목사라는
자, 그 자리를 놓고 서로 경쟁하며 시
기하고 질투하는 자들,
43 그들이 정녕 너희처럼 완벽하게 설
수 있는 지도자요, 완벽하게 설 수 있
는 나의 뜻을 역사하는 목자라 너희
가 말할 수 있겠느냐?
44 오늘의 수천 년 동안 흘러오는 종교
집단 지도자의 내부가 그러하며 썩고
병들고 병폐에 젖어 있기에 내가 그들
의 손을 놓음이라 하는 것이 여기에
있음을 너희는 알라.
45 제 뜻대로 모두를 행하고자 하는 자,
그러한 것에 모든 것을 다 바치는 자
들, 그리고 그와 같은 마음속에서 깊
이 네 마음을 바치는 것이 바로 모두
를 관장하고자 하는 너희의 마음이니
라.
46 오늘의 종교 집단이요, 지도자가 주도
권 싸움에 작든 크든 조용할 날이 없
으며,
47 서로 보이지 않는 내부의 갈등은 구역
질이 나 내가 바라보지도 못할 그들이
바로 나의 뜻대로 사랑을 베풀며 하늘
에 나의 피조물 만백성을 인도한다는
종교 지도자들이니라.
48 그들은 서로 의심하고 시기하는 자들
이요, 제 마음대로 혼동된 설교하는
자들이요, 그리하여 나의 피조물 만백
성들을 농락하며, 그들을 지옥 불로
인도하며, 저 자신이 지옥 불의 인도
자가 되어 선봉에 서서 달리는 타락
되고 전락된 자들이라는 것을 알아야
할 것이니라.
49 이들을 바로잡고 이들을 바로 세우려
면 너희가 완벽한 지도자가 되지 아
니하면 나의 뜻은 역사할 수 없음이
니라.
50 그리하여 내가 너희에게 고통스럽고
힘들고 어려운 길, 스스로 십자가를
짊어지고 가는 그 길을 마다하지 아니
하는 너희는, 겉옷을 달라 송사할 때
속옷까지 주며 속옷을 달라 송사하는
자에게 겉옷까지 주는 그와 같은 완
벽한 백성으로 거듭나지 아니하면 내
가 쓸 수 없으며 전사로 역사할 수 없
기 때문에,

51 너희가 오늘에 육의 고통과 육의 시련
의 그 길을 가고 있으며 너희를 다스
리고자 함이니,
52 이를 역사하는 나 여호와의 아픈 마
음을 안다면, 너희가 완벽한 백성으로
서 거듭나는 것을 단축시켜 줌이 나
여호와에게 받은 은혜를 갚는 것이요,
나를 가장 기쁘게 하는 행함이라는 것
을 잊지 말라, 사랑하는 나의 아들딸
들아!

7,670 번째 하나님 말씀

2003년 9월 26일 11시 30분

1 사랑하는 나의 아들아!
2 "네, 아버님! 말씀하옵소서."
3 종교 집단이요, 개인이 깨우쳐 너희
스스로 단점과 약점을 누구보다도 더
잘 아는 자 없음이니, 그를 다스리고
고쳐 나가면 되며,
4 그리하여 너희가 그와 같이 깨우쳤을
때 너희 가슴에 교회가 설립됨이니
그는 성령이 임함이니라.
5 그리하여 그와 같은 백성 너희가 가
정 예배로써 자리를 내고 뿌리를 내려
가면서 나의 피조물 만백성이 구원을
받도록 가르치고 역사하는 것이 나
여호와의 뜻임을 너희는 알아야 할
것이니라.
6 그러나 그와 같이 못 하는 그 원인이
요, 나의 뜻을 거역하는 오늘의 종교
집단의 지도자들의 그 가르침이 과연
무엇이던가?
7 나 여호와가 너희에게 말하였음이니
라.
8 너희 가슴에 교회요, 가슴에 성전이
니, 너희는 교회를 짓지 말며 육으로
짓는 건축물의 성전을 짓지 말며, 가
정 단위로 예배를 보며 가족과 대화
속에 스스로 깨우쳐 너희가 변화되는
그 길을 가도록 하였으며,
9 그와 같은 깨달음을 얻도록 하는 방법
이 나 여호와의 복음을 전하며 나의
뜻을 전하는 길이라 내가 너희에게 전
하고 역사하였으며 성서에 기록하여
전하였음이니라.
10 그러나 너희는 나의 뜻을 거역하며 나
의 뜻을 순종치 않는 그와 같은 큰 이
유가 어디 있으며 가장 사악한 병폐의
원인이 어디 있는지 알겠는가?
11 그들이 그와 같은 것을 무엇 때문에
행하지 아니하는가?
12 그들은 그 모두를 다 잘 알고 있음이
니라.
13 개인의 마음이 변하는 그 속에서 가족
단위의 그 예배로써 모든 나의 뜻을
전하며 복음을 전한다는 것을 그들은
너무나 잘 알고 있음이니라.
14 그러나 그들은 알면서도 그를 행하지
아니함이니, 알면서도 행하지 않는 그
들이 과연 나의 백성이던가?
15 알면서도 행하지 않는 종교 집단과 지
도자들의 속내가 무엇이더냐?
16 너희는 알고 있을 것이니라.
17 내가 내려다보는 그들이 마음 몇 가지
를 기록하여 전함이니, 너희는 이를
기초라 하여 그들의 잘못됨을 거울삼
아 나의 아들을 따르는 제자들이요,
만백성을 구하려고 법전을 읽고 깨우
친 너희는 두 번 다시 이 지상에서 그

들이 행하는 그와 같은 역사가 있어서
는 아니 될 것이니라.
18 그들이 가족 예배요, 가족 단위로 활
성화를 시키지 않는 것은, 교인들이
교회에 나오지 아니함으로써 모든 것
이 다 끝날 것이며, 그들이 나오지 않
을까 두려워서 그를 육성하지 못함이
니라.
19 그리고 나의 사랑하는 백성이요, 성도
요, 교인이라는 자들이 가정 예배에
매달려 교회에 나오지 아니하며 교회
를 소홀히 할 때,
20 너희가 각종 헌금이요, 수천수만 가지
명칭을 붙여 재물을 갈취하고 거둬들
이는 그것이 줄어들 것이며 그를 행하
지 못할 것이며 그를 역사하지 못하
기 때문이니라.
21 그러니 너희가 금화와 은화를 거둬들
이지 못하며 그를 거둬들이지 못하기
때문에, 나의 뜻이 무엇인가를 알면서
도 그를 공공연히 거역하며 순종치 아
니하는 것이 오늘의 종교 집단이요,
지도자 그들이 가는 길임을 너희는
알아야 할 것이니라.
22 그런가 하면 그들이 교회라는 곳을 떠
나서 자신들이 독립할 것을 두려워하
며 저희가 문을 닫을 것을 겁을 먹고
있느니라.
23 그리하여 그들 또한 나의 뜻을 거역하
며 이를 두려운 줄 모르며 죄가 되는
줄 모르고 가는 자들이 그들이니라.
24 그러면서 가정 집회요, 가정 예배가
활성화되며 또한 그와 같은 역사가 이
루어지는 것은 모든 종교 집단이요,
지도자가 나 여호와에게 불신하는 자
요, 불화가 터지는 근본이 되기 때문
에,
25 너희는 가정 예배요, 가족 단위의 그
와 같은 깨달음이요, 복음을 전파하는
사업을 행하지 못하도록 하며 행해서
는 아니 된다는 것이 너희이니,
26 그 이면에는 제왕적인 그 자리를 지킬
수 없으며, 너희가 믿음의 길을 가는
종교 집단 지도자라 하여 학업을 시작
할 때서부터 가장 꿈이요, 이상은 가
장 큰 교회요, 많은 신도를 거느리고
자 하는 그 욕심의 그 뿌리요, 다른 신
을 이루지 못하고 무너지기 때문이니,
27 바로 이와 같은 것 때문에 진정한 나
여호와의 뜻을 행하지 못하도록 하는
것이 오늘의 종교 집단이요, 지도자들
이니라.
28 그들은 큰 교회요, 더 아름다운 교회
요, 더 웅장한 교회요, 많은 신도를 거
느린 것이 나 여호와의 뜻에 역사하는
것이요, 성공한 자라 평가하며 그 인
간의 기업을 놓고 평가하는 자들이기
에,
29 그들은 그것이 무너지기 때문에 나 여
호와의 뜻이요, 가장 소중히 여기는
가정 예배가 실행되는 것을 역사하지
못하게 함을 너희는 알아야 할 것이
니라.
30 이제 나의 법전에 기록하여 너희에게
전함이니 알라.
31 너희는 나 여호와의 뜻에 따라 순종
하는 백성이요, 가정 예배가 실행되며
그와 같이 실천하는 그 가정에 나 여
호와의 성령이 임하며 그를 내가 기억
한다는 것을 너희는 알아야 할 것이

니라.
32 이는 나 여호와의 뜻이요, 창조주가 역사하는 것이요, 또한 이와 같은 변화가 반드시 이루어져야 할 것이며, 이것으로써 내가 만백성을 구하는 그 역사를 이루고자 함이니라.
33 내가 그리하여 160권이라는 대장정의 법전을 세상에 내려보냄이니라.
34 그리하여 이를 가지고 가정 예배로써 개인이 깨우치는 그 역사 속에서 나의 아들과 그 제자들 너희는 이를 시행하는 그 대표자요, 이를 너희가 몸소 행해야 한다는 것을 절대 잊지 말라.
35 너희가 가족 단위로써 나의 법전을 가지고 연구하며 성경을 가지고 연구하며 십계명을 지키고자 맹세하며 율법을 가르침에 그 비유의 뜻을 깨우쳐 가족과 가족 사이에 대화가 이루어지며,
36 가족과 가족 사이에 화목이 이루어지는 것이 사회의 화목이 이루어지는 근본의 바탕이라는 것을 너희는 잊어서는 아니 될 것이니라.
37 그러니 나 여호와가 가정 예배의 그 뜻을 활성화하고 역사하는 것이 무엇인 줄 알겠느냐?
38 너희가 지금 모두 다 잊어버렸으며 찢어져 버렸으며, 내가 너희를 세상에 내려보낼 때 그 아름다운 성령을 심은 아름다운 사랑의 마음이요, 그 인성을 돌려받는 역사를 이루고자 하는 것이 나 여호와의 뜻임을 알라.
39 그를 지키게 하고자 함이 아니요, 내가 너희에게 성령으로 잉태했던 인간의 아름다운 그 인성을 지키는 것이 아니요,
40 너희로부터 모두 빠져나가고 떠나 버린 그 인간의 사랑을 내가 너희에게 돌려주는 그 역사를 시작하고 이루고자 하는 것이 나 여호와의 뜻이요,
41 그렇기에 내가 오늘 가정 예배요, 개인의 예배로써 너희를 다스려 나가는 그와 같은 역사를 이루고자 함이며, 인간의 손으로 지은 사악한 죄의 온상인 그 교회요, 성전의 웅대한 것을 가지고 너희가 나에게 최선을 다했으며 나에게 역사했다 자랑을 하지 말라.
42 너희가 나에게 와 심판대에서 여호와의 뜻에 따라 모두를 역사했음이라 그리 말하나, 너희는 나의 뜻을 거역한 것이요, 나의 뜻을 역사한 것이 아니니,
43 나는 너희가 기억조차 없으며 네 이름조차 모르며 나는 너를 모른다는 그 무서운 대답밖에 내릴 것이 없다는 것을 알라.
44 이제 내가 마지막으로 나의 아들을 통하여 인간으로서 역사할 수 없는 160권의 법전을 세상에 내보내며, 그가 죽어 갈 때까지 하늘의 뜻을 기록하는 그것을 보고도 너희가 깨우치지 못한다면 이것은 너희의 한계이니라.

7,671 번째 하나님 말씀

2003년 9월 26일 11시 36분

1 사랑하는 나의 아들아!
2 "네, 아버님! 말씀하옵소서."
3 지금의 모든 종교 집단과 지도자들은 성령으로 충만하여 역사하는 자로서

만백성을 구원하는 그 지표가 되어야
하거늘,
4 수천 년 동안 흘러오는 종교 집단이
요, 지도자들은 성령이 없는 백성이
요, 인간의 욕심에 그득 찬 다른 신을
가슴에 안고 살아가는 인간을 육성하
는 데만 모든 것을 다 바쳤으며 그 역
사를 한 것이니라.
5 그러니 진정한 성령으로 태어나는 나
의 백성을 역사함이 아니요, 인간의
욕심인 다른 신을 가슴에 잉태시키는
것만 오늘의 종교 집단 지도자가 한
역사요, 그것 외에는 아무것도 없다
하였음이니라.
6 오로지 재물을 바치며 헌금을 바치며
나 여호와로부터 무엇을 이루고자 인
간의 욕심을 충족시키고자 달라는 기
도밖에는 너희가 나에게 와 심판을
받을 때 너희 앞에 남는 것이 없음이
니,
7 그 모두는 다 죄의 사슬이 되어 너희
몸을 감고 있다 내가 그리하였음이니
라.
8 그러니 오늘의 믿음의 길을 가는 백성
은 진정한 믿음의 근거도 모르며 성령
의 의미도 모르는 그와 같은 자들이니
라.
9 그러니 진정한 믿음이요, 참진리가 무
엇이며 나 여호와가 뿌리내리고자 하
는 그 뿌리 자체도 모르는 뿌리가 없
는 백성만 육성하며 근거 없는 백성
만 육성하며,
10 이 지상의 낙원을 이루고자 하는 나의
백성을 육성하는 것이 아니요, 사탄이
요, 사악한 자의 자식이요, 그 후예들
만 육성하는 그 사업을 한 것이 오늘
의 종교 집단이요, 지도자가 이룬 그
역사임을 너희는 알아야 할 것이니라.
11 나 여호와가 가정예배를 소중히 하며
개인의 가슴에 교회를 지으며 성전을
지으며, 그 성전이요, 교회가 아름답
고 깨끗한 자를 내가 기억한다 하였
음이니라.
12 너희는 육의 세상의 인간관계에 살아
가면서 부모와 자식 사이보다 그들을
더 잘 알며 그들의 뜻을 알며 그들이
역사하고자 하는 것을 알며 그들의 생
각을 더 잘 아는 사이가 있겠는가?
13 인간 세상에 살아가면서도 부모와 자
식 사이보다 더 잘 알고 서로 이해하
며, 그리고 이해관계 없이 서로 용서
하며 이해하고 받아들일 수 있는 그
얽히고설킨 인간관계가 없음이니,
14 어느 것보다도 그 부자지간이요, 가족
간에 잘 알고 있으며 그 뜻을 잘 알 것
이며 그 성격을 잘 알 것이며, 그 특성
이 무엇인지, 그가 역사하는 것을 잘
아는 것이 가족 관계이니라.
15 그리하여 내가 가정 예배로써 바르게
곧게 자라도록 그 자손들을 가르치며
후손들을 가르치며,
16 또한 후손을 가르치는 속에서 부모 또
한 깨달음을 얻는 그와 같은 변화의
역사이니,
17 그 속에는 사랑으로부터 시작하기 때
문에 반목이 없으며 의사소통이 되기
에 내가 가정 예배의 기초가 가장 소
중하다 하였음이니라.
18 그러나 이 뜻을 거역하는 자는, 내가
앞에서 너희에게 말했듯이, 오늘의 종

교 집단 지도자들은 단 한마디로 말해
서 더 큰 교회요, 더 화려한 교회요,
더 웅장한 세계에서 제일 위대한 것을
역사하기 위한 그것이 무너지며 그 꿈
이 이루어지지 아니하기 때문에, 그
꿈이 실현될 수 없기 때문에,
19 나 여호와의 뜻인 개인의 교회요, 가
정 예배를 다 짓밟고 무너뜨린 자들이
그들이니라.
20 그러니 그들을 믿지 말라 함이 여기
있느니라.
21 그리하여 가정은 작은 예배요, 기초의
장소임을 너희는 알라.
22 이를 깨우쳐 행하지 않는 종교 집단은
나를 떠난 백성이며, 너희는 이제 가
정에서 기도를 하는 그와 같은 부모와
자식 간에 화목한 그 속에서 가정 예
배로써 그 모두를 다 역사하도록 그
리하라.
23 그것이 나 여호와가 이루고자 하는 것
이며, 나 여호와의 뜻임을 너희는 명
심하고 또 명심해야 하니,
24 여기는 두 번 다시 '아니오', '예'요, 대
답이 없음이니라.
25 오로지 '예'라는 대답밖에 없음을 알
라.
26 시시비비하지 말라.
27 그리고 그 시시비비하는 자들의 말에
귀를 기울이지 말라.
28 사랑하는 나의 아들을 따르는 제자들
이요, 나의 법전을 읽고 깨우친 만백
성 너희는 나 여호와의 뜻을 명심하
라.

7,672 번째 하나님 말씀

2003년 9월 26일 11시 43분

1 사랑하는 나의 아들아!
2 "네, 아버님! 말씀하옵소서."
3 나 여호와는 나의 피조물 만백성 너희
를 사랑함이니라.
4 그리하여 너희가 나의 가슴을 조각조
각 찢는 그와 같은 행위를 한다 해도
나 여호와가 그 모든 것을 인내하고
참고 있음을 너희는 알아야 할 것이
니라.
5 그러니 너희는 나의 뜻을 거역하지 않
는 그와 같은 삶으로써 나에게 오르며
제자리로 돌아오도록 바라는 그것이
나 여호와의 뜻임을 알아야 할 것이
니라.
6 나는 너희를 사랑함이니라.
7 그리하여 너희가 나의 나라에 올 수
있도록 나 여호와는 그 모든 아픔을
다 인내하며, 너희를 사랑하는 마음,
너희를 기다리는 마음으로써 모든 것
을 인내하고 있음이니라.
8 끝이 없는 무한한 사랑으로써 너희를
위하여 모두를 너희에게 부어 주고
있음을 어찌 그리도 모르는가?
9 너희는 구약 시대의 모세의 그 시대에
도 내가 사랑으로써 너희를 사랑하기
에 너희를 구원하기를 바라며 너희가
나에게 오기를 기다렸음이니라.
10 또한, 예수의 시대에도 그러했음이니
라.
11 나의 아들 예수의 그 고통스러운 삶을
고개를 돌려 그가 원하는 그 답을 들
어주지 아니하며 그 길을 가도록 하였

음이니, 이 모두는 다 무엇이더냐?
12 내가 너희를 사랑하기 때문이니라.
13 너희는 나의 가슴을 조각조각 찢어 내
는 그 아픔을 나에게 안겨준다 하였음
이니,
14 모세의 시대에 너희가 나로부터 등을
돌렸으며 나의 아들 예수에게 너희가
한 그 역사를 바라보는 나 여호와의
마음이 정녕 조각조각 찢어지지 아니
하였겠느냐?
15 그러나 내가 제3의 시대에 법전까지
너희에게 내려보내어, 나에게 오르는
길을 알게 하고자 하며 깨우쳐 주고자
하는 것이니,
16 어찌하여 너희는 나의 말을 그리도
듣지 아니하며 나의 뜻을 따르려 하지
아니하느냐?
17 하늘에 오르는 구원을 받는 것이 소원
이요, 모든 것을 다 바쳐 그것을 사겠
다는 마음을 가지고 사는 백성 너희가,
18 참진리요, 진정한 진리의 길을 모르고
어찌하여 나의 뜻을 그리도 외면하며
나의 뜻을 듣지도 않으려 하며 보지도
않으려 하는 그와 같은 사악한 마음으
로 전락되어 있단 말이더냐?
19 내가 오늘 나의 아들을 통하여 160권
의 법전을 내려보내는 것은, 세월이
가면 갈수록 너희의 마음이 더 사악
해지며 사탄의 자식으로서 너무 성장
하여 너희를 돌이킬 수 없기에,
20 그때까지 내가 더 이상 볼 수 없어 지
금 내가 제3의 시대를 역사함을 너희
는 알아야 하니, 이 모두는 다 너희를
사랑하기 때문임을 어찌 모르는가?
21 너희의 지금의 삶이 하늘에 오르는 길
을 가는 것이 아니라는 나 여호와의
이 절규를 한 번이라도 들어볼 수는
과연 없겠느냐?
22 그리하여 '하늘에 오르는 길'이요, '하
나님! 말씀하옵소서'라는 나의 법전
을 너희가 읽을 수는 없겠는가?
23 정녕 너희가 그를 읽고 믿기 싫거든,
내가 직접 친필로 써 내린 나의 십계
명을 그대로 하나하나 조목조목 따져,
거기에 부끄럽지 않은 삶이요, 구역질
나는 삶을 살지 않도록 정녕 그것만이
라도 해 줄 수 없는가?
24 너희가 그것만이라도 행할 때 지옥 불
의 그 문을 들어가지 아니하려고 손가
락이 잘려 나가는 그 몸부림을 치지
아니하고 그를 면한다 하였음이니,
25 과연 내가 친필로 써 내린 나의 십계
명대로 너희가 행하고 살 수 없는가?
26 너희는 어찌하여 하늘에 오르는 그 길
을 역사하여 산다면서, 그 길이 아니
요, 반대의 길을 위하여 열심히 살아
가는가?
27 천사의 삶을 살고자 노력하는 것이 아
니요, 지옥의 그 무서운 늪으로 너희
스스로 가는 그 삶을 사는 것이 너희
이니라.
28 사랑하는 나의 백성이 나로부터 받아
가지고 나간 그 생명이요, 소중한 생
명이요, 영혼까지 다 잊어버려지고 있
으며 다 죽어 가고 있으며 다 망가져
가는 것을 바라보는 나 여호와의 이
아픈 마음을 어찌하여 너희는 그리도
매정하게 들여다보지 않는가?
29 내가 더 어떤 아픔을 당하여야 하며
내가 더 어떤 고통을 당해야 하며 내

가슴을 조각조각 찢어 내는 그 아픔보
다도 나 여호와가 더 고통스럽고 더
어려움이요, 더 시련을 겪어 너희가
바로 설 수 있다면, 나의 아들 예수의
그 고통보다도 더한 고통이 나에게 있
어서 너희를 구원할 수 있다면, 그 모
두를 던져 주고자 하는 것이 나 여호
와의 뜻이니라.
30 그러나 내가 너희를 구원하고 역사하
는 것은 너희가 말하는 창조주 아버
지의 말씀이요, 성령으로써 인도함이
니,
31 그 성령을 내가 책으로 만들어 너희가
대대손손 기억할 수 있도록 내려보내
는 것이니,
32 이것이 내가 너희에게 준 생명을 잃
어버리며 영혼이 죽어 가는 그와 같
은 삶에서 건져 내고자 하는 것이 나
여호와의 뜻이니라.
33 어찌하여 너희는 구원의 길이라는 나
의 법전을 읽고 깨우치며 나의 십계명
대로 살려 하지 아니하고,
34 스스로 사탄이요, 악마에게 지배받는
그 길을 서로 지원하여 앞다퉈 가는
그와 같은 형국의 모습을 바라보게 하
는가?
35 지금의 믿음의 길에 들어서 있는 모
든 백성이요, 광분하는 광신도들 너희
가 다 그와 같은 길을 가고 있음이니,
그 증거를 내가 무엇으로써 말하였느
냐?
36 너희가 나의 뜻을 거역하며 나를 매
도하는 행위만을 지금까지 한 것, 성
서의 십계명에 기록한 내용을 하나하
나 되짚어 보며 거기에서 내 뜻을 행
하지 아니하고 실천하지 아니하는 것
이 바로 너희가 지옥으로 가는 것이
요, 악마의 지배를 받는 것을 서로 지
원하는 그 증거가 거기에 있으며 거기
서 찾으면 알 것이니 그리 알라.

7,673 번째 하나님 말씀

2003년 9월 26일 11시 51분

1 사랑하는 나의 아들아!
2 "네, 아버님! 말씀하옵소서."
3 나 여호와가 너희를 사랑하는 것은
무한대한 사랑으로써 너희가 나의 나
라에 오르기를 기다리고 기다리는 것
이 나 여호와임을 너희는 알아야 할
것이니라.
4 그리고 하늘에 오르는 길을 내가 온갖
방법을 다 동원하여 너희에게 가르쳐
주지 아니하였던가?
5 나 여호와는 너희가 내 가슴을 조각
조각 찢어 놓는 그와 같은 행위를 해
나를 그리 아프게 울린다 해도,
6 나는 너희를 구원하기 위하여 구약의
시대를 열어 주었으며, 그리고 신약의
시대를 역사했다고 내가 너희에게 그
리 말하지 아니하였더냐?
7 그러나 신약 시대의 지금의 종교 집단
이요, 지도자들이 나의 가슴을 도려내
는 그 행위를 더욱 잔혹한 행위를 하
고 있다면 너희는 과연 이를 믿겠느
냐?
8 나 여호와가 어떠한 고통을 인내해야
만 너희가 구원을 받을 수 있으며, 나
의 법전을 읽어 하늘에 오르는 그 길
을 볼 수 있으며,

9 내가 친필로 써 내린 나의 십계명을
붙잡고 이는 정녕 나 여호와의 아픈
가슴이 모두 다 거기에 들어 있음을
깨달으며,
10 그를 보고 너희가 지키는 것만이 영
혼의 양식이요, 구원의 길이라 하여
그 길을 갈 수 있는 변화된 삶으로 살
수 있겠는가?
11 너희는 나에게 어떠한 희생을 더 강요
하며 무엇을 더 요구하는 것이냐?
12 사랑하는 나의 아들아! 너를 따르는
그 제자들에게 전하라.
13 모든 백성이 지금 하늘에 오르는 그
길로 노력하여 와도 너희가 나의 천
국의 문에 들어설까 말까 하거늘, 어
찌하여 지옥으로 달려가며 지옥문으
로 질주하는 그 길만을 지금 가고 있
는가?
14 그리하여 그 길을 달려가는 너희를
내가 더 이상 볼 수 없어, 제3의 시대
를 열어 나의 법전을 세상에 내려보
냄이니 너희는 어찌하여 이를 모르느
냐?
15 몇 끼를 굶어 길거리에 쓰러져 죽어
가는 걸인이 단 한 끼의 배고픔을 채
우려고 너희에게 두 손 모아 무릎 꿇
고 구걸하는 처참한 그 모습보다도,
나 여호와가 지금 더 처참하고 불쌍한
위치에 처해 있다면 너희는 과연 이
를 믿겠는가?
16 며칠을 굶어 죽어 가기 직전의 걸인
이 지나가는 자에게 무릎 꿇고 한 끼
의 밥을 달라 구걸하는 그 모습보다도
내가 너희를 구원하여 내 나라에 오
르게 하고자 하여 처참한 걸인보다도
더 애절하고 애절한 마음으로 나 여호
와의 뜻을 너희에게 전하거늘,
17 정녕 너희는 이를 받아들일 수가 없
으며 이를 볼 수 없으며 이를 믿을 수
없으며 이를 따를 수 없단 말이더냐?
18 내가 애원한 그 뜻을 너희가 지키지
아니하고 내가 너희에게 애원한 그
뜻을 그리 외면하고 지옥으로 떨어지
고 가고 있으니, 그 결과는 과연 무엇
이더냐?
19 너희가 오늘의 삶을 살고 육은 죽고
영혼은 나에게 와 심판대에서 그 심판
의 결과가 무섭게 너희를 따라온다는
것을 어찌 모르느냐?
20 너희가 육이 살아 있을 때 나를 아버
지라 부를 수 있으며, 육이 살아 있을
때 용서를 빌 수 있으며, 너희가 죄를
사면할 수 있으며,
21 구역질 나는 추하고 더러운 모습을 하
나하나 벗어 던져 천사가 될 수 있는
것은 지금의 육의 삶이거늘, 어찌하여
이를 버리는가?
22 이 삶의 다음에는 지옥이요, 천국이라
는 나 여호와의 변할 수 없으며 용서
받지 못하며 이해할 수 없으며 아무리
몸부림쳐도 그 대가를 면할 수 없는
심판이 바로 너희 뒤를 따르고 있다는
그 무서운 현실을 어찌 그리도 모르느
냐?
23 너희는 숨이 끝나는 그 순간에 심판이
벌써 너희를 따라오고 있으며 너희는
거기에서 벗어날 수 없으며 헤어날 수
없음이니라.
24 거기에서 심판의 결과에 따라 너희가
지옥으로 간다면 영원히 돌이킬 수 없

는 그 세상에 가는 것이니,
25 그리하여도 너희는 이 애절한 나의 뜻을 그리도 모르며 내가 너희에게 애원하는 것을 그리도 외면하고 오늘의 삶을 살며,
26 내가 직접 불로 써 내린 나의 친필인 계명이라도 지키고 살 수 있는 그와 같은 거듭나는 삶을 살 수 없단 말이던가?

7,674 번째 하나님 말씀

2003년 9월 26일 12시

1 사랑하는 나의 아들아!
2 "네, 아버님! 말씀하옵소서."
3 나 여호와가 하늘에서 내려다보는 이 세상은 온 세상이 공동묘지요, 건축하지 말라는 십자가를 높이 달아 하늘을 향하여 나를 끝없이 고문한다 그리하지 아니하였느냐?
4 그러니 나 여호와가 지금 그 교회요, 십자가 위에, 그리고 너희가 만든 그 믿음의 표시인 그 조형물들 위에, 너희가 각종 형태를 만들어 놓고 기도하고 경배하는 그 모든 조형물 위에 나의 피눈물을 뿌리고 있음을 너희는 알아야 할 것이니라.
5 너희가 만들어 놓은 공원묘지의 그 십자가 표시 위에, 너희가 만든 그 교회 위에, 그리고 너희가 만든 모든 조형물 위에 나 여호와가 피눈물을 흘리고 있음을 너희는 알아야 할 것이니라.
6 이제는 나 여호와를 더 이상 고통스럽게 하지 말라.
7 그리하여 이를 깨우쳐야 하며, 그리고 너희가 바른 회개의 길을 찾아 회개하는 그와 같은 삶으로써 살지 아니하면 아니 됨을 너희는 알아야 할 것이니라.
8 이와 같은 이치를 나의 피조물 만백성들에게 전해야 할 것이니라.
9 사랑하는 나의 아들아! 그리고 사랑하는 너를 따르는 그 제자들의 이름을 내가 기억하며, 하나하나 부르고 있음을 알며, 그 이름과 내가 같이하고 있음을 잊지 말라 그리 전하라.
10 사랑하는 나의 아들아!
11 너의 제자요, 그리고 법전을 읽고 깨우친 만백성들, 그리고 나의 뜻에 의해 살아가고자 하는 그 백성은 사탄을 두려워하지 말며 사탄을 무서워하지 말라.
12 너희는 그와 같은 걸 두려워하지 말라.
13 너희는 나의 법전을 만들고 만백성에게 전하는 그 길을 절대 중단해서는 아니 될 것이니라.
14 너희가 수백 번, 수천 번 중단하며 포기하고 싶은 그와 같은 마음을 갖는 것을 나 여호와가 알며, 너희가 어렵고 힘듦을 앎이니라.
15 그 원인과 결과는 그것이 어찌되는가 그걸 안다면, 오늘의 어렵고 힘든 그 길을 인내할 것 같기에 내가 너희에게 깨우쳐 줌이니라.
16 모든 사탄과 악마들은 항상 사랑하는 너희 육체에 고통과 시련을 가할 것만을 연구하며, 너희에게 고통을 가하는 것이 그들이니라.
17 그리고 너희에게 끊임 없는 고통과

시련을 가함이니, 사탄과 예수가 싸워
서 그가 이겼듯이 그보다도 더 너희
마음을 유혹하며 너희를 무너트리고
자 그 사탄들이 온갖 방법을 다 역사
함이니, 너희가 모르는 것뿐이니라.
18 그러나 나 여호와가 너희를 죽게 하
지 않음을 알아야 할 것이며, 내가 너
희를 버리지 아니함을 알라.
19 욥이 모든 시련에서 견디듯이, 나의
아들 예수가 광야에서 싸워서 그 모두
를 이겼듯이, 사탄은 너희가 만백성을
안내하는 것을 끝없이 방해하며, 너희
가 만나려 하는 것까지도 그들은 방해
하고 있음이니라.
20 나의 사랑하는 백성이 너희를 만나기
위해 나의 성전에 오는 그 백성을 오
지 못하도록 그들은 수단과 방법을 가
리지 않고 설득하며 그들을 막는 것
이 사탄들이 하는 짓임을 너희는 알
아야 할 것이니라.
21 사탄들은 나의 성전이요, 너와 나의
법전, 그리고 너의 제자들 그 모두를
무너트리고 파괴하고자 악을 쓰고 있
음을 알라.
22 나의 법전이 세상을 덮을 때 저희가
뿌리를 내릴 수 없으며 유황불 속에
다 타 버린다는 그 두려움과 무서움을
알기에,
23 수단과 방법을 가리지 아니하고 너희
가 하는 그 모든 역사에 고통과 시련
을 가중하도록 그들은 모든 방법을 연
구함이니,
24 너희가 스스로 싸워 이기는 그 길밖에
없음을 알라.
25 그러나 너희는 중단해서는 절대 아니
됨이니라.
26 그것이 무섭고 두려워 가는 길이 지치
고 힘들다 하여 지쳐 쓰러져도 아니
됨이니라.
27 모든 승자는 너희이니라.
28 나의 백성 너희 형제를 지금 너희가
깨우치지 아니한다면 지옥으로 가며,
그 지옥은 과연 무엇이더냐?
29 영원히 나올 수 없는 그 지옥 속에 사
는 것이요, 암흑의 세상이 그곳이라
하였으니, 너희 형제들을 구원하는 길
은 그 길밖에 없음이니라.
30 너희가 남을 위해 사는 삶이요, 네가
아닌 남을 위해 기도하고 경배하는 그
와 같은 마음으로 살기로 네 마음을
굳건히 했다면,
31 사탄과 악마들이 너희를 쓰러트리며
나의 성전에 오는 백성을 못 오도록
막고 설득하여 등을 돌리게 하는 그와
같은 자들이 아무리 모든 방법을 동원
하여 너희를 무너트리고 파괴한다 해
도, 나 여호와가 너희를 지킬 것임이
니 그리 알라, 사랑하는 나의 아들딸
들아!

7,675 번째 하나님 말씀

2003년 9월 27일 08시 13분

1 사랑하는 나의 아들아!
2 "네, 아버님! 말씀하옵소서."
3 인간 세속에 너희가 살아가면서 육에
서 요구하는, 그리고 육을 가진 너희
가 하나의 목표를 세워 놓고 그를 성
공적으로 이루기 위해 얼마나 노력을
하던가?

4 인간들이 목표를 세워 놓고 인간의 욕
구에 대한 그 인생의 목표를 세워 놓
고 그를 달성하기 위하여 노력하고 노
력하는 그 사람은 다른 길로 갈 수 없
으며 흐트러질 수가 없음이니라.
5 방탕한 생활을 할 수가 없으며, 인간
의 자세를 흐트러트리고 살아갈 수 없
는 것이 그와 같이 하나의 목표를 세
워 놓고 그를 반드시 역사하고 이루는
사람의 삶임을 너희는 알아야 할 것
이니라.
6 인간이 자기가 무엇을 이루고자 그 인
생의 목표를 세워 놓고 그 길을 위해
서 노력하는 사람은 남들이 생각할 수
없는 피나는 노력을 하는가 하면,
7 피나는 노력을 하는 그 삶보다도 그가
살아가는 그 과정에서 남에게 부끄러
운 삶을 행하지 아니하며 부끄러운 짓
을 하지 아니하며, 그리고 저 자신이
흐트러지고 방탕한 그와 같은 생활을
절대 하지 아니함이니라.
8 그것이 그가 노력하는 것보다 더 소중
하며 중요한 것이니라.
9 그리하여 그는 소기의 인간의 목적을
달성시키지 아니하더냐?
10 너 또한 그러하니라.
11 네가 노력하고 노력하여 내 성령을 받
으니, 100권이라는 책이 지금 세상에
빛을 보도록 준비되어 있으며, 앞으로
160권의 대장정의 역사가 끝날 날도
머지않았음이니,
12 네가 얼마만큼 노력하며 네가 얼마만
큼 기도를 열심히 하느냐에 따라서 그
결과가 나오지 않더냐?
13 네가 아무리 나로부터 성령을 받으며
네가 좋은 계획을 세웠다 해도, 네가
기도하지 아니하며 나의 성령을 받지
아니하면 나의 뜻은 세상에 전해질 수
없으며, '하늘에 오르는 길'이요, '하나
님! 말씀하옵소서'라는 책은 만들어
지지 못하지 아니하더냐?
14 너의 제자들도 그러하니라.
15 너를 따르는 제자들은 인간의 목표를
세우는 것이 아니요, 인간이 가진 뜻
을 이루고자 하는 것이 아니라,
16 나 여호와로부터 초청받은 자요, 나
여호와로부터 선택되어 창조주 나 여
호와의 뜻을 만들고 그를 전하여 만백
성을 구하는 길을 가는 것,
17 너희가 그를 위하여 노력하는 것이 얼
마나 많은 노력을 하느냐가 중요함이
니라.
18 네 모두를 다 바쳐 노력하는 것도 중
요하나, 그 길을 가는 백성이 감히 어
찌 흐트러진 생각과 잘못된 생각이요,
그와 같은 행동을 과연 하고 살 수 있
다고 생각하느냐?
19 인간도 자기의 큰 목표를 위하여 인생
의 목표를 세워 놓고 어려서부터 그
길을 위하여 노력하는 자는 살아가는
그 생활 동안에 노력하는 그 공보다도
그가 그 길을 가기 위해 얼마나 바르
고 고운 생각으로써 세상을 살아가느
냐 하는 것이 중요하다 하였거늘,
20 나 여호와의 뜻이요, 나 여호와가 창
조한 그 모두를 역사하고 그를 만들어
만백성에게 전하는 그 길을 위하여 노
력하는 선택된 너희는 아느니라.
21 그러나 노력하는 너희 마음 자세요,
행동이 과연 인간의 목적을 달성하기

위하여 저 자신을 다스려 나가는 사
람들보다도 못한 마음으로 너희 자신
을 다스리지 못하며 마음을 비우지 못
하며 행동이 바르지 못하다면,
22 이는 얼마나 부끄러운 일이며 얼마나
너희 자신이 추한 모습인가를 봐야 할
것이니라.
23 그러니 그와 같은 삶을 살아서는 아니
되는 것이니라.
24 그러나 너희는 나로부터 선택되어 너
희가 구원을 받고 안 받고가 중요한
게 아니요, 창조주 나 여호와가 만백
성을 위하여 역사하고자 하는 그 목
표를 위해 내가 부른 자들이요, 초청
받은 자요, 나의 부름을 받은 너희이
니,
25 과연 삶이 어떠해야 하는지 그것을
깨우쳐, 너희 자신이 부끄러운 일이
없도록 그리하라.
26 내가 너희를 사랑함이니라.
27 너희가 나로부터 대명을 받은 것이 얼
마나 위대한 역사를 이루는 것이며,
그 위대한 역사를 위하여 모두를 다
바치는 너희는 과연 생각이요, 행동이
요, 마음 자세를 어찌해야 하는가 그
것을 너희는 알아야 할 것이니라.
28 진주와 보석이요, 그 아름다운 것을
다스리고 만들며 세상에 그보다도 더
귀하고 소중한 것이 없는 것을 닦고
깎고 만드는 그 역사를 하는 자들의
마음이 그 진주와 보석보다도 깨끗하
지 못한다면 얼마나 너희 자신이 부
끄러운 사람이더냐?
29 그러니 너희는 이 세상에서 이보다
더 귀하고 소중한 것이 없는 창조주
나 여호와요, 이 지상의 모든 동식물
이요, 그 모두가 존재하고 살아가는
그들의 형태를 볼 때, 나 여호와의 전
지전능함이 어떠한 것인가를 다시 한
번 볼 것이며,
30 그것을 너희가 깨우치면서 그 전지전
능한 나 여호와가 내린 나의 뜻을 역
사하는 너희가 과연 인간인 너희의
몸과 살과 피를 다 바쳐 노력하는 것
도 중요하나,
31 그 노력보다도 더 소중한 것은 그들의
마음의 자세가 어떠한가이니,
32 세상에 이보다 더 귀한 것이 없는 것
을 다스리고 만들고 깎고 씻고 닦고
빛을 내는 너희 마음이 그보다 더 곱
고 아름다운 사람이 되어야만 함이니,
33 이를 명심하고 또 명심하여 너희 자신
을 다스려 나가, 힘과 용기가 되도록
너의 제자들과 너를 따르는 그 백성에
게, 그리고 나의 강론을 듣는 백성에
게 직접 그리 들려주도록 하라, 사랑
하는 나의 아들아!
34 그들의 마음 자세가 어떠해야 하는가?
35 과연 그들이 추한 생각, 더러운 생각,
시기하고 질투하는 생각, 일반 백성의
우매한 생각과 같은 마음을 가지고 과
연 살아가야 하는지, 어떠한 것인지
그들 스스로 바로 깨우치도록 그리하
라.

7,676 번째 하나님 말씀

2003년 9월 27일 08시 18분

1 사랑하는 나의 아들아!
2 **"네, 아버님! 말씀하옵소서."**

3 나 여호와로부터 선택된 백성, 그리고
나의 법전을 읽고 깨우친 자요, 그리
고 사랑하는 나의 아들 너를 따르는
그 제자들은 나 여호와의 사랑에 응답
하는 그 길을 가며, 그 사랑에 응답하
며 그 은혜에 감사하는 그 길을 가라
그들에게 전해야 할 것이니라.
4 나 여호와가 나의 아들과 너희 제자들
모두를 만백성을 위한 희생물로써 선
택하였음을 이제 알아야 할 것이며
그들에게 전하도록 하라.
5 너희는 나로부터 선택되었음이니, 지
상의 제물로써 나에게 선택된 백성이
요, 대명을 받은 자들이니, 그것에서
벗어나려 하지 말며 피하려 하지 말라
그리 전하라.
6 두려워하지 말며 겁먹지 말고 그 길을
가도록 그들에게 희망과 용기를 주어
야 할 것이니 그리 알라.
7 구약의 시대에 모세가 역사했던 것은
바로 무엇인 줄 알겠느냐?
8 희생의 제물로써 그와 같은 역사를 하
였으며, 그는 마지막에 가나안 땅에
들어가지 못하지 아니하였더냐?
9 2천 년 전에 나의 아들 예수가 세상에
와 그가 얼마나 고통스러운 그 죽음으
로써 갔는가?
10 너희가 말하듯 그게 완전히 희생의 제
물이 아니고 무엇이었더냐?
11 그러니 너희도 희생의 제물임을 알아
야 할 것이니라.
12 나 여호와가 마지막 만백성을 구원하
기 위하여 역사하는 길에 동참한 너
희는 진정한 마지막 그 희생의 제물로
써 선택된 것이요,
13 내가 너희에게 부귀영화로 육의 화려
한 삶을 이루어 주고자 너희를 선택
했으며 너희를 쓴 것이 아니니,
14 그와 같은 길이요, 그와 같은 생각은
네 머릿속에서 지워야 할 것이니 그
리 알라.
15 오로지 너희는 모든 것을 다 바치는
희생의 제물이라 함을 알라.
16 너희를 희생의 제물이라 말하는 나 여
호와의 마음부터 가슴이 아프나, 너희
는 모두 희생의 제물임을 절대 잊지
말라.
17 너희는 나의 법전을 만들고 전하는 데
최선을 다하라.
18 너희의 주변에 모두가 떠나며 너희에
게서 등을 돌리고 간다 해도 너희가
가진 것, 명예요, 이룬 것, 그 모든 것
을 다 잃어버려 아무것도 남지 않는다
하여도,
19 너희가 사막의 그 광야에서 뜨거운 태
양빛에 갈증을 느끼며 머지않아 죽어
가는 그와 같은 고통의 운명이 남아
있다 해도, 너희는 두려워하지 말며
겁먹지 말라.
20 그것이 너희가 희생의 제물이요, 희생
의 제물로써 내가 너희를 쓰고자 부
른 자요, 선택한 자들이니 그리 알라.
21 이 세상에 모든 너희 형제들이요, 백
성이 지금 전염병처럼 퍼져 가는 그
사탄의 자식이 되어 가는 것을 그들을
구할 수 있는 그를 위하여 너희는 나
에게 희생의 제물로써 똑같이 선택된
가장 소중하고 아름다운 나의 아들딸
들임을 너희는 알아야 할 것이니라.
22 너희의 형제들이 도처에서 깨우치지

못하고 죽어 가는 그들을 위하여 너희
는 물과 같은 사랑이요, 물과 같은 마
음으로써 그들을 녹이고 다스려 그들
을 구원해야 할 것이니라.
23 이제 내가 너희 깨달음을 알며 나의
법전을 읽어 하늘의 뜻을 앎이니, 이
게 너희가 바로 무엇이냐?
24 나를 위하여 너희가 만백성을 위하여
희생의 제물로서 선택된 너희이니,
25 모세보다도 예수보다도 더한 희생의
제물로서 너희가 모두를 다 바치는
그와 같은 마음의 자세로 가라.
26 거기에 피하려 하지 말며 두려워하지
말며, 육의 세상에서 부귀영화 명예를
얻을 것이며 너희가 육이 편안하고자
하는 생각 그 모두는 너희가 다 버려
야 할 것이며 지워 버려야 할 것이며,
27 그와 같은 은혜와 역사를 너희에게
주고자 그와 같은 너희에게 은혜와
축복을 내려 내가 너희를 쓰고자 함
이 아니요, 너희 자신을 다 바치는 제
물의 희생양으로써 너희가 선택된 나
의 아들딸이라는 것을, 너희로 하여금
만백성을 구하는 제물임을 절대 잊지
말라.
28 사랑하는 나의 아들딸들아, 그것이 너
희이니라.

7,677 번째 하나님 말씀

2003년 9월 27일 08시 25분

1 사랑하는 나의 아들아!
2 "네, 아버님! 말씀하옵소서."
3 나 여호와가 너희를 사랑하는 것보다
너희에게 소중하고 귀한 것이 없거늘
너희는 어찌 그를 모르고 있단 말이더
냐?
4 나 여호와가 너희를 놓지 아니하며
내가 너희를 사랑하는 그 사랑의 강
도요, 그 마음을 너희는 어찌 모르는
가?
5 내가 너희를 아끼고 소중히 사랑하는
그 마음보다 이 세상에 귀한 것이 없
으며 너희에게 더 크나큰 은혜가 없
음을 알라.
6 나는 나의 아들을 따르는 제자요, 나
의 법전을 읽고 깨우치는 백성, 그 모
두를 다 내 모두를 다 바쳐 사랑함을
너희는 알아야 할 것이니라.
7 만백성을 구하기 위해 나의 법전을 많
이 전하는 그와 같은 역사 그것만이
너희가 나의 은혜에 보답하는 길임을
알아야 할 것이니라.
8 너희가 나의 법전을 세상에 전함이니,
그것을 받아들인 백성이, 종교 집단이
요, 지도자요, 어떠한 백성이 그를 악
용하든 어찌 쓰든 너희는 그것에 관
여치 말며, 오로지 그를 전하는 데 최
선을 다하도록 그리하라.
9 종교 지도자 저희가 설교로써 이용하
여 그를 쓰고 전한다 하여도 나의 백
성이 나의 성령을 듣는 것이며, 그들
은 나의 역사를 대신하는 자들이니,
그리 알라.
10 그러한 것에 개의치 말며, 그저 너희
는 전하는 역사만을 최선을 다해야 할
것이며, 완벽한 나의 법전을 만드는
데 너희가 모두를 다 바치도록 그리하
라.
11 나 여호와는 진정한 나의 아들을 찾고

있음을 너희는 알아야 할 것이니라.
12 그러니 내가 너희에게 완벽한 자가
되라 함이니, 진정한 진실된 나의 아
들딸들을 찾고 있음이니,
13 너희 마음이요, 너희 미래까지 바라보
는 나 여호와가 어떠한 자가 나의 진
정한 아들딸이라 내가 말할 수 있는
그와 같은 너희가 변화되는 삶을 살
기를 바라며,
14 그와 같이 변하려고 노력하는 그 아
들딸들을 찾는 것이 나 여호와의 마음
임을 너희는 알라.
15 나의 법전을 보고 어떠한 형태든 깨우
쳤으며, 그리고 나 여호와를 찾고 또
나 여호와를 부르고자 하며, 나의 법
전대로 살고자 노력하는 그와 같은 백
성 그들을 위해서 너희가 법전을 전
하는 것이며,
16 그들이 바로 내가 찾는 진정한 나의
아들딸로서 변할 수 있는 것이 아니더
냐?
17 나는 그와 같은 아들딸들을 만나기
위해 기다리고 있으며, 그들을 만나기
위해 모두를 역사함이니,
18 너희는 전하는 것, 그들이 어찌 쓰든
어찌 행하든 그는 개의치 말고 전함에
최선을 다하도록 하라.
19 너희는 부모의 사랑이 무엇이더냐?
20 육의 마음을 가지는 그 부모도 자식
을 기다리는 그 마음이 얼마나 애절하
더냐?
21 집을 나가 소식이 없이 그저 방황하고
떠도는 그 아들, 부모에게 소식 하나
전하지 않는 그 자식을 기다리는 부모
의 마음이 어떠하던가?
22 죄를 지어 저희가 마음대로 할 수 없
는 자, 죄의 대가를 치르는 그 자식을
그 부모는 버렸던가?
23 자식을 기다리는 마음이 또한 어떠하
던가?
24 사람 구실을 다하지 못하며 부족한
자, 그리고 횡포를 일삼는 자, 남으로
부터 그저 이는 인간 이하라 소리를
듣는 자식이라도, 그러나 그 부모는
그 자식이 부모에게 돌아오는 것을 기
다리는 마음이 얼마나 애절하던가?
25 그러니 사람이 육의 관계에서도 그 자
식이 부모에게 돌아오는 아름다운 자
식이요, 순박한 자식이요, 순응하는
자식으로서 돌아오기를 바라는 그 마
음의 기다리는 마음이 얼마나 고통스
럽고, 얼마나 그 자신이 후회와 절규
의 눈물을 흘리고 사는지 아느냐?
26 그보다 열배 백배 천배 만배 더한 것
이 나 여호와가 너희를 사랑하는 것
이며, 나의 아들딸들이 돌아오기를 바
라는 것이 나 여호와의 마음이니, 이
는 내 마음을 너희가 모르는가?
27 너희는 한번 지옥이라는 그 문으로 들
어가면 영원히 너희가 나오지 못하는
그곳을 너희가 가는 백성, 그러니 그
나의 아들딸을 보는 내 마음이 어떠하
더냐?
28 죄를 짓고 자유의 몸이 되지 못하는
자식을 기다리는 것, 소식이 없는 자
식을 기다리는 것, 그리고 너희에게
잘못된 자식으로서 인간의 도리를 다
하지 못하는 자식이 바른 자식으로 제
품에 돌아오게 하기 위해 그 부모의
눈물 흘림이 얼마나 애절하던가?

29 그러니 영원히 너희가 한번 들어가면
돌아오지 못하는 그 고통스러운 지옥
불로 가는 너희를 바라보는, 그리고
너희가 깨우쳐 나 여호와의 가슴에 돌
아오기를 바라는 내 마음은 과연 어떠
하겠느냐?
30 그리하여 나의 백성을 지옥으로 인도
하는 교회요, 십자가 위에 내가 피눈
물을 뿌리고 있으며, 나의 피눈물로써
그 모두가 다 범벅이 되어 있는 것을
그들이 모르고 있음이니라.
31 사랑하는 나의 아들딸들아, 그리고 선
택된 너희만큼은 이 역사를 이루는
데 잠시도 주저해서는 아니 될 것이며,
32 육의 세상에 소식이 없는 자식을 기다
리는 그 부모의 마음보다도 내 자식이
지옥 불로 가는 것을 바라보는 내 마
음이 천배 만배 더 아프고 저려 오니,
33 그들을 지옥 불로 인도하는 그 사악한
교회에 십자가에 내가 내 피눈물을 뿌
리고 있다 함을 그 뜻이 어떤 것인가
를 깊이 깨우쳐,
34 너희가 나 여호와에게 기쁨을 줄 수
있는 그 길을 가는 것은 너희며, 나에
게 모든 것이 기쁨을 줄 수 있는 것은
오로지 선택된 너희요, 나의 법전을
읽고 깨우친 백성이라는 것을 절대
잊어서는 아니 되니,
35 이는 곧 법전을 읽지 않는 자, 심판대
에 설 수 없기 때문이니, 내 품으로 돌
아올 수 있는 아들딸이 없기 때문이
니, 그나마 이를 읽고 깨우치는 자가
나에게 올 수 있는 자식들이요, 내가
찾는 그와 같은 자식들이 될 수 있기
때문이니라.
36 내가 너희를 사랑함이니라.

7,678 번째 하나님 말씀

2003년 9월 27일 08시 36분

1 사랑하는 나의 아들아!
2 "네, 아버님! 말씀하옵소서."
3 지금의 수천 년 동안 하늘에 오르는
길이라 하여 오는 종교 집단이요, 지
도자, 그리고 맹종하는 그 광신도들,
그들은 성령으로써 임하는 것이 아니
요, 다른 신을 사탄이 그 악마를 그들
의 마음속에 깊이 심어 놓고 믿음의
길을 가고 있는 자들이니라.
4 그들은 씻고 씻어야 할 것이며 그 길
이 먼저이거늘 그를 씻지 못하며, 오
로지 나의 아들 예수의 은혜로써 모두
를 구원받았다 그리 부르짖고 있음이
니라.
5 나를 찾으며 나의 아들 예수를 구세주
라 하면서, 제가 원하는 것을 가지고
그것을 이루기 위하여 그들은 우리
부자를 능멸하고 모욕적인 행동만을
밤과 낮을 가리지 않고 치고받는 그와
같은 형태를 하고 있음이니,
6 그들이 나의 아들이 구세주요, 나 여
호와를 믿기만 하면 구원을 받는다며
울고불고 광란의 짓을 하는 것, 그것
은 성령으로써 임하는 것이 아니요,
나에게 저희가 치고받는, 나에게 고성
을 지르는 그와 같은 행위를 하며 나
의 뜻을 거역하는 자들이라는 것을 너
희는 잊어서는 아니 될 것이니라.
7 그러니 그들이 가진 죄의 허물을 하
나하나 벗겨 내는 것, 그것부터 그들

이 먼저 행해야 함을 그들은 알아야
할 것이니라.
8 그들은 정녕 모르고 있음이니라.
9 저희가 다른 신을 섬기고 있다는 것을
모르며, 그들의 마음속에 깊이 자리잡
은 욕심의 그 공장이 사탄이 되어 사
악한 마음이요, 악마가 그 악마의 씨
를 계속 잉태하고 있다는 것을 모르니,
10 그들의 마음속에 자리잡은, 그들의
마음속에 버티고 있는 사탄을 몰아내
지 못하며, 사탄을 보지 못하며, 악마
를 보지 못하며, 악마의 씨를 잉태하
여 세상에 존재하는 그 공장을 그들은
보지 못함이니라.
11 그리하여 그들은 무서운 것을 모르며
그리고 두려운 것을 모르며, 나의 심
판의 대가가 얼마나 저희가 버티고
견딜 수 없는 길이라는 것을 그것을
모르고 있느니라.
12 그리하여 저희가 나에게 오르는 길이
아니요, 지옥으로 가는 그 길을 당당
히 웃고 즐기면서 지금 가는 것이 그
들이니라.
13 그러니 그 불쌍한 자, 그 세뇌된 백성,
그들은 과연 어찌 깨우치며 어찌 다
스리겠느냐?
14 그것은 바로 너희가 물과 같은 부드
럽고 유한 사람으로서, 그리고 나의
법전을 조용히 그들에게 전해 주는
그 역사가 아니고서는 그 누구도 그를
깨우칠 수가 없는 것이 오늘의 그들이
가는 변화인 것을 너희는 알아야 할
것이니라.
15 그들을 위하여 너희가 모두를 다 바
치는 그와 같은 삶을 살지 아니하면
너희는 정녕 나에게 대명을 다했다며
너희가 내 앞에 와서 고개 들을 수 없
음을 알아야 할 것이니라.
16 너희가 나에게 심판을 받으면 너희에
게 어떠한 것이 가해지는가를 너는
가르쳐야 할 것이니라.
17 너 자신이 지옥 불이요, 너 자신이 모
두를 역사하는 것을 너는 보고 보지
아니하였던가?
18 그러니 나의 백성에게 심판을 받음이
얼마나 무서운 것이며, 심판의 그 죄
목이 얼마나 가혹하며,
19 그는 끝도 없는 암흑의 세상에서 너희
가 그 모두를 치르는 그 험악하고 무
서운 지옥의 세상, 한번 들어오면 영
원히 나가지 못한다는 내가 수백 번
여기다 기록하는 그 뜻을 너희는 알
아야 할 것이니라.
20 나 여호와는 너희에게 그러나 그 지
금 시각을 주고 있음을 알라.
21 지금 내가 너희에게 베풀고 내가 은
혜를 내리는 것은 다만 너희에게 많은
시간을 주며 내가 너희를 기다리고
있음을 너희는 알아야 할 것이니라.
22 나의 법전의 대장정의 160권이 세상
에 나오고 나서도 내가 너희에게 천
년이라는 그 기간을 주고 있음을 너
희는 알아야 할 것이니라.
23 천 년에 걸쳐 너희가 바른 백성으로
거듭날 수 있는 시간을 내가 천 년이
라는 긴 시간을 주고 있음을 알라.
24 나 여호와는 지금 피눈물을 쏟으면서
도 너희를 기다리고 있으며, 시간을
내가 너희에게 주고 있음이니라.
25 너희가 나를 거역하고 욕되게 하며 능

멸하는 행위를 하며, 거침없는 그와
같은 행위를 하며 나를 짓밟는 짓을
하며, 나의 아들을 그리 고통스럽게
죽게 한 너희가 그 십자가라는 그 공
동 묘지를 만들어 너희가 아직도 아
귀다툼을 하며,
26 인간이 아니요, 사악한 동물들이 모여
서로 물고 뜯는 그와 같은 형국을 하
는 그와 같은 너희를 나는 천 년이라
는 시간을 주고 기다리고 있다는 것을
너는 만백성에게 전하라.
27 나의 법전을 찢어 버리고 태운 자, 그
리고 나의 아들을 공격하여 능멸하는
자, 예수보다도 더 처참하게 나의 아
들을 그저 무너트리려 하는 자,
28 그러나 나는 나 여호와는 너희를 더
사랑하며, 너희를 사랑하기 때문에 오
늘의 피눈물을 흘리면서 너희를 기다
리고 있음을 너희는 알아야 할 것이
니라.
29 희생의 제물로 선택된 너희는, 너희가
존재하지 아니하며 너희는 없다는 것
을 알고 있지 않으냐?
30 그리하여 너희는 남을 위한 이 길을
가는 것이 너희가 가야 할 길이며, 너
희가 이 어렵고 힘든 고통의 시련을
가는 것, 모든 백성은 그를 모르느니
라.
31 저희를 위하여 너희가 오늘의 희생의
이 어렵고 힘든 그 길을 가는 것도 보
지 못하며, 그를 사탄이요, 이단이요,
사악한 자라 행위를 하는 자들이 그들
이니,
32 과연 그들을 무엇으로써 가르치겠느
냐?
33 너희가 나가 세상에 나의 법전을 만들
어 만백성을 구하는 그 역사를 하고
있으며, 나의 법전이 나의 성령이라는
것을 알며, 나의 아들이 내가 보낸 나
의 아들이라는 걸 믿고 따르는 너희가
있기에,
34 천 년이라는 그 세월을 나 여호와가
피눈물을 흘리면서, 내가 피눈물을 흘
려 그를 다 덮으면서도 내가 너희를
사랑하며 그들을 사랑하기에 내가 천
년이라는 그 시간을 기다리는 너희는
절대 잊지 말도록 그리하라.
35 어떠한 고통과 시련이 있다 해도 너희
는 지쳐서도 아니 되며 너희가 헤어
져서도 아니 되며 중단되어서도 아니
되며 돌아서도 아니 됨이니, 그리 너
희는 알아야 할 것이니라.
36 나 여호와의 사랑이 그보다도 더 위대
하다는 것, 그리고 나의 사랑이 얼마
나 위대한지 그것을 너희가 만백성에
게 보여 주는 것은, 너희가 행하고 살
아가는 길밖에 없음을 너희는 알아야
할 것이니라.
37 그들이 수없는 죄를 짓는 그것보다도
나의 사랑이 더 위대하며, 인내하는
사랑이 가장 위대하다는 것을 그들에
게 보여 주어야 하며, 그들을 가르쳐
야 하는 것이 너희기 때문이니라.
38 육을 가진 나의 백성을 가르치는 것
은 육을 가진 백성만이 다스릴 수 있
으며 그들에게 깨우칠 수 있음이니,
39 그리하여 너희가 육을 가진 희생의
제물로서 너희가 오늘에 선택되었음
을 알며,
40 그리하여 너희가 가는 길은 어떠한

험난하고 힘들은 길이라 해도 너희는
희생자로서 가는 것이니, 불평불만 하
지 말며 주저앉지 말며, 헤어지지 말
며, 흩어지지 말도록 그리하라.
41 지금 너희가 이러한 변화의 역사를
만들지 못하면 하늘의 낙원은 이 지상
에서 영원히 이루어질 수 없으며,
42 지상의 낙원이 하늘처럼 이루어지지
못한다는 것은 결국 무엇을 말하느냐?
43 수천 년 동안 흘러와 나의 피조물 만
백성들이 지옥으로 갔듯이, 나의 사랑
하는 백성이 영원히 지옥으로 갈 것
이며,
44 그다음에 너희가 이 역사를 이루지
못했을 때, 나 여호와의 분노함은 너
희가 그것이 곧 너희가 말할 수 없는
이 세상의 모두가 끝나는 그와 같은
것으로써 내가 손을 놓는 길밖에 없다
는 것을 알라.
45 이 두렵고 무서운 사실을 너희가 그
저 흘러가는 말로 듣지 말라.
46 너희를 사랑함이니, 너희가 곧 제물의
희생이란 무엇이더냐?
47 너희가 없다는 의미이며, 너는 존재하
지 않는다는 것을 알라.

7,679 번째 하나님 말씀

2003년 9월 27일 08시 40분

1 사랑하는 나의 아들아!
2 "네, 아버님! 말씀하옵소서."
3 나 여호와가 너희에게 말하느니라.
4 손으로 지은 그 교회는 곧 그것이 죄
의 온상이요, 이는 절대 내가 짓지 말
라, 역사하지 말라 가르친 그 법도를
그들은 어기고 가는 자들이라 했음이
니라.
5 그러니 그 속에 있는 백성이 다 죽은
자요, 그리하여 내가 너희 손으로 지
은 그 교회는 공동묘지라 하였으며,
6 만백성들의 재물을 긁어모으며 너희
가 높이 십자가를 세워 놓고 밤마다
불을 밝히는 것은 너희가 나를 고문
하는 것이며, 그게 공동묘지의 표시라
그리 말하였음이니,
7 그곳에는 인간이 존재하지 아니하며
흉물스러운 짐승의 형태를 가진 자들
이 물고 뜯고 하는 그와 같은 형국이
라 내가 너에게 보여 주었음이니, 그
것이 사실이니라.
8 그들은 그렇게 흉물스러운 짐승으로
만 존재하는 그 속에 그들을 그와 같
이 짐승으로 만드는 자가 어디 있는지
알겠느냐?
9 붉은 악마가, 사탄이 그곳에 하나씩
자리 잡고 있기 때문이니, 너희는 그
를 알아야 할 것이니라.
10 나의 사랑하는 백성이 공동묘지의 그
안에서 흉물스러운 짐승의 형태로 있
으며, 인간의 모습도 갖추지 못하도록
그를 흉악하게 만든 것은 붉은 악마
한 마리씩이 그곳에 자리를 잡아, 사
탄의 강론만을 가르치며 사탄의 설교
만을 가르치고 있음이니,
11 그들을 단죄하지 못한다면 너희들은
그 짐승들이 그곳에서 짐승과 같은 형
국을 버리고 인간으로서 거듭나는 그
일은 절대 이루어질 수 없음이니, 너
희는 그들을 단죄하는 데 주저해서는
아니 될 것이며,

12 그들을 지금서부터 너희 스스로 단죄
하는 자, 너희가 인간으로서 변화되는
나의 법전을 접하게 될 것이며, 그 뜻
을 알게 될 것이니라.
13 붉은 악마요, 사탄이 그 안에 자리 잡
는 자, 그곳이 악을 계속 생산하는 그
와 같은 악마요, 사탄이 있는 한, 사랑
하는 나의 백성은 진리가 무엇이며
참진리가 어떠한 것이며 하늘에 오르
는 길이 무엇인가를 보지 못함이니,
14 그들은 구원이라는 것은 생각도 못하
는 그와 같은 불쌍한 백성으로 전락
되어 있음을 너희가 알아야 할 것이
니라.
15 그리하여 그들은 진리가 무엇이며 구
원의 길이 무엇인지 그 모두를 알지
못하며 그저 그 속에서 그들이 몸부림
을 치는 자들이니라.
16 그들이 몸부림을 치는 것은 헤어나기
위한 몸부림이 아니요, 저희가 지옥으
로 가는 더 큰 표를 가지고 더 큰 자리
를 얻기 위해 그들이 몸부림을 치고
있으니,
17 아무것도 모르는 그 백성을 깨우치는
것은 누가 깨우쳐야 하겠느냐?
18 그 형제로서 나의 법전을 읽고 깨우
쳐 하늘의 뜻을 알며 내가 역사하고
자 하는 너희만이 그들을 구할 수 있
는 자들이기 때문이니라.
19 그리하여 내가 나의 사랑하는 피조물
만백성들이 인간의 형태가 아니요, 짐
승의 몰골이요, 뼈만 남은 사악한 자
들이 물고 뜯는 그와 같은 형국으로
만든 거기에 깊이 자리 잡고 뿌리내린
붉은 악마요, 사탄의 자식인 그 하나
씩을, 그들을 단죄하고 그들을 제거하
지 아니하면 아니 되기 때문에,
20 내가 너희의 오늘의 형국을 보여 주
며 내가 그들을 다스리고자 함이니
그리 알라.
21 오로지 나의 법전이 세상에 나가, 짐
승의 형태를 가진 나의 백성이 인간
의 형태로 변할 때,
22 그 붉은 악마요, 그가 어떠한 자라는
것을 알고 있으며 저희를 그와 같이
무너뜨린 자의 모습을 볼 수 있으며
그 행동을 볼 수 있기 때문이니,
23 그리하여 너희가 나의 법전을 만들고
전하는 역사만이 모든 백성이요, 만백
성을 구하는 길이라 함이 여기 있음이
니라.

7,680 번째 하나님 말씀

2003년 9월 27일 08시 44분

1 사랑하는 나의 아들아!
2 "네, 아버님! 말씀하옵소서."
3 너희가 말한 이방인이라 하여 나 여호
와를 찾지 아니하고 다른 신이라 하여
가는 그 백성, 나 여호와를 인식하지
아니하며 의식하지 아니하고 살아가
는 백성,
4 그리고 저희가 나 여호와의 뜻에 의
해 하늘에 오르는 길을 인도하며 저
희는 나의 뜻에 의해서만 산다는 종교
집단이요, 지도자요, 그리고 맹신하고
광분하는 신도들,
5 그 모두는 저희 마음속에 하나의 의
혹을 버리지 못하는 것이 있음이니라.
6 구약의 시대의 그 모두의 역사한 것,

모세의 그 시대에 그 모두가 역사한
것,
7 저희는 그 시대에 태어나지도 아니하
였으며 그 시대를 보지도 못하였으며,
그것을 너희가 인정할 수 있는 것도
없으며 저희는 그 당시에 태어나지
아니한 자들이라 너희는 의혹하며 그
를 불안해하는 자들이 있는가 하면,
8 그리고 너희가 모세의 시대가 지나
다시 예수의 시대요, 예수가 세상에
태어난 그 시대에도 너희가 뭐라 생
각하는가?
9 2천 년 전에 예수가 세상에 내려와 나
의 만백성을 구원하고자 했을 때, 그
때도 너희는 태어나지도 아니하였으
며 그를 너희는 보지도 못하였으며
너희가 직접 인정하지도 못한 것이니,
10 너희는 그와 같은 역사의 흐름을 너
희가 마음속에 의혹하는 것이 있느니
라.
11 그리하여 '그때의 역사가 지금의 나와
무슨 관계가 있으며 나와 무슨 인연이
있는 것인가?' 그리하여 너희는 과연
그를 진심으로 믿어야 할 것인가, 진
정 그를 따라야 할 것인가 하는 것은,
12 이방인이라는 백성과 지금의 믿음의
길을 가는 백성 너희가 생각하는 마
음의 그 깊은 한구석의 의혹은 똑같
이 품는 것이니라.
13 그리하여 내가 지금 나의 마지막 주자
요, 마지막 시대에 역사하는 나의 법
전을 그러한 너희 마음을 다 지우도
록 하며, 너희가 스스로 다스려 너희
가 나의 법전이 나 여호와가 내리는
것이며 만백성을 구원하는 것이라는
것을 입증하고 증거하기 위해,
14 나의 아들을 통하여 날짜와 시간과 그
분까지 정확하게 기록하여 책으로 만
들어 너희 앞에 보여 줌이니 그리 알
라.
15 그러니 모세와 예수를 중간 주자요,
제3의 시대가 마지막 주자라 하는 그
의미를 알겠는가?
16 그리하여 마지막 시대 나의 법전을 내
리는 것은 지금까지 너희가 가진 모
든 의혹의 그 마음이요, 모세의 시대
요, 예수의 시대요, 태어나지도 아니
하였으며,
17 그와 같은 역사 속에 과연 너희가 어
떠한 관계며 그것이 진실한 것이며
사실이냐 하여 그를 의혹하는 이방인
이나 믿음의 길을 가는 백성, 그 모두
의 마음을 스스로 다스릴 기회를 주
기 위하여,
18 마지막 주자의 그 역사하는 근거로
하여 내가 시간과 분과 모두를 기록하
여 나의 법전을 만들어 너희에게 전함
이니, 이를 너희가 그 뜻을 알아야 할
것이니라.

7,681 번째 하나님 말씀

2003년 9월 27일 08시 49분

1 사랑하는 나의 아들아!
2 "네, 아버님! 말씀하옵소서."
3 이제 너희는 지금까지 모두 역사하고
나타냈던 너희의 종교 집단이요, 지도
자요, 물질적이요, 너희가 말하는 죄
의 온상인 그 인간이 지은 건축물이
요, 그 모두를 가지고 너희가 그 위력

을 과시하며 그 길만이 하늘에 오르는
길이요, 너희만이 진정한 하늘에 오르
는 길이라 가르치는 자들,
4 그 종교 집단이 이제는 서서히 폐쇄하
기 시작하며 무너지기 시작하고 있음
을 너희는 알아야 할 것이니라.
5 이제 나의 법전인 나의 성령의 마지
막 시대를 역사하는 법전이 세상에
나가게 되는 날, 지금까지 제자리에
걸음마를 하고 있던 너희가 그 믿음
이요, 가르침은 이제 폐쇄되기 시작할
것이니라.
6 너희가 녹음 테이프라는 곳에 녹음된
그 음성을 틀고 또 틀고 듣고 들은 그
와 같은 것이 오늘의 믿음의 형국이니,
7 그와 같은 믿음 속에서 벗어나지 못한
너희가 오늘의 구원의 소망이요, 구원
을 부르짖는 것, 그 모두를 낡은 구원
의 방식과, 건축물 안에서만이 너희가
축복을 받을 수 있다는 그와 같은 믿
음에 고착되어 있음이니,
8 그리하여 내가 너희 믿음은 초보의
믿음도 아니 된다 그리 말하였음이니
라.
9 이제는 너희가 나의 법전이 세상에
나가 나의 피조물 만백성들이 개인의
가슴속에 그 교회를 짓는다는 것, 그
리고 가슴속에 개인 변화의 위대함이
어떠한 것인가, 그리고 가정의 예배
요, 가정의 믿음의 그 위력 앞에서,
10 너희가 오늘 건축물 안에서 집단적으
로 깨우치는 것만이 하늘에 오르는 길
이요, 재물과 은혜를 바치는 것만이
구원의 길이라 하여 이제까지 끌고 왔
던 그 모두의 형태요, 너희가 위력을
자랑하는 그와 같은 종교 집단이요,
물질적인 힘,
11 그 모두는 비참하리만큼 무너지기 시
작할 것이니 그리 알라.
12 교회의 건물이 변화되는 것이 너희가
그 영적인 믿음이요, 영적으로 성장하
여 하늘에 오르는 길이라 믿는 그 사
악한 종교 집단들,
13 더 큰 교회를 짓는 것, 더 아름다운 교
회를 짓는 것, 그 건물을 짓는 것, 그
건물이 변화되는 것이 너희는 영적인
성장이요, 믿음의 변화라 착각하는 것,
14 그리고 나로부터 은혜를 받았다는 것,
그리하여 변화될 줄 모르는 너희가
얼마나 어리석은 백성이며 나 여호와
의 뜻과는 관계없는 신앙의 길을 가는
가를 너희에게 내가 깨우쳐 주고자
그리함이니, 너희는 알아야 할 것이니
라.
15 지금의 너희는 영적인 믿음이요, 영적
인 깨우침이 아니라, 너희가 믿음의
근본의 기초는 건물이 중요한 역할에
서 비롯된 것이며,
16 그 건물이 역사하지 아니하면 너희는
구원의 길이 역사하지 아니한다는 것
을 나의 사랑하는 백성에게 그리 가르
치고 그리 세뇌시킨 것이 너희가 아니
더냐?
17 그리하여 나의 피조물 만백성들이나
종교 집단 지도자, 너희가 마음의 성
전인 그 믿음의 교회를 짓지 아니하며,
18 너희가 건축물이라는 것만으로써 모
두를 증거가 되며 입증하려는 어리석
은 낡아 빠진 그 기념물은 이제 다 버
려야 할 것이며, 그는 다 내가 불태워

문을 닫게 할 것이라는 것을 너희는
알아야 할 것이니라.
19 이제 나의 아들을 따르는 제자들이요,
나의 법전을 읽고 깨우친 이 대목을
읽은 백성, 너희는 내가 곧 단죄한다
는 것,
20 진정한 너희의 믿음은 바로 너희 마
음속에 개인의 가슴속에 성전이요, 아
름다운 교회를 짓는 것이요, 가정적으
로 너희가 모두를 지어야 한다는 것
을 나의 피조물 만백성들에게 전해야
할 것이며,
21 너희가 몸소 실천하는 그와 같은 역사
를 이루었을 때, 너희가 가정의 예배
요, 나 여호와가 역사하는 것이 얼마
나 위대한 것인가를, 너희는 그 위력
을 알게 될 것이니라.
22 그들에게 그 위력을 보여 줄 날이 머
지않았음을 너희는 알라.

7,682 번째 하나님 말씀

2003년 9월 27일 08시 54분

1 사랑하는 나의 아들아!
2 "네, 아버님! 말씀하옵소서."
3 이제는 너희가 지금까지 그 믿음의
변화요, 영적인 성장은 교회요, 회당
이요, 법당이요, 그 모두를 너희가 얼
마나 크게 역사하고 이루느냐에 따라
서 너희가 나로부터 은혜를 받으며
영광된 축복된 자라 하여, 너희는 그
것이 믿음의 근본이라 그리 어리석은
믿음을 지금 믿고 왔음이니,
4 모두가 참진리의 진정한 길이 아니었
음을 너희는 이제 알게 될 날이 머지
않았을 것이니라.
5 나의 법전 160권이 세상에 나와, 만백
성들이 이를 보고 너희가 '저의 죄를
용서하여 주옵소서.' 하며 그 자리에
서 기도 드리는 그와 같은 변화의 역
사가 이루어질 때, 너희는 그때 가서
그를 알게 될 것이니라.
6 지금까지 너희가 모두 이루어진 그
종교 집단의 믿음은 내가 무엇이라 말
하였느냐?
7 너희가 한 인간이 인간의 기업을 쌓아
올려 육성한 것처럼, 너희 모두는 그
와 같은 형국으로 지금까지 역사한
것이니라.
8 그러니 너희가 거듭나는 길이요, 나의
법전을 읽고 깨우치며 참진리의 가는
길은,
9 너희가 지금까지 인간 기업으로써 쌓
아 올린 그 모두를 너희가 어찌 버릴
것이며, 얼마나 많은 것을 다 던져 버
리면서도 너희가 마음의 미련을 갖지
아니할 수 있는 것이냐, 그리고 과연
다 모두를 버릴 수 있는 것인가, 그것
부터 너희가 마음을 진단하며,
10 너희가 스스로 버릴 수 있는 그 길을
선택하지 아니하면 너희는 나에게 오
를 수 없는 것이니라.
11 너희는 모두를 버려야 하는 것, 그 생
각부터 너희가 먼저 깨달아야 할 것
이니라.
12 그러니 너희는 얼마나 버려야 할 것
이며 얼마나 던져 버려야 할 것인가,
그것부터 너희가 지금 깨닫고 그것부
터 너희가 용기 있게 실천하고 행하
는 자, 그와 같은 자만이 구원을 받을

수 있을 것이니라.
13 그러나 과연 너희가 지금까지 이루어
놓은 그 모두를 다 버리고 너희가 새
로운 길을 갈 수 있는 종교 집단이요,
지도자가 과연 얼마나 있는가?
14 너희 모두를 다 버릴 수 있는 그 용기
요, 그리고 모두를 다 버릴 수 있는 그
와 같은 행동에 옮기지 아니하는 자는
인간의 기업으로써 너희가 욕심을 채
우고 살다가, 너희가 욕심이라는 그
다른 신을 가슴에 안고 살다가,
15 너희는 영원히 한번 들어가면 나오지
못하는 지옥으로 너희가 간다는 것을
알라.
16 지도자는 깨달아야 할 것이니라.
17 모두를 다 버리고, 너희 손에, 네 가슴
에 있는 것이 아무것도 없는 그와 같
은 버림을 갖지 아니하면 아니 될 것
이니라.
18 너희가 그를 버리는 것을 내가 깨우쳐
주며 너희가 버릴 수 있는 그 용기를
알려 주고 너희를 지도하기 위해 나
의 법전이 세상에 나감이니,
19 너희가 나의 법전을 가슴에 안고 정독
하라.
20 그러면 너희가 무엇을 얼마나 어떻게
버려야 할 것이며, 모두를 다 버리고
도 아니 되는 것, 그리고 모두를 다 버
리고 나서도 너희가 목숨까지도 버리
는 그 역사함이 없이는 너희가 거듭
날 수 없다는 그 모두를 상세히 나의
법전에 기록하여 너희를 깨우치고자
전함이니,
21 이를 읽고 깨우친 백성은 너희가 과
감히 다 버릴 수 있는 그 용기 있는 백
성만이 나에게 오를 수 있음을 너희는
알라.
22 교회를 아름답게 치장하는 것으로써
너희가 너희 자신을 다스리며 너희가
구원을 받는다는 그와 같은 생각을 하
는 것, 너희는 거기에서 물러나야 하
며,
23 거기에서 너희가 깨달음을 얻지 아니
하며 돌아서지 못하면 너희는 나로부
터 정녕 구원의 길을 볼 수 없으며, 너
희가 그 길을 볼 수 없다는 것을 명심
해야 함을 알아야 할 것이니라.
24 너희가 지금까지 아름답게 치장했던
교회요, 그리고 너희가 모두를 바쳐
역사했던 것, 그리고 방대하기 위해
너희가 노력하고 너희가 재물을 거둬
들이고 긁어모았던 신도들,
25 오늘에 너희가 왕좌요, 권좌에 앉아
생활하는 것, 그 모두를 다 아낌없이
던지고 버렸을 때만이 너희가 참진리
의 그 빛을 볼 수 있음이니, 그 모두는
너희가 행해야 할 것이니라.
26 그를 버리지 못하고 용기 없는 그들을
위하여 내가 나의 법전에 상세히 버릴
수 있는 것, 던질 수 있는 것을 보냈음
이니라.
27 내가 너희가 지금까지 기업으로써 이
루는 그 모두를 다 던져도 안 되며, 너
희가 목숨을 던지는 그와 같은 버리는
용기 있는 그 삶으로 변화되지 아니하
면 너희는 거듭날 수 없다는 것을 명
심하라.
28 가장 어리석고 불쌍한 백성이 그들이
니라.

7,683 번째 하나님 말씀

2003년 9월 27일 09시 01분

1 사랑하는 나의 아들아!
2 "네, 아버님! 말씀하옵소서."
3 지금의 모든 종교 집단의 교리가 과연 무엇이더냐?
4 너희는 나 여호와의 뜻에 의해 나의 아들 예수의 그 죽음의 고통에 대하여 너희가 감사하며 그를 따르는 그와 같은 믿음의 교리가 아니니, 이를 보는 나 여호와의 마음이 어떠하겠느냐?
5 너희가 지금까지 모든 백성에게 가르치는 그 교리의 근본이요, 그 속셈이 무엇이더냐?
6 너희는 이 세상에 지은 죄를 용서받았으며, 현재의 죄도 미래의 죄도 다 용서를 받았음이니,
7 그러한 삶의 기준에서 오늘에 너희가 선과 악을 가릴 필요가 없으며 그를 구분할 필요가 없다 그리 가르치지 않는가?
8 그리하여 너희가 모두의 용서를 받았음이니, 너희는 지금 죄요, 악과 선에 대해서 생각할 필요도 없으며, 그를 너희가 악을 버리고 선을 선택하는 어렵고 힘든 그 길을 갈 필요도 없다는 것이 너희가 지금 가르치는 종교 교리지 무엇이던가?
9 이것이 너희가 가르치는 너희 속내의 생각이 아니더냐?
10 나의 아들과 나를 믿는 그 순간부터 너희가 구원을 받았다 그리 가르치며, 그리하여 너희는 창조주 나로부터 심판을 받지 않는다 그리 말하느니라.
11 심판도 형벌도 어떠한 죄에 대한 문책도 받지 않는다 그리 가르치는 것이 오늘의 너희의 주된 교리요,
12 그것으로 나의 피조물 만백성을 현혹하여 이끌어 가 그들을 지옥 불로 인도하는 그와 같은 사악한 사탄의 앞잡이가 되었으며, 붉은 악마가 바로 너희이니라.
13 너희가 영원한 죽음도 없으며 지옥도 없다 말함이니라.
14 그러면서 너희는 성경의 한 구절을 또한 어찌 가르치느냐?
15 그 내용을 내가 기록하여 전함이니, 이를 읽고 깊이 너희가 깨우치도록 하라.
16 '내가 진실로 진실로 너에게 이르느니 내 말을 듣고 또 나를 보낸 이를 믿는 자는 영생을 얻을 것이며 심판에 이르지 아니하니, 사망에서 생명으로 옮길 것이니라' 그리 말하느니라.
17 '이는 너희가 믿음을 믿고 살아와 너희가 죽어 심판에 이르지 아니하니, 사망에서 생명으로 옮겼느니라.' 이 구절의 의미를 너희는 알아야 하느니라.
18 참진리요, 나의 계명대로 행하지 못하는 백성, 너희는 그와 같이 내 뜻에 의해 살지 아니하며 나의 계명이요, 너희가 나의 율법대로 참진리대로 살아가지 아니하는 백성은 육이 살아 움직이나 그는 죽은 자요,
19 너희가 살아 있으나 죽은 자라는 그 의미이니라.
20 그러니 살아 있으면서도 참진리요, 나 여호와의 뜻이요, 계명대로 율법대로

살아가지 아니하면 나를 알지 못하는
그 백성이 참진리요, 나의 계명대로
살아가는 그와 같은 삶을 살아가는 변
화가 이루었을 때,
21 그가 육의 세상에서 거듭나며 새로 태
어나는 변화의 길을 가는 백성 그들을
의미함을 너희는 알아야 할 것이니라.
22 그러니 육의 세상에서 너희가 살고
행함이 얼마나 중요한 것인가를 너희
는 이 대목에서 깨우쳐야 하며 지금
의 종교 집단들이 가르치는 그 믿음
에서 너희가 헤어나야 함을 알라.
23 이를 가르치는 너희가 모든 성서요,
모든 가르침은 내가 무어라 너희에게
말하였느냐?
24 너희 재산이요, 너희가 소중한 그 모
두를 대는 것은 너희가 나 여호와의
참진리요, 성서에 기록된 것, 나의 법
전에 기록된 것, 십계명에 기록되어
내리는 그 모두를 너희 육에 편안한
쪽으로 유리한 쪽으로 해석하지 아니
하며,
25 모두는 너희가 불리한 쪽으로, 너희가
고통의 길을 가는 그와 같은 방법으로
모두를 생각하고 해석하고, 너희가 불
리한 쪽으로 연구했을 때, 모두는 너
희 것이 되며 나 여호와의 진리를 본
다 말하지 아니하였더냐?
26 그러한 의미를 너희가 깨닫는다면 내
가 지금 성경의 한 구절을 기록하여
너희에게 전한 내용을 잘 깨우치고 행
하다 보면 너희가 얼마나 어리석은
백성인지를 스스로 깨우칠 것이니라.
27 이제 나의 법전을 접하고 읽는 백성
너희는 너희 스스로 깨우치고 너희가
네 손으로 모두를 역사하며, 너희 자
신의 사악한 악마의 공장을 너희 스
스로 부수고 태워 버리고 뽑아내는 것
이 너희의 과제임을 잊어서는 아니
될 것이니라.

7,684 번째 하나님 말씀

2003년 9월 27일 09시 10분

1 사랑하는 나의 아들아!
2 "네, 아버님! 말씀하옵소서."
3 구약의 시대는 출발이요, 예수의 시대
는 중간의 주자요, 지금 내가 나의 아
들을 통하여 내리는 이 법전은 마지막
주자라 내가 그리 말하였음이니라.
4 그러니 나의 법전이 곧 너희를 심판
하는 것이며, 심판의 기준이라 내가
너희에게 간곡히 말하였으며,
5 이를 너희가 접하고 읽고 깨우치지
아니하는 자, 심판대에 설 자격도 없
다 그리 말하였거늘,
6 나 여호와의 법전을 이제는 너희가 믿
고 안 믿는 것은 너희 자신, 개인의 문
제이니라.
7 그러나 너희는 알아야 할 것이니라.
8 나의 법전을 정독하지 아니하며 그와
같이 살지 아니하였을 때, 너희는 심
판대에 절대 설 수 없다는 그 사실을
너희는 가슴 깊이 두려움을 알고 새
겨 두어야 함을 잊어서는 아니 될 것
이니라.
9 너희가 나의 법전을 태우고 버리는
자, 너희 의지대로 네가 그리할 수 있
음이니라.
10 그리고 나의 아들에게 너희가 가해하

고자 하는 것, 그리고 사탄이요, 이단
이라 말하여 너희가 그와 같이 나의
아들을 따르는 제자들이요, 이를 깨우
치는 백성을 핍박하는 그 행위는 너
희 의지대로 네 생각대로 마음대로 할
수 있으나,
11 너희는 바로 천국에 오고 못 오는 것
은 네 의지대로 네가 절대 할 수 없다
는 것을 알아야 할 것이니,
12 절대 할 수 없는 그 길을 위하여 너희
가 지금 그 길에 오르지 아니하고자
사악한 행위를 하고 있다면 과연 너희
는 어찌하겠는가?
13 너희가 나의 아들을 핍박하며 그를 피
보다 더 진한 고통으로써 죽게 하며
나의 법전을 찢어 버리며 태워 버리
며, 그를 따르는 제자들에게 사탄이
요, 이단이라 하며 벌레 보듯이 하는
것, 그것은 네 의지요, 네 육의 생각에
너 스스로 마음대로 할 수 있으나,
14 너희가 천국에 오르고자 하는 그 몸부
림치는 것은 너희 마음대로 역사할
수 없으며, 이룰 수 없으며 네 의지대
로 할 수 없는 것이 하늘에 오르는 길
이니,
15 너희가 오르고 못 오르는 심판대에 서
는 것은 나의 법전을 너희가 정독했
느냐 안 했느냐, 그대로 살았느냐 안
살았느냐 하는 것이 기준이라 하였음
이니,
16 너희가 마음대로 할 수 없는 그 천국
에 오르는 길을 위하여 너희는 과연
무엇을 선택하며 어떠한 길을 선택해
야 할 것인지 알아야 할 것이니라.
17 절대 너희가 천국의 문이요, 나에게
오르는 것은 네 의지대로 할 수 없음
을 알라.
18 너희가 나에게 올 수 있는 것은 계명
대로, 나의 법전대로 행하지 아니하면
안 된다는 이 무서운 대목을 너희에
게 다시 한 번 전함이니 그리 알라.
19 그러니 너희가 얼마나 오만한 자들이
더냐?
20 나의 아들 예수의 보혈로써 구원을 받
았다 하며, 너희는 주일날 그저 일주
일 동안 지은 죄를 일요일 날 가서 회
개하고 몸부림치면 천국에 갈 수 있
다 그리 말하며,
21 그와 같이 행하지 아니하는 자는 천국
에 갈 수 없다 너희가 가르침이니,
22 한 주 내내 지은 죄를 너희가 일요일
에 교회에 가 회개하면 그 죄가 사해
지며, 그리하여 그 모두를 사함받았다
는 것, 이것은 너희의 생각임을 알라.
23 무어라 말하든 너희가 회개하고 주일
에 헌금하고 죄에 대하여 용서를 빌
고 또 빌었다 해도, 너희 마음의 한구
석의 불안한 것은 너희가 지울 수 없
으며, 너희는 지울 수 없는 그 불안한
마음이요, 확신이 없는 그 마음으로써
살아갈 것이니라.
24 그것이 바로 무엇인 줄 알겠느냐?
25 너희가 지워졌다는 그 죄가 너희 가
슴에 남아 있으며, 그 죄는 남아 있기
때문에 너희가 그 불안한 마음을 지
울 수 없다는 것을 알라.
26 너희가 얼마나 어리석은 백성이더냐?
27 너희가 6일 동안에 살아가면서 죄를
짓고 일요일 날 빈다 하니, 너희가 5
일 동안 죄를 짓다가 6일 날에 죽어

버려 네가 일요일 날 그 죄를 빌 수 없
다면,
28 너는 5일 동안에 살인하고 강도하고
간음하며 너희가 사악한 그 죄는 나
에게 와서 받게 되는 것이 아니더냐?
29 그것이 너희가 오늘의 믿음이요, 어리
석은 자들이니라.
30 너희가 그리하여 그저 주일에 교회에
와 용서를 빌면 죄가 하나도 없고 구
원을 받는다 말함이니,
31 내가 너희에게 물어보고자 하느니라.
32 너희가 6일 동안 살아가며 사악한 죄
를 지어도 일요일 날 기도하고 회개하
면 된다 하니,
33 너희가 6일 동안에 방황하고 살인하
고 간음하고 강도질하고, 그리하고 너
희가 그 일요일이 오기 전에 너희가
말하는 그 전날, 토요일이라는 그날에
죽는다 하면,
34 너희는 과연 6일 동안에 사악하게 지
은 죄는 어디서 용서를 받겠느냐?
35 이것이 너희가 어리석은 백성이요, 불
쌍한 자들이 하는 짓이니라.
36 그리하여 초보의 믿음도 벗어나지 못
한 자들이라 내가 함이니,
37 너희는 그 믿음이 이와 같은 어리석은
행위를 하고 있음을 알아야 할 것이
니라.
38 나의 법전을 읽고 깨우쳐 보라.
39 모두가 나의 백성이니, 예수의 보혈로
써 구원했다 하는 것, 그 자부심, 오만
한 것을 버리라.
40 나는 나의 사랑하는 모든 백성을 똑
같이 구원하기를 바라며, 나는 그들을
차이가 없이 다 사랑함이니라.
41 그는 무엇이더냐?
42 모든 백성이 나의 아들딸로서 세상에
나가는 것이니, 내가 모두를 똑같이
사랑하며,
43 예수가 보혈로써 은혜를 받았다면 너
희같이 죄의 온상에서 죄짓고 울고불
고하는 자들만이 보혈로 은혜를 받은
것이 아니요,
44 그저 이 세상에 존재하는 백성은 예수
의 보혈로써 다 은혜를 받으며 구원을
받은 것이라는 것을 너희는 알아야
할 것이니라.
45 왜 그런지 너희가 알겠느냐?
46 바로 모두는 나의 아들딸로서 세상에
똑같은 자격을 갖고 똑같은 사랑 속에
서 태어난 백성이니,
47 예수의 보혈로써 너희 모두를 다 용서
하며 죄를 허락받음이니, 그 이치를
너희가 깊이 깨우쳐 생각해 보도록 하
라.
48 그러니 너희가 오만한 자들이요, 어리
석은 자들이요, 불쌍한 자들이요, 너
희가 하는 짓을 내가 바라볼 수 없다
함이니,
49 내가 오죽하면 너희에게 깨우쳐 주겠
느냐?
50 너희가 일요일에 죄를 빌면 용서를
받는다 하니, 6일 동안 너희가 살인하
고 강도질하고 용서받지 못할 죄를 짓
고 일요일에 네가 와서 그를 회개하지
못하고 전날 네가 죽는다면, 네 죄를
어찌할 것이냐 하여 그 불쌍하고 가
련한 너희 모습을 내가 여기에 기록함
이니,
51 보다 보다 못하여 내가 가르침이니라.

52 너희가 나의 만백성을 깨우쳐 하늘에
오르는 길은 만백성에게 똑같이 내가
깨우쳐 주며 전함이니라.
53 모든 백성은 내가 똑같이 사랑하며,
똑같은 은혜 속에서 존재하는 백성이
니,
54 내가 너희에게 동식물을 취하도록 살
아갈 수 있는 그 은혜를 믿음이라는
것, 죄의 온상에서 허덕이는 너희는
특별히 대우받으며 특별히 먹으며 특
별히 구하고 사는가?
55 너희나 너희가 이방인이라 말하는 나
의 아들딸도 똑같은 방법이요, 똑같은
수단으로써 먹고 입고 살아가는 것이
니,
56 예수의 보혈로써 은혜를 받았으며 구
원을 받은 자면 똑같이 구원을 받은
자이니라.
57 그리하여 너희가 행함이 중요하며, 나
의 법전대로 살지 아니하면 아니 됨을
알라, 어리석은 백성들아!

7,685 번째 하나님 말씀

2003년 9월 27일 11시 57분

1 사랑하는 나의 아들아!
2 "네, 아버님! 말씀하옵소서."
3 모든 인간의 승자는 성령으로써 임하
는 삶을 사는 것이 인간의 승자가 된
다는 것을 절대 잊지 말도록 그리 가
르치라.
4 나의 모두를 태워 내려보내는 나의
법전이 곧 나의 성령이니, 너희가 이
를 정독하지 아니하며 이를 깨우치지
아니하면 인간의 승자는 될 수 없다는
것이니라.
5 인간의 승자가 무엇인 줄 알겠느냐?
6 너희가 구원을 받고 못 받는 것이 패
자요, 승자로 구분하지 않더냐?
7 너희가 구원을 받는 것이 승자요, 가
장 위대한 승자가 아니더냐?
8 그러니 너희가 가장 위대한 승자가
되려면, 나의 성령으로써 모두 임한
삶을 사는 그것이 너희가 가장 위대
한 승자라는 것을 절대 잊지 말며,
9 너희가 그 길을 가며 그를 깨닫기 위
해서는 나의 법전을 보고 읽고 깨우치
지 아니하면 아니 됨이라 그리 전하라.
10 모두는 다 너희가 승자가 될 수 있는
그 길이 나의 법전 안에 기록되어 있
으며, 그 속에 있음을 그들에게 전하
라, 사랑하는 나의 아들아!

7,686 번째 하나님 말씀

2003년 9월 27일 12시 03분

1 사랑하는 나의 아들아!
2 "네, 아버님! 말씀하옵소서."
3 모든 종교 집단이요, 지도자들이 얼마
나 사악한 자들이며 잘못 가는지 너
희는 알고 있느냐?
4 그들은 감히 해서는 안 되는 두려운
그와 같은 설교요, 그와 같은 말을 서
슴없이 그 죄의 온상에서 하고 있음이
니라.
5 너희가 죽어 심판을 받음이니, 너희는
그러나 죽어서 심판을 받는다 해도
절대 죄가 되지 아니한다 함이니라.
6 이는 곧 나의 아들 예수가 너희 인간
법정에 변호하는 것처럼 너희를 변호

해 주고 보호하기 때문에, 너희는 절
대 심판을 받는다 해도 벌을 받지 아
니할 것이며,
7 그리고 너희가 지옥으로는 절대 가는
그 형벌을 내려 주지 아니한다 하니,
8 나의 아들 예수가 곧 무엇이더냐?
9 나의 아들 예수가 변호사로서 변호하
는 그와 같은 역할을 하여, 너희가 인
간 세상에서 변호하는 자가 너희 죄
를 가볍게 해 주는 것처럼,
10 너희가 죽어 와 심판대에 섰을 때, 너
희의 그 모두를 나의 아들 예수가 변
호해 준다는 그와 같은 착각 속에 살
고 있음이니라.
11 너희는 말은 하지 아니하여도, 나의
아들 예수의 보혈로써 모든 죄를 용
서받았다는 것은, 곧 나의 아들이 너
희가 죽어 왔을 때 거기에 대한 변호
를 해 주며, 나의 아들의 그 모두를 따
랐기 때문에 너희는 죄가 없다 그리
나의 아들이 변호해 준다는 그와 같은
의식과 생각이 있으니,
12 너희는 말을 하지 아니하고 그렇지
않다 하나, 내가 보는 너희 속마음은
그러하니라.
13 모든 죄를 나의 아들이 법정에서 변호
해 준다 그리 믿는 것이 오늘의 종교
집단이요, 너희의 생각이요, 그 사상
임을 알라.
14 그러니 나의 아들이 변호를 해 주기
때문에 절대 너희는 형벌을 받지 않
는다 하니,
15 그렇다 하여 너희가 지은 죄를 과연
벌을 받지 않는다 하느냐?
16 너희는 또한 그와 같이 가르치느니라.
17 너희 영혼의 심판은 나의 아들 예수
가 너희에게 모두를 변호해 주기 때
문에, 너희가 지옥으로 가는 그 험악
한 벌은 절대 받지 않는다 그리하면
서,
18 나의 사랑하는 백성에게 너희는 뭐라
말하느냐?
19 너희가 육의 세상에서 지은 죄는 또
벌을 받음이니, 그는 육의 세상에서
그 벌을 받는다는 그와 같은 방법으
로 가르치는 자들이 있느니라.
20 그러니 너희는 죄를 죄가 되지 아니
한다 가르침으로 나의 백성에게 그는
말이 되지 아니함이니, 사악한 방법으
로써 교단에서 어찌 가르치는 자가
있느냐?
21 육에 대한 죄를 지었을 때는 육의 세
상에서 나 여호와로부터 너희가 배로
받는다 그와 같이 너희가 어물쩍한
말로써 나의 백성을 현혹하는 자들이
있지 않은가?
22 너희는 끝까지 육에 대한 벌을 받지
아니하며 영혼에 대한 벌을 받지 않
는다 그리 말하느니라.
23 육은 지상에서 받으며, 너희 영혼의
세상에서는 육이 행한 것을 받지 않는
다 그리 말함이니라.
24 내가 무어라 말하였느냐?
25 육은 영혼의 집이라 내가 그리 말하였
음이니라.
26 그러니 너희는 육은 무엇이던가?
27 그 육은 너희 집과 같은 것이요, 너희
영혼은 집주인과 같은 것이니, 너희가
아니더냐?
28 그러니 어찌하여 그 집주인인 너희가

영혼의 심판을 받지 않는다 그리 말
한단 말이더냐?
29 집이라는 것은 헐어 버리고 털어 버
리면 끝나는 것이니라.
30 그러나 그 집을 관리하고 짓고 사는
사람이 그 모든 책임을 지는 것이 아
니더냐?
31 그러니 바로 육은 너희가 한 줌의 흙
으로 돌아가며, 그 주인 역할인 너희
영혼은 나에게 옴이니,
32 너희가 잘 살고 못 산 그 모두는, 너희
가 인간 세상에 행했던 그 모두를 벌
을 받는 것은, 집주인인 너희 영혼이
받는 것은 당연하거늘,
33 너희는 그 집주인이 벌을 받지 않고,
너희가 허물어 버리고 태워 버리고
그저 버릴 수 있는 그 육이 심판을 받
는다 그리 말함이니, 너희는 이 무서
움을 알라.
34 그것이 바로 너희가 불쌍한 자들이요,
어리석은 자들이요, 이 세상에 너희가
가장 사악한 자들의 집단이요,
35 거기서 구원을 받았다 울고불고 몸부
림치는 신도, 너희가 가는 길은 지옥
의 열차를 타고 달려간다는 나의 그
무서운 뜻을 되새겨야 함을 잊지 말
라.

7,687 번째 하나님 말씀

2003년 9월 27일 12시 09분

1 사랑하는 나의 아들아!
2 "네, 아버님! 말씀하옵소서."
3 지금의 모든 종교 집단이요, 수천 년
동안 흘러온 그 역사 속에 뿌리를 내
린 그들, 관습에 젖어 있으며 벗어나
지 못하는 자들, 저희가 그 집단에 눈
치를 보며 그 집단의 제재가 두려워
저희가 설 자리가 없어 그저 눈치만
을 보며 제 소신껏 역사하지 못하는
그 지도자들,
4 그리고 그저 그들의 말에만 무조건
'옳소, 맞습니다.' 손뼉을 치며 광란의
도가니에 빠진 그 신도라는 백성, 너
희가 가장 위대한 기도를 드린다는 것
은 과연 무엇이더냐?
5 너희는 그와 같은 백성이 나에게 기
도를 드리며 나에게 축복의 영광을 드
리는 그 기도는 과연 어떠한 기도인가
를 알지 못하는 자들이니라.
6 지금 그와 같은 백성 너희에게 가장
위대한 기도가 무엇이더냐?
7 말을 많이 하는 것이요, 너희가 훌륭
한 단어들을 구사하여 만들어 나에게
전하는 것, 나에게 울고불고하는 것,
그리고 좋은 단어란 단어는 다 끌어들
여 유창하게 말로써 엮어 가는 것,
8 그것이 가장 위대한 기도요, 좋은 기
도요, 나에게 은혜 받는 기도라 너희
가 생각하고 그와 같이 행동을 하고
있음이니,
9 너희가 울고불고 기도하는 그 내용을
한번 들어보라, 얼마나 가상한 자들인
가.
10 그러나 그것은 너희 자신의 생각이니
라.
11 나 여호와는 너희가 생각하는 것, 원
하는 것, 미래에 역사하는 것까지도
다 알기에, 너희에게 그러한 기도를
하지 말라 내가 나의 법전에 수없이

전하고 전했거늘,
12 지금 모든 백성이 그와 같은 역사를
이루어 가고 있느니라.
13 가장 훌륭하고 유창한 단어들로써 그
저 중언부언하는 것, 그리고 끊임없이
나를 찾으며 울고불고하는 것이 위대
한 기도라는 그 생각부터 너희가 지
우지 아니하면 아니 될 것이니라.
14 '나'를 버리고 '나'를 의식하지 않는 무
아지경에서 너희가 조용히 나 여호와
를 생각하며, 나의 아들 예수의 고통
을 생각하며,
15 그리고 내가 원하는 것을 너희가 조
용히 무아지경 속에서 생각하면서 너
희가 가장 깊이 깨닫고 느끼는 것이
무엇이더냐?
16 너희가 인간으로서 그 가치를 다하지
못했으며, 나 여호와로부터 생명을 받
은 인간으로서의 도리를 다하지 못하
여 너희가 그 부끄러움이요, 그 양심
에 찔려, '하나님! 저의 죄를 용서하여
주옵소서.' 그리 기도하는 것,
17 그리고 그 기도보다도 더 소중한 기도
가 무엇이라 했더냐?
18 너희가 그저 무아지경에서 아무런 생
각도 하지 아니하며, '앗, 하나님!' 하
고 부르는 것, 그리 나를 찾는 그 순간
에 너희가 오만가지 계산된 잡생각이
없는 그것이 가장 위대한 기도요, 훌
륭한 기도라 내가 그리 말하고 가르쳤
음이니라.
19 이제 모든 종교 집단의 지도자 그들이
말장난을 더 이상하지 못하도록 그리
막으라.
20 그리고 그들이 말장난을 치는 기도를
이제 더 이상 듣지 아니하도록, 부르
짖지 못하도록 그리해야 할 것이니라.
21 이는 나의 법전을 전함이니라.
22 지금 그들의 그 기도 소리가 이 세상
을 다 덮으며, 그 악취가 세상을 덮고
있으며, 그 사악한 뿌리들이 하늘까지
치받고자 하는 그와 같은 행위이니라.
23 그러니 장난치는 기도를 하지 못하도
록 나의 법전을 그들의 가슴에 전해
주도록 그리하라.
24 모든 말을 동원하여 기도하지 말라 그
리하라.
25 온갖 세상의 단어를 다 엮어 대어 기
도하지 말라.
26 모두는 나 여호와의 뜻이니라.
27 그리고 모두는 나의 역사에 의하여
내가 이루는 것이라는 그 생각을 먼저
깨달음을 갖도록 그리하라.
28 저희가 유창한 말로써 그저 호화로운
단어요, 말이라는 것을 다 동원하여
울고불고 그와 같은 기도를 하지 말고,
29 이 세상에 이루어지는 것이 나 여호와
의 주관이며 내 뜻이라는 것을 알고
조용히 기다리는 자, 그리고 내가 내
리는 그 명을 조용히 수행하는 자, 너
희 것으로 받아들이는 그 행함이 중요
하다는 것을 가르쳐 주라.
30 이 세상에 모든 역사하는 것이요, 미
래의 모두를 다 아는 나 여호와가 너
희에게 내려 주는 것, 명하는 나의 뜻
을 받기 위해 너희가 조용히 기다리
는 그 모습, 그것이 가장 위대한 기도
요, 가장 위대한 경배이며,
31 그래서 너희가 명을 받았을 때 그를
행하는 것이 중요함을 알라.

32 그러나 다만 성령으로써 거듭나지 아
니한 자는 내 명령을 들을 수 없으며
내 뜻을 들을 수 없는 것이니라.
33 이제 더 이상 장난치지 말며, 조용히
내가 내리는 그 뜻을 기다리는 그와
같은 마음의 자세로 변화되지 아니하
면 정녕 그들은 저희가 얼마나 어렵
고 힘든 그 길을 역사해야 하는지를
말로써 표현할 수 없으며 그림으로 보
여 줄 수 없느니라.
34 내가 하늘의 천국을 너희가 아무리
유능한 사진사도 찍을 수도 없으며,
아무리 그림을 잘 그리는 자도 그 상
상할 수 없는 것이 하늘의 뜻이라 하
였음이니,
35 너희가 지옥에 가는 것도, 지옥의 역
사하는 것도 너희가 아무리 그림을
그려도 알 수 없으며, 아무리 그대로
찍어 낸다 해도 찍어 낼 수 없는 것이
무섭고 참혹한 지옥이요, 너희가 영원
히 나오지 못하는 그곳이라는 것을 알
라.

7,688 번째 하나님 말씀

2003년 9월 27일 12시 14분

1 사랑하는 나의 아들아!
2 "네, 아버님! 말씀하옵소서."
3 나 여호와가 역사하는 것이 사랑이라
하였음이니라.
4 그러니 그 사랑의 의미가 얼마나 소중
한 것인가를 내가 너에게 다시 한 번
전함이니,
5 너를 따르는 제자들이요, 나의 법전을
읽고 깨우친 만백성들에게 전해야 할
것이니라.
6 너희는 나 여호와의 사랑을 실천하며
베풀며 용서하는 그와 같은 자세로써
살아가야 한다는 것을 잊어서는 아니
될 것이니라.
7 그것이 곧 너희가 하나가 되는 길이기
때문이니라.
8 너희가 사랑을 실천하며 나 여호와의
역사하는 그 베풂을 실천하는 것, 그
것이 너희가 모두가 다 하나가 되는
것이니라.
9 그러니 이를 잊지 말고 행하도록 그리
하라.
10 너희가 남을 용서하며 사랑으로 대할
때, 너희는 곧 네가 지은 죄를 용서받
는 것과 같은 그 은혜가 있음을 절대
잊어서는 아니 된다는 것을 머릿속에
심고 살아가라 그리하라.
11 도저히 용서할 수 없는 것, 도저히 사
랑으로써 다스릴 수 없는 그와 같은
것을 용서하며 사랑으로써 다스리는
것이 너희 죄를 용서받는 것과 같은
큰 은혜가 너희에게 있다는 것을, 반
드시 그 은혜가 있음을 잊지 말라.
12 너희는 알라, 너희가 남에게 베푸는
그것 또한 나 여호와로부터 빠짐없이
그 모두를 받는 은혜가 반드시 있는
것을, 그대로 하나도 흘러감이 없다는
것을.
13 너희가 죄를 짓는 것, 번갯불보다 빨
리 짓고 지나가는 죄 그 모두도 기록
되지 아니하는 것이 없으며, 너희의
그 비망록에, 너희의 그 생활기록부에
없는 것이 없다 내가 그리 말하지 않
았더냐?

14 하나도 빠짐이 없다 하였음이니, 너희
가 베푸는 사랑이요, 은혜 그 모두도
하나도 빠짐없이 너희 생명록에 기록
됨을 절대 잊지 말라.
15 너희가 선행하는 것, 용서하는 것, 그
모두는 나 여호와를 대신하여 역사하
고 실천하는 것이기 때문에, 너희는
다른 백성과 다름이니라.
16 그러니 내가 나의 아들을 통하여 뭐라
말하였느냐?
17 세상의 그 모두가 다 나의 아들의 입
을 통하여 나의 법전에 기록하여 전하
는 것은 나 여호와의 것이며 나 여호
와의 뜻이라 하지 아니하였더냐?
18 세상의 모두가 존재하고 내려와 있는
것은 나 여호와의 뜻이기에, 그 모두
를 내가 다스려 네 입으로써 네 손으
로써 다스려 법전으로 만들어 낼 때,
19 그는 인간의 생각이 아니요, 인간의
가르침이 아니요, 나 여호와의 뜻이라
내가 말하지 아니하였더냐?
20 너희가 선행을 베풀고 용서하고 사랑
을 베푸는 것은 나 여호와의 것이며
나 여호와를 대신하는 것이요,
21 너희가 죄를 짓고 사악하게 하는 것은
나를 욕되게 함이라 그리 전하라.
22 나를 대신하여 역사하는 것, 나를 대
신하여 사는 백성이 나의 아들을 따
르는 제자 너희임을 알라.
23 사악한 짓, 악한 행위, 그 모두는 나를
버리며 나로부터 떠남이요, 사탄의 자
식으로 역사한다는 것을 내가 법전에
이미 기록하였음이니, 이것을 너희가
얼마나 알고 지키는가?
24 너희가 이를 가슴에 심어 지키고 행한
다면 내가 두 번 다시 너희에게 내릴
이유가 없으나, 너희는 듣고 또 들어
도 잊어버리며 행함을 그리하지 아니
하니, 어찌하여 너희 마음을 또 다스
릴 수 있단 말이던가?
25 너희는 사랑과 용서와 베푸는 행위가
얼마나 귀중한 보배인가를 알아야 할
것이며,
26 그를 소중히 전하며 만백성이 그를 깨
우치도록 최선을 다해야 할 것을 절
대 잊지 말라.
27 너희가 사랑을 베푸는 것은 나 여호와
를 대신함이요, 너희가 죄를 짓는 것
은 사탄의 자식으로 너희가 나를 능
멸하는 짓을 하고 있다는 것을 잊지
말라, 사랑하는 나의 아들딸들아!

7,689 번째 하나님 말씀

2003년 9월 27일 12시 19분

1 사랑하는 나의 아들아!
2 "네, 아버님! 말씀하옵소서."
3 진정한 참진리요, 나 여호와의 뜻을
전하고 전한다 해도, 너희가 그를 받
아들이지 아니하며 너희 것으로 만들
지 못한다면 무엇이더냐?
4 지금 참진리요, 너희의 구원의 역사가
나의 법전이요, 너희가 나의 법전을
기준으로 하여 심판을 받으며, 나의
법전을 읽고 깨우쳐 살아온 삶으로 거
듭나는 인생을 살지 아니하였을 때 너
희는 심판의 기준에서 미달된다 그리
내가 말하지 아니하였더냐?
5 나의 성령이라 해도, 나의 뜻이라 해
도, 너희의 심판의 길이라 해도, 너희

를 구원하는 길이요, 너희를 하늘에
인도하는 책이라 해도, 그리고 나의
법전만이 너희가 구원하는 그 길이라
내가 아무리 그리 나의 아들을 통하여
전해도,
6 이를 너희가 받아들이지 못하고, 너희
가 읽고 깨우치는 것을 하지 아니하
며 듣지 못하고 보지 아니하며 이를
짓밟아 찢어 버리고 태우는 것은 무
엇이더냐?
7 아무리 귀중한 보배요, 진주를 짐승에
게 던져 주었을 때, 그것을 짐승은 알
수 없으며 그 소중함을 모르는 것과
무엇이 다르다 말할 수 있겠느냐?
8 짐승은 먹이가 필요하며, 먹이를 주는
자에게 꼬리를 흔들며 경의를 표하는
것이 짐승이요, 그러니 그 짐승은 진
주가 필요한 것이 아니지 않던가?
9 그러니 먹이를 주는 이는 물지 아니
할 것이며, 진주를 던지는 자는 그 짐
승이 물 것이니,
10 이것이 바로 그 차이점이며, 아는 자
와 알지 못하는 자의 차이가 있음이
니라.
11 나의 법전을 전해 주어도 아무런 가
치가 없는 책으로 사탄의 것이라 하여
보지 아니하며 찢어 버리고 태워 버
리며, 그 전하는 자를 욕하고 비방하
는 자,
12 그러니 자기를 구원하고자 하는 그 법
전을 주어도 저희가 그를 모르고 있
음이니,
13 저에게 해가 되며 해를 끼치고자 하
는 것을 저희에게 주는 것이라 그리
말하며, 저희를 지옥 불로 이끌어 가
려고, 저희를 멸망하게 하기 위하여
끌어간다 그리 말함이니,
14 그러니 그들이 고운 마음이 아니요,
아름답고 감사하는 마음이 아니라, 적
대시하는 그 마음을 가슴에 품으니,
이를 어찌 다스리겠느냐?
15 진주를 던져 주는 사람을 물려 대드는
짐승의 그 형국이 바로 나의 법전을
전해 주는 너희를 욕하거나 해치는
연구만 하는 자들이니,
16 진주를 던져 주어도 그 짐승이 그를
모르기에 물려 하는 그 형국과 무엇
이 다르단 말이더냐?
17 그러나 너희는 물려도 그를 던져 주
어야 할 것이며 그를 깨우쳐 주어야
할 것이 너희라는 것을 알아야 할 것
이니라.
18 지금까지 참진리가 세상에 전해지는
것은, 새로운 역사가 시작될 때마다
그를 보지 못하며 그를 역사하지 못
하는 것이 무엇인 줄 알겠느냐?
19 그들이 가진 죄가 두터우며 그들이
가진 죄에 덮혀 있으며, 그들이 사악
한 마음으로 사탄으로 변화되었기 때
문에 이를 알지 못하며 이를 깨닫지
못하는 것이니라.
20 너희는 이제 알아야 할 것이니라.
21 나의 법전이요, 나 여호와의 뜻이 이
세상에 전해지는 것이, 새로운 역사가
시작될 때 하루의 바람이 일듯이 그와
같이 역사하지 아니하는 것을 너희가
불안하고 두려워하지 말라.
22 모두는 때가 있음이니라.
23 아직 때가 이르지 아니하였으며 때가
아니 되었음이니라.

24 그리하여 너희가 좀 더 준비를 완벽
하게 하며, 준비를 철저히 했을 때, 그
리고 너희가 견디고 역사할 때, 그 모
든 변화는 하루아침에 이루어질 것이
니라.
25 아직은 때가 아니기에 너희가 오늘의
그 길을 감을 알라, 사랑하는 나의 아
들딸들아!
26 아직은 때가 아니니라.
27 아무리 소중하고 귀한 것을 던져 주
어도 고운 마음이요, 감사하는 마음으
로 너희 손을 잡는 것이 아니요, 적대
시하는 마음으로 가는 그들이 바로
무엇이더냐?
28 짐승에게 진주를 던졌을 때 그를 물려
대드는 그와 같은 자들과 하나도 다름
이 없음이니,
29 이들을 깨우치는 데 너희가 물리고
또 물린다 해도 그들을 다스리고 깨
우쳐 주어야 할 것이니 그리 알라, 사
랑하는 나의 아들딸들아!

7,690 번째 하나님 말씀

2003년 9월 27일 12시 40분

1 사랑하는 나의 아들아!
2 "네, 아버님! 말씀하옵소서."
3 참진리요, 하늘에 오르는 그 가르침이
얼마나 소중하며 귀한 것인지 알겠느
냐?
4 그러니 내가 너희를 사랑하기에 너희
에게 마지막 한 번의 기회를 주는 나
의 법전의 그 소중함을 그들이 지금
받아들이지 못하니,
5 그들이 이 소중한 것을 어찌 받아들
이느냐에 따라서 너희가 느끼고 깨닫
는 것이 가장 중요한 것이거늘,
6 그러니 지금의 모든 종교 집단의 그
관습에 젖어 세뇌된 그들이 그 마음
을 열지 못함이니라.
7 그러니 마음을 열지 못하고 아무리
귀하고 소중한 나의 법전을 본다 해도
그들이 그를 알지 못함이니,
8 참진리요, 나의 뜻의 소중한 것을 그
마음에서 어떻게 보며 어떻게 받아들
이느냐, 너희가 생각하는 그 태도에
따라서 받아들이는 것이 하늘과 땅과
같이 멀고도 먼 차이가 있음을 알아
야 할 것이니라.
9 너희가 진정한 마음의 자세로써 나의
법전을 접하는 자는 이 세상에 더 귀
하고 소중한 것이 없으며, 보석과 같
이 아름다운 말로 들을 것이며, 나의
음성을 들을 것이니라.
10 그러나 그와 같은 마음으로 보지 아니
하는 자, 너희에게는 해로운 것으로써
보일 것이며, 사탄의 음성으로 들릴
것이며,
11 너희는 마지막 거짓 선지자가 세상을
혼란케 하는 그와 같은 역사가 이루어
지는 것이며 그 시대가 열렸다 하여
더 굳게 문단속을 하고,
12 그와 같은 음성이요, 그와 같은 법전
이 너희 교회요, 성전에 들어오지 못
하도록 목숨을 바쳐 지키려는 그와 같
은 어리석은 백성으로서 변화되며 그
와 같은 행동으로 일관할 것이니라.
13 이는 너희 죄가 얼마나 무거우냐 가벼
우냐에 따라서 너희가 나의 법전의
음성을 들을 수 있으며 나의 법전을

볼 수 있다 내가 너희에게 그리 말하
였음이니,
14 죄가 무거운 자는 이게 사탄의 것으로
들릴 것이며, 죄가 가벼운 자는 이것
이 나 여호와의 뜻이라 그리 알아들을
수 있을 것이니라.
15 교만과 오만과 욕심에 차 있는 자는
사탄의 음성이요, 저를 해치는 자요,
저를 망하게 하는 책자라 하여 문을
꽉꽉 걸어잠글 것이며,
16 그와 같은 것에서 한 발짝도 양보하지
않으려 하며, 한 발짝도 전진하지 아
니하려는 그와 같은 무서운 마음으로
굳게 문을 닫을 것이니라.
17 그러나 아침 이슬처럼 해맑은 마음으
로써 나의 법전을 보며 그 수정과 같
은 고운 마음으로써 나의 법전을 접했
을 때, 너희는 나의 법전이 얼마나 귀
중하고 또 귀중한 것이며, 얼마나 소
중한 것인가를 알게 되며 깨달을 것이
니라.
18 그리고 나의 법전에 기록되어 있는 그
모든 한 구절구절이 이는 성령으로써
임한 것이며, 나의 음성이요, 내가 직
접 너희와 같이한다는 것을 그들은
받아들일 것이며, 느끼게 될 것이니라.
19 그러니 너희가 아무리 소중하고 귀한
것이라 해도 너희 마음의 자세에서
어찌 받아들이느냐가 그리 중하고 귀
함이니,
20 오늘의 종교 집단이요, 지도자들은 그
마음을 받아들일 수 없도록 철문을 꽉
꽉 걸어잠그는 자들이니, 그를 어찌
녹이며 그를 어찌 문을 열게 해야 할
것인가 너희는 상상해 봐야 할 것이
니라.
21 적이 성벽을 공격하는 것처럼 굳건히
닫아 놓은 남의 요새를 공격하는 그
보다도 더 천배 만배 더 고통스럽고
힘든 희생이 따랐을 때 그 모두가 역
사함이니,
22 내가 너희를 귀하게 생각하는 것이
바로 무엇이냐?
23 그 공격하는 너희가 제물이요, 그 제
물의 희생양으로써 맨 선봉에 서서
'나를 따르라!' 외치고 가는 자들이니,
24 적이 쏘는 총탄이요, 화살이요, 적의
무기로써 가장 먼저 희생되며 가장 장
렬히 전사할 자가 바로 너희이니,
25 내가 너희를 보기가 아까우며 쳐다보
기가 가슴이 아프다 함이니라.
26 너희는 가장 선봉에 서서 적의 요새를
공격하는 그와 같은 그 안내자요, 지
도자로서 먼저 자신을 던지며, '나를
따르라!' 하여 나 여호와에게 제물의
희생이 되는 것이 너희기에,
27 너희는 그와 같은 대명을 피하지 말
며 두려워하지 말며, '나를 따르라!'
하며 적의 요새에 네 목숨을 던지고
돌진하지 아니하면 그 요새는 함락시
킬 수 없는 것이 오늘의 실정이니라.
28 아무리 곱고 아름다운 것을 전해도 마
음을 열고 바라보지 못함이니, 사탄의
음성으로 들리며 사탄의 사악한 자의
그 가르침에 그들이 현혹되어 있음이
니, 어찌해야 하겠는가, 사랑하는 나
의 아들딸들아!
29 그러니 너희가 제물 중에서도 가장 고
통스러운, 나로부터 선택된 희생의 제
물이니, 내가 너희를 소중히 귀히 사

랑함이니라.
30 절대로 너희는 좌절하지 말며, 두려워
하지 말며, 물러서지 말라.
31 모두가 다 다시 역사하는 그 기쁨이
너희에게 있을 것이니라.

7,691 하나님 말씀

2003년 9월 27일 12시 44분

32 사랑하는 나의 아들아!
33 "네, 아버님! 말씀하옵소서."
34 지금의 종교 집단들이 흘러오는 그 역
사 속에서 거기에 속해 있는 제자들,
그리고 구원을 받았다 맹종하고 맹신
하는 광란의 그 신도들, 그 백성에게
너희는 전하라.
35 너희가 정녕 그리도 믿고 구원의 길이
라 하는 그 교회의 운영 상태며, 그리
고 그 교회에서 너희가 거둬들이는
모든 금화와 은화의 그 재산 분배의
원칙과 그 분배의 흘러가는 내용을
상세히 한번 들여다보며,
36 그들이 역사하여 만들어 놓은 그 교
회의 절대적인 교법 그 모두를 너희가
이제는 인간인 너희 기준으로써만 보
지 말라.
37 너희가 구원을 받는 백성이요, 죄인이
라는 그와 같은 무서운 사슬에 걸려
인간의 자세로써 인간의 형태로써 그
를 바라보기 때문에, 너희가 그들이
가는 것을 보지 못하며, 그저 맹종하
는 신도로서 전락되었음이니라.
38 이제 사랑하는 백성 너희는 인간의
생각으로써 절대 그를 보지 말며,
39 나의 법전을 읽는 그 순간부터 나 여
호와의 마음으로써 그들이 움직이는
것을 보며, 그들의 행동을 보며, 나의
눈으로써 그들이 역사하는 것을 너희
가 한번 보도록 하라.
40 그리고 너희가 내가 되어 그들의 행동
과 행위, 그들의 이루어지는 그 분배
의 원칙이요, 그리고 거둬들이는 방법
이요, 그리고 그들이 제왕적인 대우를
받는 그 모두를 한번 들여다보도록 그
리하라.
41 나 여호와가 되는 입장에서 너희가
내려다보면 그 모두를 알 수 있으며
볼 수 있는 것이거늘,
42 그렇게 되었을 때 너희는 단죄할 자
가 누구며, 누가 누구를 다스리고 깨
우치고 가르쳐야 하는지까지도 알게
될 것이니라.
43 그러면서 너희는 나 여호와의 눈이요,
나의 마음으로써 그 종교 집단이요,
그 교리요, 그들이 운영하는 상태요,
그들이 행하는 모두를 하나하나 되짚
어 바라볼 때,
44 정녕 너희가 있는 자리가 얼마나 추
하고 부끄러운 자리며, 너희를 인도하
는 자들의 그 자세가 과연 나로부터
선택된 목자인가 아닌가를 볼 수 있으
니,
45 너희가 깨달으며 볼 수 있는 기회는
나 여호와의 마음으로 돌아서서 그 모
두를 바라보는 길밖에 없음이니라.
46 그들의 자세를 너희가 알게 될 것이
며, 그들이 과연 자격이 있는지 여부
를 너희가 논하게 될 것이며,
47 그러면서 너희 자신을 돌아다볼 것이
며, 네 위치를 돌아다볼 것이며, 오늘

의 너희가 잘못 가고 잘못되어 있는
것을 깨달을 것이니,
48 너희가 나 여호와의 마음이요, 나의
눈이요, 내가 되어 오늘의 모든 종교
집단의 운영하는 실태를 한번 깊이 파
악하고 들어가 보도록 하라.
49 인간의 눈으로써 인간의 생각으로써
는 너희가 원죄가 있는 자요, 죄인의
사슬에 묶여 있으니,
50 너희가 죄를 용서받으며 하늘에 오르
는 길이 여기밖에 없다는 인간의 욕
심으로써 그를 바라보면 천년만년을
바라보고 네가 죽을 때가 되어도 그를
알 수 없으며,
51 네가 죽어서 나에게 왔을 때, 그 모두
의 어리석음을 알게 될 것이니,
52 너희가 지금 살아 있는 이 시점에서
그 모두를 들여다보고 파악하라 함은,
너희에게 구원의 기회요, 거듭나는 역
사함을 내가 주고자 하는 큰 선물의
가르침이요,
53 그들을 원망하고 그들에게 너희가 욕
되게 하는 행위를 하라 함이 아니라,
너희 스스로 깨우쳐 너희가 구원의
길을 얻으라 하는 나 여호와의 사랑의
가르침임을 알라, 사랑하는 나의 아들
딸들아!

7,692 하나님 말씀

2003년 9월 27일 12시 51분

54 사랑하는 나의 아들아!
55 "네, 아버님! 말씀하옵소서."
56 사랑하는 나의 백성 너희가 구원을
받으려면 과연 너희는 어찌하여야 한
다 지금 가르치고 있는가?
57 너희가 구원을 받고자 눈이 어두워져
있으며, 너희가 인간의 그 욕심을 벗
어나지 못하여, 오늘날 그 교회가 성
장한 과정과 그 자체를, 그 내면을 알
지 못하며,
58 그저 오늘의 지어 놓은 인간의 건축물
이요, 그곳에서 구원을 받겠다 하여
욕심에 그득 찬 백성이 모여 있는 그
모습을 보고 너희가 위대한 것이라
구분하고 그렇게 가르치며, 그렇게 너
희가 상상하고 따라가는 것이 오늘의
믿음의 길을 가는 백성, 단순한 너희
가 아니더냐?
59 저 자신의 귀중한 생명이 다시 남이
요, 거듭남을 모르고, 너희가 그저 그
과정이 이루어진 것은 알지 못하며,
60 오늘의 현재의 그 위대한 건축물이요,
그 많은 헌금이요, 그 물질적인 것이
요, 그리고 그들이 역사하는 그 모두
만을 보고 이것이 참진리요, 하늘에
오르는 길이라 하여 그리 가며,
61 오늘의 모임에서 또한 무엇인가를 얻
고 이루고자 하는 그 계산된 마음에서
그 방대한 교회라는 문턱을 넘는 자는
과연 없는가?
62 그러니 너희가 그 이루어진 과정을 보
지 못함이니, 너희가 모두를 다 보지
못하는 어리석은 백성임을 알아야 할
것이니라.
63 너희는 그 모두가 성령으로 임하여 성
령으로써 역사하여 이루어졌는가 그
를 진단하고 들여다봐야 함을 알아야
할 것이니라.
64 과연 너희가 그와 같이 이루어지며,

그 성대한 조직이요, 그 위대한 조직 앞에 고개를 숙여 구원의 길이요, 울고불고 행동하는 그 백성,
65 너희는 이는 성령으로써 이루어진 것인가, 성령을 외면한 채 모두가 다 너희 인간의 사업으로써 이루어지며 역사했는가, 그것을 알지 못하면 너희는 정녕 거듭남이 그 영광을 얻을 수 없음이니라.
66 그러면 성령으로써 외면한 채 성령의 품에서 이루어졌는지, 잘못된 것인지 잘 된 것인지 그것을 너희가 구분하며, 나의 뜻인가 아닌가를 먼저 아는 그와 같은 현명함을 얻지 아니하면 아니 된다 내가 수없이 너희에게 가르치고 전하거늘,
67 어찌하여 너희는 나의 그 뜻에 따라 그와 같이 행하는 자가 없단 말이더냐?
68 모든 종교 집단이요, 지도자들이 오늘에 역사하기까지 어떠한 길을 걸어왔는지 너희는 그들의 내면을 들여다봐야 하며,
69 오늘의 하는 그들의 행동을 봐야 할 것이며, 그들이 행하는 모든 그 원칙에 의한 교법을 다시 한 번 들여다봐야 되지 않겠느냐?
70 그를 들여다보는 현명함이 없이는 너희가 거기에서 헤어날 수 없으며 돌이켜 나올 수 없는 것이니라.
71 그리고 그를 보고 진단하지 못하며 진단할 능력이 없으며 사고력을 갖지 못한 백성, 너희가 너무나도 불쌍하고 가련하여,
72 내가 너희에게 그를 보고 진단할 수 있고 깨우칠 수 있는 것을 한 번에 가르칠 수가 없기에 나의 아들을 통하여 나의 법전이요, 나의 성령을 160권으로써 너희에게 전함이니,
73 160권 중에 단 한 권의 법전이라도 접하는 영광을 얻으면 너희가 그를 진단할 수 있으며, 그들이 걸어온 과거사를 볼 수 있으며,
74 성령을 외면한 채 역사한 것인가, 성령의 나 여호와의 품에서 역사한 것인가 그를 바로 진단할 수 있는 현명함을 얻거늘,
75 어찌하여 그 모두를 깨우치고 일깨워 주는 나의 법전을 사탄이요, 사악한 것이라 하며, 너희 문 앞에 던져 주는 것을 벌레처럼 생각하며 그 문을 닫고 열지 않으려 하며,
76 네 손에 쥐여 주는 그 법전을 태우고 찢어 버리며, 마음을 열지 못하는 어리석은 백성으로서 너희가 존재한단 말이더냐?
77 이 모두가 다 나 여호와의 뜻에 의해 역사하며 존재한다는 그 한마디도 너희는 어찌 그를 모르고 살아가느냐?
78 너희가 성령의 역사함을 거역하고, 종교 집단과 지도자가 오늘의 역사함으로써 이루어졌다면, 너희는 과연 어찌하겠는가?
79 오늘의 너희가 이룬 것이 나 성령의 역사로써 그와 같이 인간이 보기에 위대한 부흥을 역사한 것이 아니요,
80 인간의 육의 기업이요, 인간의 생각이요, 인간의 욕심에 의하여 그 모두가 부흥된 것이라 할 때, 너희는 과연 어찌하며 어찌 너희 자신을 다스려 나가겠느냐?

81 나 여호와가 너희에게 나의 법전에 기
록하여 전함이니, 이 모두는 다 성령
으로써 역사하고 성령으로써 임한 것
이 아니요,
82 너희 인간의 욕심이요, 인간의 육을
가지고 연구하는 인간의 기업으로써
부흥한 것이라는 것을 알라.
83 그러하니 너희 스스로 오늘의 종교 집
단이요, 교회가 사업장이요, 장삿속으
로 전락하였으며, 사랑이요, 인간미가
없으며, 그저 기업적인 한 마당이 벌
어졌다 그리 말함이니라.
84 이것이 바로 무엇인 줄 알겠느냐?
85 나의 아들 예수가 성전에 갔으니, 비
둘기를 파는 자요, 물건을 파는 자요,
뒷거래하는 자요, 장삿속으로 벌어진
그 추한 곳을 그는 다 쓸어버리고자
했듯이,
86 오늘 너희가 보이지 않으나 바로 그
와 같은 형국보다도 더 사악하게 되어
있으며 더 너희가 썩어져 있으며 더
무서운 형국으로 되어 있기에,
87 그를 보는 나의 아들이 그를 다스리고
나의 아들 예수처럼 쓸어버리고자 오
늘도 밤과 낮을 가리지 아니하고 내가
내리는 나의 성령을 받아 법전을 세상
에 만들어 내니, 너희는 나의 아들의
마음을 모를 것이니라.
88 예수가 그 성전에 가서 장사하는 자,
물건을 사고파는 자들을 쓸어버리듯
이,
89 나의 아들이 이 세상의 아름다운 내가
만든 성전에 그보다도 더 험악한 장삿
속이요, 더 험악하게 전락한 그들을
다 쓸어버리고자 하여 오늘의 길을 가
는 그 가슴 아픔을 너희는 들여다보
고 알아야 할 것이니,
90 그 제자들이 그를 깨우치지 못한다면
너희는 더불어 갈 수 없는 자니, 그리
하여 너희 자신이 오늘의 고통과 시
련만을 보고 주저하며 무너지려는 그
마음이 있음을 알라.

7,693 번째 하나님 말씀

2003년 9월 27일 12시 55분

1 사랑하는 나의 아들아!
2 "네, 아버님! 말씀하옵소서."
3 너를 따르는 그 보기도 아까운 너의
제자요, 나의 법전을 깨우쳐 일어서고
자 하는 사랑하는 나의 백성, 나의 법
전을 깨우치고 그 깨우침의 길을 가고
자 하는 그 모든 백성, 너희를 사랑함
이니라.
4 너희는 희생의 제물로써 나에게 선택
된 자들이요, 다만 너희가 인간 세상
의 누구도, 모든 집단의 어디에서도
너희가 우두머리가 되고자 하는 그와
같은 생각을 잠시도 가져서는 아니 된
다 그들에게 전하라.
5 그 누구도 머리가 될 수 없으며 우두
머리가 될 수 없는 것임을 너희는 알
라.
6 그게 너희가 가는 길이요, 너희가 역
사하는 운명이니라.
7 나의 아들을 따르는 그 제자들, 너희
가 깨우침이 높으며 깨달음이 높아 세
상사를 본다 해도,
8 너희는 머리가 될 수 없으며, 너희가
제왕적인 대우를 받을 수 없으며, 왕

이 될 수 없는 것이 너희라는 것을 깨
닫고 행하도록 그리 전하라, 사랑하는
나의 아들아!
9 너희는 희생의 제물이니라.
10 머리는 오로지 나의 법전뿐이며, 너희
가 모두의 머리에서 취하고 다스리는
것은, 너희 머리는 나의 법전뿐이니,
너희는 머리가 될 수 없다는 것을 명
심하고 지도자의 길을 가도록 그리 전
하라.
11 너희가 군림할 수는 없으며, 너희는
모두를 다 받는 자이며, 너희가 높은
자가 될 수 없음이니라.
12 너희는 낮은 자가 되며, 가장 낮은 자
가 되는 것이 너희임을 잊어서는 아
니 될 것이니라.
13 너희는 주인과 종이 없으며 선생과 제
자가 없으며, 똑같이 가르치고 배우는
다 같이 순종하는 나의 백성이라는
것을 가슴에 안고 살아가야 할 것이
니라.
14 그러니 너희는 승자가 없으며, 높고
낮은 자가 없으며, 주인과 종이 없으
며, 서로 사랑하며 순종하며 가는 것
이 새로 태어난 나의 백성 너희가 가
는 길이요,
15 나로부터 선택된 백성이요, 제물의 희
생으로써 선택된 너희가 가야 할 길
임을 알라.
16 너희가 그와 같이 가는 길과, 오늘의
종교 집단이요, 수천 년 동안 흘러온
방대한 그들과의 다른 것이 무엇인 줄
알겠느냐?
17 그들은 머리가 되기 위해, 저희가 그
제왕적인 자리를 갖기 위해 저희가
형제라는 자와 치고받고 싸우며 송사
하며 물고 늘어지며 패거리를 나누는
것이 그들이니라.
18 그리하여 그 우두머리가 되었을 때 저
는 제왕적인 자리를 놓지 아니하기 위
하여 수단과 방법을 가리지 아니하고
제 집단을 만들며 제 추종자를 만들며
저를 따르는 자들을 만들어 심어 놓는
것이 그들이니,
19 인간의 세상의 집단보다도 더 추하고
더러운 것이 거기이니라.
20 그리고 제왕적인 대우요, 독재적인 자
리에 저희들이 앉기 위하여, 그리고
나의 피조물 만백성 위에 군림하여 그
모두를 휘두르고 저희 마음대로 쓰고
관리하고자 거기에 모두를 다 바침이
니,
21 거기에 과연 진리가 있으며 사랑이 있
으며 나 여호와의 뜻이 있단 말이더냐?
22 그러니 너희들은 머리가 되려는 생각
을 이 순간 이후부터 절대 해서는 아
니 되며,
23 너희들은 왕이 될 수 없으며 제왕이
될 수 있는 자가 없다는 것을 알라.
24 너희들은 똑같은 자이니라.
25 그리고 사랑으로써 똑같이 역사하며,
똑같이 나 여호와에게 순종하는 평범
한 사랑하는 나의 백성들이요,
26 오로지 너희들은 희생의 제물이라는
것을 절대 잊지 말라.
27 내가 너희들을 사랑함이니라.

7,694 번째 하나님 말씀

2003년 9월 27일 13시 01분

1 사랑하는 나의 아들아!
2 "네, 아버님! 말씀하옵소서."
3 너희들이 어떠한 것을 이루든, 이 세
상에 역사하든, 무엇을 만들어 내든,
창조하든, 그 모두는 다 성령과 더불
어 역사하지 아니하면 아니 된다는 그
마음을 깊이 굳혀야 될 것이니라.
4 모두가 존재하는 것은 성령과 더불어
모두가 역사하는 것이 나 여호와의 뜻
임이니,
5 성령과 더불어 역사하는 그와 같은 모
두를 이루어야 된다는 것을 잊지 말라.
6 더욱이 종교 지도자들이 성령이 역사
하지 않는다면 그들의 믿음이요, 그들
의 행함은 나의 백성들을 지옥으로 이
끌어 가는 사악한 짓을 하는 것이요,
그들이 구원의 길로 인도하는 자들이
아님을 알라.
7 그러니 모든 것은 나의 성령이 임하여
역사하듯이, 더욱이 종교 지도자요,
만백성을 구원하는 위치에 서 있는 너
희들은 모두 성령에 의하여 역사해야
되며,
8 너희들이 성령으로써 충만된 그와 같
은 백성으로써 거듭나지 아니한다면
종교 지도자가 될 수 없음이니라.
9 그와 같은 자가 단상에 서서 설교하며
나의 백성들을 이끌어 간다는 것은 그
들을 우롱하는 것이요, 그들이 죽음으
로써 가며, 거듭나는 길을 방해하고
그 앞을 막는 사악한 자들이니 그리
알라.
10 그러니 너희들이 예배요, 또는 집회
요, 기도원이요, 또 너희들은 어떠한
부흥회의 그곳에 가 울고불고 손뼉 치
며 헌금하고 나서 성령으로써 임했으
며 성령을 무엇을 얻었다 그리 말하느
니라.
11 그러나 너희들이 집회요, 부흥회요,
예배를 보며 기도원에서 기도하고 울
고불고하면서 성령을 얻은 것이 과연
몇 시간이나 가며 몇 달이 가며 몇 년
이나 가던가?
12 너희들은 일시적으로 무엇인가를 얻
은 것 같으나 얻은 것이 없으며 가슴
에 남는 것이 없으니, 세월이 지나가
면서 아무것도 기억나는 것이 없으며
남아 있는 것이 없으며,
13 그 은혜를 받고 성령이 임했다는 것은
그저 물거품처럼 없어지는 그와 같은
형국이니, 그러니 그것은 참진리가 아
니요, 영원한 것이 아님이니라.
14 그러나 나의 법전을 읽고 깨우쳤으며
거기에서 성령이 역사하는 자는 너희
들이 지워질 때 그 법전을 돌이켜 볼
수 있으며, 그를 들여다볼 수 있으며,
그를 보고 다시 깨우침을 얻을 수 있
으며,
15 너희들이 한 번 읽고 두 번 읽고 읽을
때마다 너희들이 모르는 그 깨우침의
비유의 뜻이요, 그 위대함을 얻고 알
게 됨이니, 거기서 너희들이 성령의
싹이 시작됨이니라.
16 나의 법전은 영원히 잊어지지 아니하
며 지워지지 아니하는 것이며, 너희들
이 법전을 읽고 나로부터 깨우친 그
성령이 지워졌다 하여도 너희들이 나

의 법전을 다시 읽을 때 또 하나를 더
얻으며, 성령의 위대함이요, 역사함을
더 얻게 되는 것이 나의 법전이니라.
17 너희가 교회요, 기도원이요, 부흥회에
가서 울고불고하며 성령이 임했다 날
뛰는 것, 그것은 잠시 물거품과 같이
지워지는 것이니라.
18 그러나 나의 법전에서 읽고 깨우친 그
성령은 너희들이 한 번 읽고 두 번 읽
고 세 번 읽고, 읽을 때마다 그 깨달음
이 무서움이요, 두려움을 점점 얻어
감이니, 그것이 진정한 성령의 참진리
요,
19 진리의 깨우침은 그와 같이 가지를 치
듯이 뻗어 나가는 것이 참진리라는 것
을 잊지 말라, 사랑하는 나의 아들딸
들아!

부 록

【하나님께서 가르쳐 주신 운동】

천재지변이 일어날 때, 동물이나 미물들은 미리 알고 대피하지만, 인간은 알지 못하고 큰 화를 당합니다. 하나님께서 인간에게 가장 높은 지혜를 주시고 완벽하게 창조해 주셨기에 동물들보다 더 잘 알 수 있지만, 욕심으로 마음이 혼탁해져서 한 치 앞을 보지 못하는 것입니다.

마찬가지로, 인간은 누구나 스스로 필요한 운동을 해서 건강을 지킬 수 있도록 하나님께서 만들어 주셨습니다. 우리의 머리에서 우리 몸에 필요한 동작을 해 달라고 끊임없이 신호를 보내지만, 인간이 혼탁하게 살아서 그 신호를 알아채지 못합니다. 그러니 자연스럽게 자기 몸이 원하는 그 신호를 따라서 운동하는 것이 하나님께서 가르쳐 주신 운동 방법입니다. 바로, 우리의 영이 육을 이끄는 운동입니다.

▶ 하나님 운동법

1. 눈을 감고, 발을 어깨너비로 벌리고 바르게 선다.
2. 몸에 힘을 풀고, 허리를 숙이면서 손과 머리를 아래로 내린다.
3. 허리를 펴고 싶을 때, 천천히 펴면서 하고 싶은 동작을 하면 운동이 시작된다. (사람마다 다르다.)
4. 멈추지 말고, 어떤 동작이든지 자기 몸의 느낌대로 계속 이어서 한다.

▶ 참고 사항

① 눈을 감은 상태로 아무 생각 하지 않고, 자기 몸의 느낌대로 움직입니다.

② 마음을 비우고, 욕심을 버리고, 지난날의 잘못을 반성하면서 몇 차례 시도하다 보면, 자기도 모르게 하고 싶은 동작이 끊임없이 생깁니다.

③ 운동 장소는 방 안이든 운동장이든 관계없으며, 걷거나 달리고 싶을 때는 눈을 떠도 됩니다.

④ 매일 40분 이상, 주 4회 이상, 3개월 이상 하면 음식 조절에 들어갑니다.
- 음식으로 생긴 병은 음식으로 치료하게 되며, 어떤 음식을 먹어야 하는지 스스로 알게 됩니다.
(자기 몸에 필요한 음식만 먹고 싶어집니다.)

⑤ 사랑하는 사람과 함께 운동하면 서로 치료해 주기도 합니다.

⑥ 운동을 하다가 몸의 어느 한 부분을 계속 손으로 자극한다면 그쪽에 이상이 있는 것이니, 의사에게 상담을 받고 적절한 치료를 받으면 됩니다.

⑦ 다이어트 및 기타 건강관리에 효과적입니다.

⑧ 꾸준히 운동하여 영이 맑아지면, 자신의 과거와 미래를 스스로 보게 됩니다.

누구나 스스로 하실 수 있습니다.

간 행 사

《새로운 성경》은:

- 새로운 성경은, 하나님께서 선량하고 선한 자를 선택하여 십계명을 암송하도록 하시고, 십계명을 암송한 다음에 음성으로써 들려주시는 말씀을 듣고 그대로 카세트테이프에 녹음해서 받아쓴 책입니다.

- 90분짜리 녹음테이프 700여 개에 달하는 말씀으로, 1999년 8월부터 2004년 7월까지 총 160권(권당 288쪽)을 완성하였으며, 그 이후에도 현재까지 계속 말씀을 내려 주고 계십니다.

- 새로운 성경은 "하늘을 두루마리 삼고 바닷물을 먹물 삼아 쓰고 써도 다 못 쓴다"는, 끝없이 방대한 하나님의 말씀이 두루마리로 직접 내려오는 것입니다. 이러한 새로운 성경은 구약과 신약을 폐하려는 것이 아니라 "인봉된 성서의 비유의 뜻"을 상세히 설명하여 완성하고자 하나님께서 직접 내려 주신 말씀입니다.

《새로운 성경》의 구성:

- 제 목: 2013년, 160권 모음집을 발간하면서, 본 도서의 제목을 "하나님! 말씀하옵소서"에서 《새로운 성경》으로 명해 주셨습니다.

- 단행본: 각 권당 288쪽(신국판) 책이 160권까지 시리즈로 출판됩니다.
  (모음집은 단행본을 16권씩 묶어서, 총 10부로 구성됩니다.)

《새로운 성경》의 성경적 근거:

- 신약 성경 [요한복음] 16장 13절에 "진리의 성령이 오시면 그가 너희를 모든 진리 가운데로 인도하시리니 그가 자의로 말하지 않고, 오직 듣는 것만을 말하며" 하신 말씀처럼 하나님의 음성을 들은 것만 기록하였으며,

- "장래 일을 너희에게 알리시리라" 하신 말씀과 같이 개인, 나라, 인류의 "장래"일을 하나님께서 알려 주시는 것만 기록하여 책으로 만들었습니다.

《새로운 성경》의 기록 방법:

· 1999년 8월부터 하나님께서 저에게 들려주시는 음성을 기록하였습니다. 처음에는 제가 들은 말씀을 불러 주면 저의 아내가 기록하여, 2000년 1월 29일에 1권 초판이 세상에 나왔습니다. 2000년 4월부터는 주시는 말씀을 받아 녹음기에 기록하여 시리즈로 출간하기 시작하였습니다.

· 녹음을 시작하면서 하나님의 말씀을 받는 데 가속도가 붙었고, 2001년 5월 3일에 1부(1~16권까지)를 인쇄하여 출판하였으며, 2004년 7월까지 총160권 분량의 말씀을 받아 기록하였습니다.

하나님께서 저에게 주신 것은:

· 첫째, 만백성을 상대로 내려 주시는 "기도", 둘째, 수시로 내려 주시는 "묵상", 셋째, 개인의 과거, 현재, 미래를 알려 주시는 "개인 기도", 넷째, 개인의 건강을 위해서 내려 주시는 "음식 처방", 다섯째, 하나님께서 가르쳐 주신 "운동"등이 있습니다. 이 중에 첫 번째, "기도"를 책으로 편찬하였습니다. 사람의 생사, 개인의 미래에 관한 천기는 수록하지 말라 하셨습니다.

강론 안내:

· 하나님께서는 지금도 매일 저에게 새로운 하늘의 비밀의 말씀을 내려 주고 계십니다. 수시로 내려 주시는 말씀을 정리해서 제자를 육성하라는 말씀에 따라 매주 강론을 하고 있습니다. 누구나 무료로 들으실 수 있습니다. (book160.com)

《새로운 성경》을 읽는 분들에게 드리는 선물:

· 개인 기도: 개인의 과거, 현재, 미래에 관하여 말씀을 내려 주십니다.

· 음식 처방: 사람은 음식을 먹고살다가 건강을 잃으니, 음식과 운동으로 건강을 되찾는 방법을 알려 드립니다. 단, 하나님이 계심을 믿고, 십계명을 지키겠다고 진실로 서약하는 분들께 알려드립니다.

《새로운 성경》의 은혜와 기적:

· 새로운 성경 전160권은 16권씩 묶어서 총 10부의 모음집으로 구성됩니다. 모음집 한 부를 읽고 깨우치는 자에게 하나님께서 다음과 같은 기적이 있다고 하셨습니다.

· "첫째, 그가 죽어 하늘에 갔을 때 그의 죄를 묻지 아니하며, 구원을 받는 위대한 은혜가 있으며, 둘째, 그의 소원과 소망이 이루어지고, 셋째, 죽은 자(부모, 형제, 자식, 사랑하고 은혜 입은 분)의 이름으로 구입한 책을 읽고 누군가 한 사람이 깨우칠 때, 그 죽은 자가 지옥에서 천국으로 구원을 받게 되며, 넷째, 유산, 중절 수술 등으로 태어나지 못한 아이를 위하여 구입한 책을 보고 한 명이 깨우쳤을 때, 그 아이가 사람으로 다시 한 번 태어나는 은혜를 받는다."

· "새로운 성경"을 3회 이상 정성을 다해 정독하는 자, 성서의 비밀을 알게 되고, 세상의 이치를 알게 되며, 세상을 지배하고 통제할 수 있는 지혜를 다 얻게 된다고 하셨습니다. 이 책은 만백성이 정독하고 이웃에게 전하여, 평생 가슴에 묻은 슬픔과 고통의 짐을 벗고 미래를 위한 힘찬 삶을 살아가도록 하는 책입니다.

끝으로

· 하나님께서는 흰 눈이 세상을 덮듯이 새로운 성경을 온 세상에 전하라고 하셨습니다. 《새로운 성경》을 각국어로 번역해서 온 인류에게 구원의 길을 깨우쳐 주고, 그 수익으로 가난하고 어려운 백성을 구제하여, 만백성의 영과 육을 함께 구원하는 선지자의 임무를 수행하라고 저에게 명하셨습니다.

· 하늘에서 내려 주신 말씀의 보화를 만백성에게 나누어 주는 것이 선지자의 임무라고 하셨습니다. 새로운 성경을 통해서 얻는 재물을 사용할 곳도 하나님께서 일일이 명해 주십니다. 모든 재물은 저의 자의로 쓸 수 없고, 하나님께서 명하시는 대로만 쓰여집니다.

· 어떤 명분으로든 십일조나 각종 헌금을 거두어들이지 말라 하셨으며, 국내뿐 아니라 각국에 성전과 단독 서점을 운영하며, 한국의 많은 젊은이들을 전 세계에 지도자로 내보내라고 하셨습니다.

· 우리는 세계적으로 새로운 성경을 보급하며 어려운 이들을 돕는 역사를 해 나갈 것입니다. 지금까지 비록 몇 명 안 되는 제자들과 함께 이러한 일을 역사했지만, 앞으로도 계속 하나님께서 기뻐하시는 일들을 해 나갈 것입니다. 부족한 저희에게 여러분들의 지혜와 성원을 보내 주시기를 바랍니다. 많은 분들의 참여와 도움을 간절히 기다립니다. 감사합니다.

한국어로 내려온 《새로운 성경》 단행본을 출간하며
2016년 4월 10일

발행인 **김 용 철**

한국어로 내려온

새로운 **성 경** · 7부 · 제106권

지은이 하나님 말씀
대역자 김용철

초판인쇄 1쇄 2017년 4월 3일

펴낸 곳 도서출판 하얀마음
등록번호 제 10-2107호 (2001년 2월 14일)
주소 서울시 노원구 덕릉로86길5, 2층
전화번호 02) 313-1114
팩스 02) 393-5554
전자우편 book160@hanmail.net
편집위원 조나영 김미향 이석교
제작지원 김남태 이은미 김보라 조옥순

도서상담 1600-7527
ISBN 978-89-5875-206-6 (04230)
978-89-5875-100-7 (세 트)

값 10,000원
잘못된 책은 구입하신 곳에서 바꾸어 드립니다.

※이 책은 10부로 제작되며, 각 부 16권씩 총160권으로 구성됩니다.※

1부	2부	3부	4부	5부	6부	**7부**	8부	9부	10부
1권	17권	33권	49권	65권	81권	97권	113권	129권	145권
2권	18권	34권	50권	66권	82권	98권	114권	130권	146권
3권	19권	35권	51권	67권	83권	99권	115권	131권	147권
4권	20권	36권	52권	68권	84권	100권	116권	132권	148권
5권	21권	37권	53권	69권	85권	101권	117권	133권	149권
6권	22권	38권	54권	70권	86권	102권	118권	134권	150권
7권	23권	39권	55권	71권	87권	103권	119권	135권	151권
8권	24권	40권	56권	72권	88권	104권	120권	136권	152권
9권	25권	41권	57권	73권	89권	105권	121권	137권	153권
10권	26권	42권	58권	74권	90권	106권	122권	138권	154권
11권	27권	43권	59권	75권	91권	107권	123권	139권	155권
12권	28권	44권	60권	76권	92권	108권	124권	140권	156권
13권	29권	45권	61권	77권	93권	109권	125권	141권	157권
14권	30권	46권	62권	78권	94권	110권	126권	142권	158권
15권	31권	47권	63권	79권	95권	111권	127권	143권	159권
16권	32권	48권	64권	80권	96권	112권	128권	144권	160권